KB065784

초집중

초집중
—
2020년 7월 22일 초판 1쇄 발행
2024년 1월 31일 초판 20쇄 발행

지은이 니르 이얄, 줄리 리
옮긴이 김고명
펴낸이 김관영
—
책임편집 유형일
마케팅지원 배진경, 임혜솔, 송지유, 이원선
—
펴낸곳 (주)로크미디어
출판등록 2003년 3월 24일
주소 서울시 마포구 마포대로 45 일진빌딩 6층
전화 번호 02-3273-5135
팩스 번호 02-3273-5134
편집 02-6356-5188
홈페이지 http://rokmedia.com
이메일 rokmedia@empas.com
—
ISBN 979-11-354-8512-1 (03190)
책 값은 표지 뒷면에 있습니다.

• 안드로메디안(Andromedian)은 로크미디어의 인문 도서 브랜드입니다.
• 잘못 만들어진 책은 구입하신 서점에서 교환해 드립니다.

INDISTRACTABLE

집중력을 지배하고
원하는 인생을 사는 비결

초집중

니르 이얄, 줄리 리 지음
김고명 옮김

Andromedian

저 자

니르 이얄(Nir Eyal)

니르 이얄은 수많은 역경과 실패를 딛고 에모리대학교를 졸업한 후 스탠퍼드경영대학원에서 MBA 학위를 취득하고 광고 회사와 비디오게임 회사 등에서 일했다. 그는 스탠포드경영대학원, 하소플래트너 디자인연구소(Hasso Plattner Institute of Design)에서 행동 설계를 가르쳤다. NirAndFar.com에서 심리학, IT, 비즈니스의 접점에 관한 글을 쓰고 컨설팅하고 있으며 《하버드 비즈니스 리뷰》, 《애틀랜틱》, 《타임》, 《더위크》, 《Inc.》, 《사이콜로지투데이》 등에 글을 기고한다. 그는 두 개의 회사를 공동 설립하고 인수시킨 사업가이자 습관 형성 기술에 적극적으로 투자하는 엔젤 투자자이기도 하다. 그는 스탠퍼드 MBA 출신 동료들과 함께 실리콘밸리에 회사를 만들면서 사용자의 행동을 유도하는 방법을 연구했다. 특히 사용자가 빈번히 사용하게 만드는 습관 형성 방법을 연구하기 위해 다양한 기업을 관찰해 습관 형성의 성공 사례와 실패 사례를 정리했다. 사례들 속에 심리학, IT 기기와 인간의 상호관계, 행동경제학 등의 최신 연구 결과를 적극 활용하고 수많은 자발적 참여자들과 함께한 많은 실험에서 얻은 결과를 '훅' 이론으로 발전시켰고 《훅: 습관을 만드는 신제품 개발 모델》로 출간했다. 이 책은 《월스트리트저널》 베스트셀러에 오르고 18개 이상의 언어로 번역됐으며 800-CEO-READ에서 '올해의 마케팅서'로 선정됐다. 탁월한 행동 설계로 습관 형성 기술에 지대한 영향을 준 그에게 《MIT 테크놀로지 리뷰》는 "습관 형성 기술의 선지자"라는 별칭을 선사했다. 《초집중》은 습관 형성 기술을 활용한 디지털 기술을 사용하던 저자의 개인적 경험에서 시작해 인생을 낭비하게 하는 딴짓의 근본적인 원인을 파헤치는 내용이 담겨 있다. 최신 뇌과학, 인지과학, 심리학, 행동과학 연구 결과와 자발적 참여자들의 집단지성으로 탄생한 이 책은 소중한 시간을 낭비하지 않게 하는 기적과 같은 초능력을 선사할 것이다.

줄리 리(Julie Li)

줄리 리는 NirAndFar.com의 공동 설립자로서 니르 이얄과 함께 전 세계 독자에게 시간 관리, 행동 설계, 소비자 심리에 대한 최신 정보를 전달하고 있다. 2개의 스타트업을 공동 설립해 성공적으로 인수시킨 바 있다.

역 자

김고명

글맛을 아는 번역가. 김고명은 '책 좋아하고 영어 좀 하니까 번역가를 해야겠다'라는 생각으로 성균관대학교 영문학과에 들어갔다. 만약 번역가가 못 되면 회사에 취업할 생각으로 경영학도 함께 전공했다. 졸업을 앞두고 지원했던 대기업 인턴에서 미끄러진 다음 미련 없이 번역가의 길을 택했다. 글밥 아카데미에서 번역을 배웠다. 영문학과 경영학의 양다리 덕분인지 경제경영서 번역 의뢰가 맨 처음으로 들어왔다. 내친김에 성균관대 번역대학원에 들어가 공부를 더 했다. '글맛'이라는 필명으로 브런치도 운영 중이다.

저자 소개

일러두기

이 책을 읽기 전에 웹사이트에서 보충 자료를 다운받으시기 바랍니다. 다음 주소에서 무료로 다운받고 제 최신 글도 읽을 수 있습니다.

NirAndFar.com/Indistractable
http://bit.ly/초집중 (한국어판 보충 자료 수록 페이지)

특히 각 장에서 배운 내용을 실제 삶에 적용할 수 있도록 과제를 정리해놓은 워크북은 꼭 사용해보시기 바랍니다.

그리고 제가 따로 언급하지 않는 한 저는 이 책에서 소개하는 기업과 경제적 이해관계가 없고 이 책에서 권하는 상품이나 서비스와 관련해 광고주의 협찬을 받은 바도 없습니다.

제게 개인적으로 연락하고 싶은 분은 NirAndFar.com/Contact를 이용해주세요.

재스민에게

"시간, 집중력, 관계의 소중함을 아는 사람이라면 꼭 읽어야 할 책이다. 나는 이미 실천 중이다."
— 조너선 하이트, 《바른 마음》 저자

"디지털 기술과 행복 사이에서 균형을 잡는 비결에 관한 이보다 더 현실적인 조언이 있을까. 스마트폰 사용자의 필독서."
— 마크 맨슨, 《신경 끄기의 기술》 저자

"탁월한 안목, 흥미로운 사례, 최신 연구 결과를 토대로 초집중자가 되기위한 구체적인 전략을 알려준다."
— 그레첸 루빈, 《지금부터 행복할 것》 저자

"소음으로 가득 찬 세상에서 성과를 내려면 집중력이 필요하다. 바로 그집중력을 발휘하는 방법을 알려주는 책이다."
— 제임스 클리어, 《아주 작은 습관의 힘》 저자

"성공과 행복은 집중력을 장악할 수 있는 사람의 것이다. 니르 이얄은 우리를 딴짓에서 해방시키겠다는 일념으로 누구나 실천할 수 있는 명쾌한기법을 경쾌한 필치로 전달한다."
— 애덤 그랜트, 《기브 앤 테이크》, 《오리지널스》 저자

"장차 세상에는 두 가지 유형의 사람이 존재할 것이다. 《초집중》을 읽고 실천하는 사람과 진작에 읽지 않은 것을 후회하는 사람."
– 킨탄 브람바트Kintan Brahmbhatt, 아마존 뮤직 글로벌상품본부장

"초집중력은 이 시대의 필수 능력이다. 이 책을 안 읽는다는 건 망하겠다는 뜻이다! 그러니 부디 읽고 실천하고 반복하시길."
– 그렉 맥커운, 《에센셜리즘》 저자

"놓치면 안 될 책이다. 지금까지 집중력, 아니 인생을 지배할 힘을 다시 찾는 방법을 이렇게 명확하게 알려주는 지침서는 없었다."
– 아리아나 허핑턴, 스라이브 글로벌Thrive Global 설립자 겸 CEO, <허프포스트> 설립자

"아무리 생각해도 집중력보다 중요한 능력이 없고 니르 이얄보다 좋은 선생님이 없다. 초집중력은 21세기 필수 능력이다."
– 셰인 패리시Shane Parrish, <파넘스트리트Farnam Street> 설립자

"평생을 미루며 살아온 나는 세간에 생산성 향상에 관한 조언이 넘쳐나지만 그중에서 실효성 있는 조언은 얼마나 적은지 뼈저리게 느꼈다. 《초집중》만큼은 예외다."
– 팀 어번Tim Urban, WaitButWhy.com 운영자

"지난 몇 년간 읽은 책 중에서 내가 세상을 보는 관점을 가장 많이 바꿔놓은 책이다. 《초집중》에 실린 명쾌한 조언을 따랐더니 매일 이메일에 쓰는 시간이 90퍼센트 감소했다."
– 셰인 스노, 《스마트컷》 저자

추천사

"《초집중》은 우리를 딴짓에서 해방시켜 원래 있어야 할 곳으로 되돌아가게 한다. 바로 인생의 조종석이다."
– 애니아 카메네츠Anya Kamenetz, 《현명한 스크린 이용법The Art of Screen Time》 저자

"갈수록 산만해지는 세상에서 시간을 최대한으로 활용하고 마음의 평화와 생산성을 되찾게 해주는 책이다."
– 샬럿 블랭크Charlotte Blank, 마리츠Maritz 최고행동책임자

"일단 한번 빠져보시라. 딴짓을 극복하는 방법을 선명하고 흥미진진하게 설명해준다. 더 깊이 들어갈수록 더 큰 생산성을 발휘하게 될 것이다."
– 크리스 베일리, 《하이퍼포커스》 저자

"지혜와 유머가 가득 담긴 책, 현대사회를 헤쳐나가는 모든 사람에게 값진 책이다."
– 리처드 라이언, '자기결정 이론' 공동 수립자

"기술업계의 내부자로서 집중력 강화를 위한 디지털 기술에 밝은 저자가 진정으로 중요한 일에 집중력을 발휘하는 비법을 전수하는 시의적절한 책이다. 이 책을 읽은 것을 우리 뇌(그리고 배우자, 자녀, 친구들)가 고마워할 것이다."
– 올리버 버크먼, 《합리적 행복》 저자

"생각을 더 잘하고 일을 더 잘하고 인생을 더 잘 살고 싶은 사람이라면 꼭 읽어야 할 책."
– 라이언 홀리데이, 《돌파력》, 《스틸니스》 저자

"값으로 매길 수 없는 책, 안 읽으면 반드시 후회할 책이다."
- 에릭 바커, 《세상에서 가장 발칙한 성공법칙》 저자

"각종 연구 결과를 토대로 집중력에 대한 지배력을 회복하는 4단계를 소개한다. 이를 통해 현대 기술의 이기를 적극 활용하면서 그로 인한 주의 분산은 피할 수 있다. 디지털 시대에 큰일을 이루고자 하는 사람을 위한 필독서."
- 테일러 피어슨, 《직업의 종말》 저자

"《초집중》을 읽고 내가 할 일을 안 하고 딴짓을 하는 이유가 디지털 기술 때문이 아님을 알게 됐다. 하루의 모든 순간을 관리하는 방법이 달라졌다. 강력히 추천할 수밖에 없다. 모든 사람이 읽어야 할 책이다!"
- 스티브 캠Steve Kamb, 너드피트니스Nerd Fitness 설립자, 《인생 레벨업Level Up Your Life》 저자

"딴짓의 근본 원인을 파헤치는 고수의 가르침이다. 일에 더 깊이 몰입하고 싶은 모든 사람에게 추천한다."
- 칼 뉴포트, 《딥 워크》 저자

"《초집중》을 읽고 '유레카!'를 외쳤다. 중언부언으로 독자의 시간을 낭비하지 않고 학계의 연구 성과 중 정수만 추출해 적절한 사례와 함께 현실적인 전략을 소개한다."
- 조슬린 브루어Jocelyn Brewer, 디지털뉴트리션Digital Nutrition 설립자

"집중력에 관한 책 중 가히 최고의 안내서라 할 수 있다. 낭비되는 시간을 아껴서 더 여유 있고 더 알차게 살고 싶은 사람들에게 단비 같은 책이다."
-댄 쇼벨, 《Me 2.0》 저자

추천사

차례

1부
내부 계기를 정복한다

2부
....
본짓을 위한 시간을 확보한다

3부
....
외부 계기를 역해킹한다

7부

·······

초집중 관계를 형성하는 법

《훅》에서 《초집중》으로

주요 IT 기업의 서가마다 꽂혀 있는 노란 책이 있다(한국어판은 빨간색
−옮긴이 주). 페이스북, 구글, 페이팔, 슬랙에서 내가 직접 봤다. 이 책
은 IT 행사와 기업 교육 프로그램에서 배포되기도 한다. 마이크로소
프트에서 일하는 친구에게 듣자니 CEO 사티아 나델라^{Satya Nadella}가
전 직원에게 추천하기도 했다고 한다.

그 주인공은 《훅^{Hooked}: 습관을 만드는 신상품 개발 모델》(이하
《훅》)이다. 〈월스트리트저널〉 베스트셀러였고 이 글을 쓰는 지금도
아마존 '상품' 분야에서 1위를 차지하고 있다.[1] 이 책은 일종의 요리
책이다. 인간의 행동, 즉 우리 행동의 레시피를 담고 있다. IT 기업
은 이윤을 내려면 우리가 계속 자사의 상품을 찾게 만들어야 한다
는 것, 거기에 사업의 성패가 달렸다는 것을 잘 안다.

내가 이걸 아는 이유는 세계 최고의 성공을 구가하는 기업들이
매혹적인 상품을 만들기 위해 사용하는 은밀한 심리를 10년째 연구
중이기 때문이다.

나는 스탠퍼드경영대학원과 하소플래트너 디자인연구소^{Hasso}

Plattner Institute of Design에서 다년간 미래 경영자들을 가르쳤다. 《훅》을 쓰면서는 스타트업과 사회적 책임을 고민하는 기업이 그 속에 담긴 지식을 이용해 사람들이 더 좋은 습관을 기르도록 도울 방법을 창출할 수 있길 바랐다. 왜 거대 IT 기업만 그런 비밀을 알고 있어야 한단 말인가? 사람들을 비디오게임과 SNS에 빠지게 만드는 심리를 선용해 그들이 더 나은 삶을 살게 할 상품을 디자인할 수는 없을까?

지금까지 수많은 기업이 《훅》의 원리를 따라 사용자가 유익하고 건강한 습관을 형성하도록 도왔다. 핏보드Fitbod라는 운동 앱은 더 나은 운동 습관을 기르게 한다. 바이트푸즈Byte Foods는 사람들의 식습관을 개선하기 위해 인터넷에 연결된 냉장고로 인근에서 생산된 신선한 식품을 제공한다. 카훗!Kahoot!은 학교 수업을 더 재밌게 만드는 소프트웨어를 개발한다.*

우리는 우리가 쓰는 상품이 사용자 친화적이고 직관적이기를 바라며 그로 인해 좋은 습관이 형성되기를 바란다. 기업이 더 끌리는 상품을 만드는 게 꼭 문제라고 할 수는 없다. 그건 발전이다.

---

* 나는 '카훗!'과 '바이트푸즈'가 그 원리를 이용하는 방식이 마음에 들어 두 회사의 투자자가 됐다.

하지만 여기에는 어두운 면도 존재한다. 철학자 폴 비릴리오^{Paul}
Virilio는 "배를 발명하는 순간 침몰도 발명된다"고 썼다.[2] 사용자 친화
성에 대입하자면 상품과 서비스를 흥미롭고 편리하게 만드는 요소
는 딴짓을 유발할 수 있다.

많은 사람이 속수무책으로 딴짓에 빠지다 보니 딴짓을 하는 건
스스로도 어쩔 수 없다고 생각한다. 그러나 요즘 같은 시대에 딴짓
을 다스릴 줄 모르면 뇌가 시간을 낭비시키는 주의 분산물에 휘둘
릴 수밖에 없다.

1장에서는 내가 딴짓과 씨름한 이야기, 아이러니하게도 디지털
상품에 훅 빠져든 이야기를 하려고 한다. 하지만 그 싸움에서 승리
한 경험담과 함께 우리가 거대 IT 기업보다 훨씬 강력한 존재인 이
유도 말할 것이다. 내가 내부자로서 알고 있는 업계의 아킬레스건
을 이제 곧 당신도 알게 될 것이다.

다행히도 우리는 이미 그런 위협에 대응하는 능력을 보유하고 있
다. 그러니 이제부터 차근차근 우리 뇌를 재훈련하고 재무장하면
된다. 툭 까놓고 말해서 다른 도리가 있을까? 정부가 나서서 규제하
길 기다릴 여유는 없다. 그렇다고 기업이 딴짓을 덜 유발하는 상품

을 만들 때까지 숨죽여 기다렸다간, 흠, 질식하고 말 것이다.

　미래에는 두 종류의 사람이 존재할 것이다. 타인이 자신의 집중력과 인생을 마음대로 주무르게 놔두는 사람과 당당히 자신을 '초집중자'라고 부르는 사람이다. 이 책을 펼치는 순간 당신은 자신의 시간과 미래를 지배하는 사람이 되기 위한 첫걸음을 뗐다.

　하지만 이제 시작일 뿐이다. 이제껏 여러분은 즉각적인 만족에 익숙했다. 그러니 《초집중》을 끝까지 읽어내는 것이 정신을 해방하기 위한 싸움이라 생각하기 바란다.

　충동적 행동의 해독제는 미리 생각하는 것이다. 미리 계획을 세우면 해야 할 일을 완수할 수 있다. 이 책에서 소개하는 기법을 통해 이제부터 스스로 집중력을 관리하고 자신이 원하는 삶을 살기 위해 무엇을 해야 하는지 정확히 알게 될 것이다.

1장

당신의
초능력은?

/

나는 단것을 사랑하고 SNS를 사랑하고 텔레비전을 사랑한다. 하지만 사랑을 주는 만큼 받지는 못한다. 식후 간식 흡입, SNS 무한 스크롤, 넷플릭스 야간 정주행, 모두 한때 내가 생각 없이 습관적으로 하던 일이다.

불량 식품을 많이 먹으면 건강에 탈이 나듯이 디지털 기기를 과용해도 탈이 난다. 내 경우에는 딴짓을 하느라 소중한 사람들이 뒷전이 되는 문제가 있었다. 특히 딸에게 한 짓이 최악이었다. 우리 부부의 눈에는 세상에서 제일 예쁜, 하나뿐인 딸에게 말이다.

언젠가 딸과 아빠를 위한 놀이 책에 나오는 놀이를 하고 있을 때였다. 첫 번째 놀이는 서로 좋아하는 것 말하기였다. 두 번째는 책장을 뜯어서 종이비행기 접기였고 세 번째는 서로에게 이렇게 물어보는 것이었다. "만약에 초능력을 가질 수 있다면 어떤 초능력을 갖고 싶어?"

그때 아이가 뭐라고 했는지 여기서 말할 수 있다면 좋겠지만 불가능하다. 내가 그 자리에 없어서 못 들었기 때문이다. 물론 몸은 방 안에 있었지만 마음이 딴 데 가 있었다. 딸이 물었다. "아빠는 어떤 초능력 갖고 싶어?"

　"응? 잠깐만. 아빠 이거 하나만 답장하고." 나는 폰으로 뭘 하느라 건성으로 대답했다. 화면에서 시선을 떼지 않고 손가락으로 바쁘게 탭을 하며 그때는 중요하게 느껴졌지만 다시 생각해보면 나중에 해도 됐던 일을 하고 있었다. 아이는 말이 없었다. 다시 고개를 들자 아이가 안 보였다. 폰에 정신이 팔려 딸과 값진 시간을 보낼 절호의 기회를 걷어차 버린 것이다. 사람이 어쩌다 그럴 수도 있지. 그런데 그게 어쩌다 한 번 있는 일이었다고 하면 거짓말이다. 그전에도 그런 적이 수도 없이 많았다.

　딴짓을 하느라 주변 사람을 후순위로 밀어낸 사람이 나 혼자만은 아닌 것 같다. 이 책을 먼저 읽은 독자 중 한 명이 여덟 살 딸에게 어떤 초능력을 갖고 싶은지 물어봤다. 아이가 동물과 말하는 능력이라고 대답해서 그 이유를 물었더니 "그러면 엄마랑 아빠가 일한다고 컴퓨터 할 때도 얘기할 친구가 생기잖아"라고 말했다고 한다.

　딸에게 가서 사과한 나는 이제 변해야 할 때라고 생각했다. 처음에는 디지털 기술이 문제라는 생각에 극단적인 방법으로 '디지털 디톡스'를 시도했다. 우선 이메일, 인스타그램, 트위터를 쓰고 싶어도 못 쓰도록 폰을 구형 플립 폰으로 바꿨다. 그런데 GPS와 달력 앱에 저장된 주소 없이 돌아다니자니 너무 불편했다. 걸으면서 들을 수 있었던 오디오북을 포함해 스마트폰의 모든 편리한 기능이 그리워졌다.

온라인에서 온갖 기사를 읽느라 시간을 낭비하지 않도록 종이 신문도 신청했다. 몇 주가 지나니 펼쳐보지도 않은 신문이 차곡차곡 쌓였고 나는 그 옆에서 텔레비전 뉴스를 보고 있었다.

집중해서 글을 쓰기 위해 1990년대에 나온 인터넷이 안 되는 워드프로세서 전용 단말기도 구입했다. 하지만 글을 쓰려고 앉으면 저절로 책장에 눈이 가고 조금 뒤에는 아무 상관없는 책을 뒤적이고 있었다. 문제의 원흉이라 생각했던 기술이 없는데도 나는 여전히 딴짓을 했다.

온라인 기술을 없애봤자 소용이 없었다.
딴짓의 종류만 바뀌었을 뿐이다.

원하는 삶을 살려면 '바른' 행동만 하면 되는 게 아니라 나를 탈선시키는 '나쁜' 행동을 끊어야 한다는 걸 깨달았다. 케이크가 샐러드보다 허리둘레에 나쁘다는 건 누구나 안다. 목적 없이 SNS 피드를 스크롤하는 게 현실에서 친구를 만나는 것보다 못하다는 것도 마찬가지다. 직장에서 생산성을 키우려면 시간을 낭비하지 말고 진짜로 일해야 한다는 말에도 모두 동의할 것이다. 우리는 무엇을 해야 하는지 이미 잘 알고 있다. 다만 어떻게 해야 딴짓을 멈출 수 있는지 모를 뿐이다.

지난 5년간 자료를 조사하고 책을 쓰면서 잠시 후 소개할 과학적으로 검증된 기법들을 실제로 사용한 덕분에 현재 나는 그 어느 때보다 생산적이고 건강하고 기운차게 살고 있으며 인간관계도 더욱 만족스럽다. 이 책에는 내가 21세기에 가장 중요한 능력, 바로 '초집중력'을 기르면서 얻은 교훈이 담겨 있다.

그 첫 번째 단계는 딴짓이 내면에서 비롯된다는 사실을 아는 것이다. 1부에서는 우리를 탈선시키는 심리적 불편을 발견하고 다스리는 현실적인 방법을 배운다. 그렇다고 명상을 하라는 뻔한 말을 할 생각은 없다. 명상으로 효과를 보는 사람도 있긴 하겠지만 지겹도록 반복된 이야기다. 아마도 이 책을 읽는 사람이라면 이미 명상을 시도해봤으나 나처럼 그 효과가 신통치 않았을 것이다. 그래서 여기서는 무엇이 우리의 행동을 유발하는지를 새로운 시각에서 바라보고 왜 시간 관리가 고통 관리인지 살펴볼 것이다. 또 어떤 일이든 재밌게 즐길 수 있는 방법을 알아볼 텐데 핵심은 메리 포핀스처럼 '설탕 한 숟갈'을 넣는 게 아니라(메리 포핀스는 동명의 소설과 영화에 나오는 보모로 "설탕 한 숟갈이면 약도 잘 넘어간다"는 말로 유명하다—옮긴이 주) 과업에 고도로 집중하는 능력을 기르는 것이다.

2부에서는 진짜로 하고 싶은 일을 하기 위한 시간을 확보하는 일의 중요성을 이야기한다. 어떤 행동을 '딴짓'이라고 부르려면 먼저 그게 자신을 무엇에서 '멀어지게' 하는지 알아야 하는 이유를 살펴보고 의도를 갖고 시간 계획을 세우는 법을 배울 것이다. 그 계획이 연예 기사 제목을 스크롤하거나 끈적끈적한 로맨스 소설을 읽는 것

이라 해도 상관없다. 계획적으로 시간을 낭비하는 건 시간 낭비가 아니다.[1]

3부에서는 생산성을 해치고 행복도를 낮추는 외부 계기를 인정 사정없이 까발린다. IT 기업들이 폰에서 나는 '띵' 소리 같은 신호를 이용해 우리의 행동을 해킹하려 드는 건 사실이지만 외부 계기가 디지털 기기에만 국한되진 않는다. 주방 수납장을 열 때마다 손짓하는 과자, 급해죽겠는데 자꾸만 말을 거는 옆자리 동료처럼 외부 계기는 곳곳에 존재한다.

4부에서는 초집중의 마지막 열쇠인 계약에 관해 알아본다. 외부 계기를 제거하는 것이 딴짓을 '몰아내기' 위해서라면 계약은 우리가 하겠다고 한 일을 하도록 '옭아매는' 검증된 기법이다. 고대의 사전 조치 기술을 현대의 문제에 적용해볼 것이다.

끝으로 직장을 초집중 공간으로 만들고 아이를 초집중자로 키우고 인간관계에서 초집중력을 발휘하는 방법을 상세히 살펴볼 것이다. 어떻게 하면 직장에서 생산성을 회복하고 가족과 친구와 더 만족스러운 관계를 맺고 더 나은 연인이나 배우자가 될 수 있는지 이야기한다. 간단히 말하자면 딴짓을 정복하면 된다.

초집중의 4단계를 읽고 싶은 순서로 읽어도 괜찮지만 이왕이면 1부에서 4부까지 차례로 읽기를 권한다. 1단계를 기초로 모든 단계가 유기적으로 연결되기 때문이다. 만일 사례 중심으로 배우는 것을 선호해 이 기법들이 실제로 어떻게 작용하는지를 먼저 보고 싶다면 5~7부부터 읽은 다음 1~4부에서 자세한 설명을 읽어도 좋겠다.

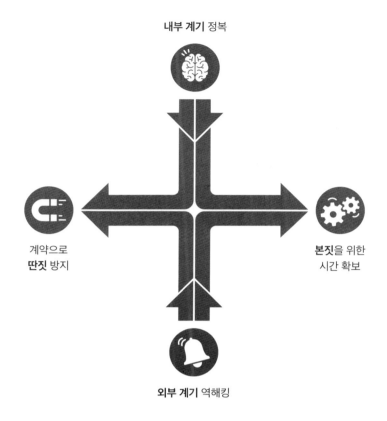

내부 계기 정복

계약으로
딴짓 방지

본짓을 위한
시간 확보

외부 계기 역해킹

    모든 기법을 지금 당장 실천해야 할 필요는 없다. 개중에는 나중에 준비가 되거나 여건이 달라졌을 때 유용하게 쓸 만한 기법도 있을 수 있다. 그렇다고 해도 이 책을 다 읽고 나면 전에는 몰랐던 돌파구를 찾게 되고 딴짓을 다스리는 능력이 전에 없이 향상될 것이라 장담한다.

    의도대로 실천하는 능력이 있다면 얼마나 좋을지 생각해보자. 직장에서 얼마나 유능한 사람이 될 수 있을까? 가족과 함께 보내거나 좋아하는 일을 하는 시간이 얼마나 늘어날까? 얼마나 더 행복해질까? 초집중력을 초능력으로 갖게 된다면 인생이 어떻게 달라질까?

· 기억하세요 ·

- **우리는 딴짓을 피하는 법을 배워야 한다.** 원하는 삶을 살려면 바른 행동만 하면 되는 게 아니라 후회할 게 뻔한 행동을 '안' 해야 한다.
- **문제는 기술만이 아니다.** 초집중자가 되기 위해 기술을 거부해야 하는 건 아니다. 우리가 최선이 아닌 행동을 하는 진짜 이유를 알아야 한다.
- **방법은 이렇다.** 초집중 4단계를 배우고 실천함으로써 초집중자가 될 수 있다.

2장

초집중이란 무엇인가

／

고대 그리스인은 영원히 욕망에 시달리는 남자의 이야기를 후세에 남겼다. 그의 이름은 탄탈로스. 탄탈로스는 아버지 제우스에게 벌을 받아 지옥으로 추방된다.[1] 그는 머리 위로 잘 익은 열매가 드리운 웅덩이에 갇힌다. 이 정도면 저주치고는 양호한 것 아닌가 싶겠지만 탄탈로스가 열매를 따려고 손을 뻗으면 나뭇가지가 멀어진다. 시원한 물로 목을 축이려고 허리를 숙이면 물이 저 멀리 물러나 버린다. 욕망하는 것을 절대 갖지 못하는 형벌이다.

고대 그리스인의 비유에 감탄하지 않을 수 없다. 인간이 처한 상황을 이보다 잘 표현할 수 있을까. 우리는 항상 뭔가를 손에 넣으려 한다. 돈이 될 수도 있고 경험이나 지식, 지위가 될 수도 있다. 무엇이 됐든 우리는 끊임없이 "더! 더! 더!"를 외친다. 고대 그리스인은 이것을 우매하고 죽을 수밖에 없는 운명인 인간에게 내려진 저주로 보고 사그라들 줄 모르는 욕망의 위력을 탄탈로스의 이야기로 그렸

영원한 열망이라는 저주를 받은 탄탈로스[2]

다. 영어에서는 손에 넣고 싶지만 손에 닿지 않는 것을 '탠털라이징
tantalizing(애타게 하는)하다'고 말한다.

본짓과 딴짓

우리가 하루 동안 하는 각종 행동의 가치를 나타내는 선이 있다고
해보자. 오른쪽으로 갈수록 긍정적인 행동, 왼쪽으로 갈수록 부정적
인 행동이다.

이 선의 오른쪽은 '본짓traction'을 의미한다. 라틴어에서 '끌거나 당

기다'를 뜻하는 '트라헤레^{trahere}'에서 유래한 말이다. 본짓은 우리가 인생에서 원하는 것에 다가가게 하는 행동이다. 선의 왼쪽은 그 반대인 '딴짓^{distraction}'이다. 동일한 라틴어에서 나온 이 말은 "마음에서 멀어지게 한다"는 뜻이다.³ 딴짓은 우리가 꿈꾸는 삶으로 나아가지 못하게 막는다.

본짓이든 딴짓이든 모든 행동은 내·외부 계기에 의해 발생한다. 내부 계기는 내면에서 오는 신호다. 배가 꼬르륵거리면 우리는 간식을 찾는다. 추우면 외투를 입는다. 슬프거나 외롭거나 답답하면 가족이나 친구, 연인에게 위로받기 위해 전화를 건다. 외부 계기는 주변에서 오는 신호다. 예를 들면 이메일이나 뉴스를 확인하게 만드는 '띵' 소리, 전화를 받게 만드는 벨 소리다. 옆에 와서 말을 거는 동료처럼 사람이 될 수도 있다. 존재만으로도 스위치를 누르게 만드는 텔레비전 같은 사물 역시 외부 계기가 된다.

딴짓		본짓
진정으로 원하는 것에서 **멀어지게** 하는 행동	행동	진정으로 원하는 것에 **가까워지게** 하는 행동

내·외부 계기에 의해 발생한 행동은 우리의 더 큰 의도와 일치할 수도 있고(본짓) 불일치할 수도 있다(딴짓). 본짓은 목표를 달성하게

하고 딴짓은 목표에서 멀어지게 한다.

　문제는 이 세상에 딴짓을 유발하기 위해 만들어진 게 수두룩하다는 사실이다. 요즘 사람들은 종일 휴대폰을 붙들고 살지만 우리를 홀린다고 손가락질당한 것이 휴대폰이 처음은 아니다. 텔레비전은 처음 세상에 나왔을 때부터 바보상자라는 비난을 받았다.[4] 그전에는 전화, 만화책, 라디오가 그랬다. 심지어는 글도 "학습자의 영혼에 망각을 심는다"고 소크라테스에게 욕을 먹었다.[5] 지금 와서 보면 뭘 그런 걸 갖고 그러나 싶겠지만 딴짓 유발원은 어느 시대에나 존재했고 앞으로도 존재할 것이다. 다만 요즘은 예전과 달리 수많은 정보가 급속도로 확산되고 각종 기기를 통해 언제 어디서나 새로운 콘텐츠를 이용할 수 있다 보니 딴짓을 하기가 훨씬 쉬워졌다. 지금처럼 딴짓하기 좋은 시절도 없었다.

　그런데 그 대가는 무엇일까? 1971년 심리학자 허버트 A. 사이먼 Herbert A. Simon이 정확히 예언했다. "정보의 풍요는 다른 것의 빈곤을 의미한다… 즉, 주의력 결핍이다."[6] 학계에서는 주의력이 창조와 번영의 원동력이라고 말한다.[7] 자동화 시대에 인기 있는 직업은 하나같이 창의적으로 문제를 해결하는 능력을 요구하는데 그런 능력은 당면한 과제에 고도로 집중할 때 발휘된다.

　우리는 몸도 마음도 건강하려면 유대감이 필수라고 생각한다. 외로움은 비만보다 위험하다는 연구 결과도 있다.[8] 그런데 자꾸만 딴짓을 하면 유대감은 남의 얘기가 된다.

　아이들을 생각해보자. 끈기 있게 집중할 줄 모르는 아이가 어떻게 잘 자랄 수 있을까? 만일 우리가 자꾸만 폰을 본다고 다정한 얼굴 대신 정수리만 보여준다면 아이가 무엇을 보고 배우겠는가?

다시 탄탈로스의 이야기로 돌아가 보자. 그에게 내린 저주는 정확히 무엇이었을까? 영원한 굶주림과 목마름? 아니다. 만약 탄탈로스가 열매를 따거나 물을 마시려고 하지 않았다면 어떻게 됐을까? 어차피 죽어서 지옥에 간 몸이다. 죽은 사람한테 굳이 먹고 마실 게 필요할까? 그쪽 소식통한테 듣자니 아니라던데….

탄탈로스에게 내린 진짜 저주는 가질 수 없는 걸 가지려고 영원히 애태우는 게 아니라 자신의 행동이 얼마나 어리석은지 영원히 자각하지 못하는 것이다. 탄탈로스는 애초에 그런 게 필요 없다는 걸 몰랐다. 이게 그 이야기의 진정한 교훈이다.

우리도 탄탈로스와 같은 저주를 받았다. 필요 없는 것에 필요한 줄 알고 자꾸만 그쪽으로 손을 뻗는다. 굳이 지금 당장 이메일이나 뉴스를 확인할 '필요'는 없다. 그냥 기분이 그러고 싶을 뿐이다.

다행히 우리는 탄탈로스와 달리 욕망에서 한 걸음 물러나 그 실체를 보고 적절히 대응할 수 있다. 우리는 기업이 날로 진화하는 우리의 필요에 맞춰 혁신적인 제품을 내놓기를 원하지만 과연 그 결과물이 우리에게서 최선의 모습을 끌어내는지는 잘 따져봐야 한다. 우리에게 딴짓을 유발하는 요인은 앞으로도 계속 존재할 것이고 그 요인을 잘 관리하는 건 우리 몫이다.

초집중은 하기로 한 일을 하기 위해 분투하는 것이다.

초집중자는 타인뿐 아니라 자신에게도 솔직하다. 일, 가족, 심신의 건강을 중요하게 여기는 사람이라면 초집중자가 되는 법을 터득해야 한다. 초집중 모델은 세상을 새롭게 보고 새롭게 살게 해주는 길잡이다. 네 부분으로 구성된 이 모델은 우리가 주의력을 발휘해 원하는 삶에 이르는 길을 보여주는 지도다.

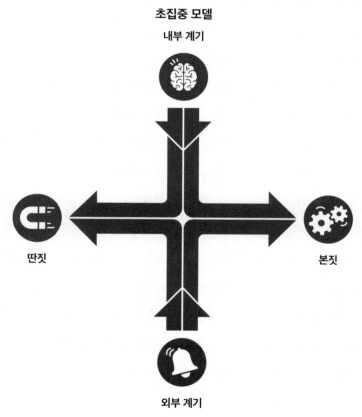

초집중 모델

내부 계기

딴짓

본짓

외부 계기

이 4단계가 초집중으로 가는 길을 보여준다.

- **딴짓은 목표 달성을 가로막는다.** 딴짓은 진정으로 원하는 것에서 멀어지게 하는 행동이다.

- **본짓은 목표에 다가가게 한다.** 본짓은 진정으로 원하는 것에 가까워지게 하는 행동이다.

- **계기는 본짓과 딴짓을 발생시킨다.** 외부 계기는 '주변'에서 오는 신호, 내부 계기는 '내면'에서 오는 신호다.

1부

내부 계기를 정복한다

indistractable

. . . .

내부 계기 정복

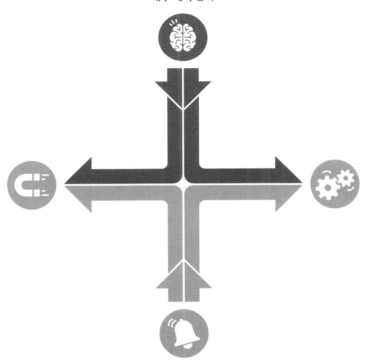

. . . .

Master Internal Triggers

3장

진짜로 동기를 유발하는 것은 무엇인가

/

하버드대학교에서 박사 학위를 받고 예일대학교 경영대학원 교수로 강의하고 있는 조이 챈스^{Zoë Chance}가 TEDx 강연장을 메운 청중 앞에서 충격 고백을 했다. "오늘 이 자리에서 솔직히 털어놓겠습니다. 이제껏 쉬쉬 했던 저의 추악한 진실입니다. 2012년 3월… 저를 파멸로 이끄는 기계를 구입했습니다."[1]

챈스는 예일에서 장차 기업의 리더가 될 사람들에게 소비자의 행동을 변화시키는 비결을 가르쳤다. 하지만 '설득법 연구'라는 강의명이 무색하게 자신도 심리 조작에 면역이 없다고 고백했다. 처음에는 연구로 시작했던 행동이 아무 생각 없이 반복하는 강박행위로 변하고 만 것이다.

챈스가 우연히 알게 된 문제의 제품은 그가 가르치는 설득 기법을 탁월하게 활용한 결과물이었다. 그는 주위 사람들과 함께 "와, 이거 진짜 물건이다. 이 사람들 천재야. 동기를 유발하는 기법이란 기

법은 총동원했잖아"라고 연신 감탄할 수밖에 없었다고 말했다.[2]

당연히 그냥 지나칠 수 없어서 직접 연구 계획을 세우고 자신이 첫 번째 피실험자로 나섰다. 그 제품이 몸과 마음을 어떻게 가지고 놀지는 전혀 모른 채로. "거짓말이 아니라 진짜로 멈출 수가 없었어요. 한참이 지나고 나서야 그게 문제란 걸 깨달았죠."

문제를 인정하기까지 오랜 시간이 걸릴 만도 했다. 챈스가 중독된 건 어떤 약물 같은 게 아니라 고작 만보기였으니까. 구체적으로 말하자면 1년 전 설립된 실리콘밸리 스타트업에서 출시한 스트라이브 Striiv 스마트 만보기였다. 챈스는 스트라이브가 평범한 만보기는 아니라고 얼른 덧붙였다. "제작사에서는 그걸 '주머니 속 퍼스널트레이너'라고 마케팅합니다. 근데 아니에요! 그건 주머니 속 사탄입니다!"

전직 게임 디자이너들이 설립한 스트라이브는 행동 디자인 기법을 이용해 고객이 몸을 더 많이 쓰도록 유도한다. 사용자에게 도전 과제를 부여하고 걸을 때마다 포인트를 준다. 사용자는 다른 플레이어와 경쟁하고 순위표를 볼 수 있다. 만보기를 마이랜드MyLand라는 스마트폰 앱과 연동해 적립된 포인트로 온라인 가상 세계를 건설할 수도 있다. 챈스는 이런 수법에 껌뻑 넘어갔다. 걸음 수와 포인트를 늘리기 위해 시도 때도 없이 걸었다. "집에 와서 밥 먹을 때도, 책 읽을 때도, 밥 먹으면서 책 읽을 때도, 남편이 말을 걸 때도, 하여튼 시도 때도 없이 거실 갔다 주방 갔다 식탁 갔다 거실 갔다 주방 갔다 식탁 갔다를 반복했어요."

주로 같은 곳을 뺑뺑 돌면서 그렇게 많이 걸어 다녔는데 어느 시점부터 삶에 악영향이 미치기 시작했다. 가족과 친구와 함께 보내는 시간이 줄어든 것이다. "내가 유일하게 더 가까워진 사람은 어니스트라는 동료였어요. 어니스트도 스트라이브 사용자라서 같이 도전 과제를 정하고 경쟁했거든요."

챈스는 스트라이브에 중독됐다. "급기야 스프레드시트까지 동원해 최적화를 시도했어요. 운동을 최적화했단 게 아니라 스트라이브 기기 속 가상 세계에서 이뤄지는 매매를 최적화했단 뜻이에요." 생업을 포함해 다른 중요한 일에 쓸 시간을 빼앗기는 건 물론이고 몸까지 망가졌다. "스트라이브를 쓰면서 하루에 2만 4,000보를 걸었어요. 그러니 몸이 버텨내나요."

어느 날은 열심히 걷고 났더니 스트라이브가 솔깃한 제안을 했다. "밤 12시였어요. 이를 닦으면서 잘 준비를 하는데 갑자기 도전 과제 알림이 뜬 거예요. '포인트 3배 적립 기회: 계단 20번 오르기!'" 지하실 계단을 두 번만 오르내리면 1분 만에 과제를 완수할 수 있겠다는 생각이 번뜩 들었다. 과제를 완수하자 이번에는 계단을 40번 오르면 또 포인트를 3배로 주겠다는 메시지가 떴다. 그는 '대박! 당연히 해야지!' 하고 생각하며 얼른 계단을 4번 더 오르내렸다.

집요한 걷기는 거기서 끝나지 않았다. 우리의 교수님은 마인드컨트롤이라도 당한 것처럼 새벽 2시까지 꼬박 2시간 동안 지하실을 오르락내리락했다. 정신을 차리고 보니 계단을 걸은 기록만 2,000보가 넘었다. 참고로 엠파이어스테이트빌딩 계단이 1,872개다. 그는 오밤중에 멈추지 못하고 계단을 오르내렸다. 스트라이브 스마트 만보계의 마력에 빠져 운동하는 좀비가 된 것이다.

챈스의 이야기는 표면적으로 만보기처럼 건강에 좋은 물건도 딴 짓을 유발해 악영향을 일으킬 수 있다는 사실을 보여주는 교과서적인 사례다. 피트니스 트래커에 중독된 챈스의 황당한 사연을 듣고 나는 더 자세한 내막을 알고 싶었다. 하지만 그 전에 그가 행동하게 한 진짜 요인이 무엇인지 알아야 했다.

우리는 수백 년간 보상과 처벌이 동기를 유발한다고 믿었다. 공리주의를 창시한 영국 철학자 제러미 벤담은 "자연이 인간을 두 군주의 지배하에 놓았으니 바로 고통과 쾌락이다"라고 말했다.[3] 하지만 사실 동기는 우리가 한때 생각했던 것만큼 쾌락과 깊은 관련이 있진 않다.

우리가 쾌락을 좇는다고 생각할 때 실제로 우리를 움직이는 건
갈망의 고통에서 해방되고자 하는 욕구다.

고대 그리스 철학자 에피쿠로스가 이를 잘 표현했다. "우리가 말하는 쾌락은 육신의 고통과 영혼의 고뇌가 없는 상태다."[4]

쉽게 말해 불편을 해소하고 싶은 욕구가
모든 행동의 근본 원인이고 나머지는 근접 원인에 불과하다.

포켓볼을 생각해보자. 무엇이 색깔 공을 포켓에 들어가게 만드는 가? 흰 공인가, 큐대인가, 플레이어의 행동인가? 물론 흰 공과 큐대도 필요하지만 근본 원인은 플레이어다. 흰 공과 큐대는 결과의 근접 원인이다.[5]

인생이라는 게임에서는 현상의 근본 원인을 찾기가 어려울 때가 많다. 예를 들면 승진 심사에서 미끄러졌을 때 약삭빠른 동료가 내 자리를 가로챘다고 생각하지 내가 아직 실력과 추진력이 부족하기 때문이라고 생각하진 않는다. 부부 싸움을 할 때면 변기 시트를 올려놓은 것처럼 사소한 문제를 원인으로 돌리지 몇 년간 묵은 문제를 돌아보진 않는다. 사회문제 역시 구조적인 이유를 깊이 탐색하지 않고 정치적·이념적으로 반대편에 있는 사람들을 매도한다.

이런 근접 원인에는 한 가지 공통점이 있다. 다른 사람이나 사물에 책임을 전가할 수 있게 해준다는 점이다. 물론 포켓볼에서 흰 공과 큐대를 완전히 배제할 수 없듯이 동료나 변기 시트가 문제와 전혀 상관없다고 말할 수는 없겠지만 그쪽에 전적인 책임을 물을 수는 없다. 근본 원인을 파헤치지 않으면 자기가 만든 비극 속에서 무력한 피해자로 전락할 뿐이다.

우리가 딴짓을 하는 이유도 마찬가지다. 우리가 생각하는 것은 근접 원인일 뿐 근본 원인은 다른 데 숨어 있다. 텔레비전, 정크 푸드, SNS, 담배, 비디오게임을 탓하지만 그건 모두 딴짓의 근접 원인에 불과하다.

**스마트폰이 딴짓의 원흉이라는 말은 만보기가 미친 듯이
계단을 오르게 만드는 원흉이라는 말처럼 문제가 있다.**

딴짓의 근본 원인을 처리하지 않으면 뭘 해도 또 딴짓을 하게 된다. 문제는 딴짓 그 자체가 아니라 딴짓에 대응하는 방식이다.

챈스는 나와 이메일을 주고받으면서 TEDx 강연에서는 말하지 않았던, 자신의 극단적인 행동 뒤에 있던 어두운 진실을 알려줬다.[6] "내가 스트라이브에 중독됐던 시기는 공교롭게도 내 인생에서 가장 스트레스가 심했던 때였어요. 취업 시장에서 신임 마케팅 교수 자리를 구하고 있었거든요. 앞날이 한없이 불확실한 상황에서 몇 달간 애간장을 태웠어요. 자리를 구하는 연구자들에게 스트레스가 육체적인 증상으로도 나타나는 건 별로 드문 일이 아니에요. 나는 머리가 빠지고 잠을 못 자고 심장이 두근거렸어요. 이러다가 미치겠는데 내 상태를 아무한테도 들키면 안 될 것 같았어요."

당시 챈스는 결혼 생활에도 숨기는 게 있었다. 남편도 마케팅 교수라는 사실이었다. 그들은 남편이 재직 중인 학교에 챈스가 부임하거나 다른 학교에 두 사람이 함께 부임하는 식으로 공동 임용되길 원했다. 하지만 마케팅업계는 워낙 좁아서 공동 임용은 정말 드물었다. 설상가상으로 부부 관계까지 나빠지고 있었다. "남편과 계속 살지 말지 확실치 않았어요. 하지만 최상의 시나리오는 우리가 고비를 넘기고 부부 관계를 잘 유지하면서 내가 남편의 학교에 임

용되는 거였죠. 그래서 그쪽 학교에서 우리가 이혼할 수도 있다는 걸 알면 곤란했어요. 내가 교수직을 제안 받을 가능성이 줄어드니까요."

챈스는 눈앞이 캄캄했다. "내가 아무리 노력해도 부부 관계나 취업 시장에서 좋은 결과가 나온다는 보장이 없었어요. 지나고 나서 보니 그때 내가 영향력을 행사하고 잘할 수 있는 걸 찾다가 스트라이브를 발견한 거예요." 그에게는 스트라이브가 힘겨운 시기를 모면하기 위한 수단이었다. "현실도피였죠."

딴짓이 불건전한 현실도피라는 사실은 대부분의 사람이 인정하지 않으려고 하는 불편한 진실이다. 그러나 불편한 내부 계기를 어떻게 다루느냐에 따라 건전한 본짓을 추구할 것이냐, 나를 망치는 딴짓을 추구할 것이냐가 갈린다.

챈스에게는 스트라이브 포인트를 쌓는 것이 그토록 바라던 도피처가 됐다. 사람에 따라서는 SNS나 텔레비전을 보는 게 될 수도 있고 야근이 될 수도 있고 폭음이나 마약 복용이 될 수도 있다.

이혼이 코앞에 닥쳤을 때처럼 심각한 상황에서 고통을 피하려고 발버둥 칠 때 진짜 문제는 만보기 따위가 아니다. 도피 욕구를 불러일으키는 불편을 해소하지 않고는 종류만 달라질 뿐 계속 딴짓을 유발하는 뭔가에 의존하게 된다.

**고통의 실체를 알아야만 그것을 다스릴 수 있고
부정적인 충동에 더 현명하게 대응할 수 있다.**

다행히도 챈스는 이를 깨달았다. 우선 자신이 느끼는 불편의 진짜 근원을 파고들어 피하려고 하는 내부 계기가 무엇인지 밝혀냈다. 결국 지금은 남편과 별거 중이지만 그때보다 훨씬 낫다고 한다. 현재 챈스는 예일에서 풀타임 교수로 학생들을 가르치고 있다. 그리고 만보기에 끌려다니는 게 아니라 규칙적인 운동 계획을 세워 건강도 시간도 더 잘 관리하고 있다.

물론 중독을 극복하고 성장했다고 해도 앞으로 그의 삶에는 스트라이브 만보기처럼 딴짓을 유발하는 요인이 또다시 등장할 것이다. 하지만 이제는 근접 원인을 들쑤시는 게 아니라 근본 원인을 정확히 찔러 진짜 문제에 대응할 수 있다. 그럼 지금부터 누구나 즉각적이고도 장기적인 효과를 볼 수 있는 전략과 기법을 소개해보겠다.

· 기억하세요 ·

- **딴짓의 근본 원인을 파악하자.** 딴짓은 단순히 어떤 기기 때문에 발생하는 게 아니다. 근본 원인과 근접 원인을 구별해야 한다.
- **모든 행동의 동기는 불편에서 도피하고 싶은 욕구다.** 어떤 행동이 불편을 해소하는 데 도움이 됐다면 우리는 계속해서 그 행동을 불편에서 도피하는 용도로 이용할 가능성이 크다.
- **불편을 없애는 행동은 중독성이 있지만 반드시 중독되라는 법은 없다.** 무엇이 행동을 유발하는지 알면 관리할 방법도 알 수 있다.

4장

시간 관리는
고통 관리다

/

처음에는 나도 딴짓의 진짜 원인에 대한 불편한 진실을 믿고 싶지 않았다. 하지만 여러 자료를 읽고 난 후에는 딴짓의 동기가 내면에서 나온다는 사실을 직시할 수밖에 없었다. 인간의 모든 행동이 그렇듯 딴짓도 우리 뇌가 고통에 대응하는 방법일 뿐이다. 그렇다면 딴짓을 다스리는 길은 불편을 다스리는 법을 터득하는 것밖에 없다.

딴짓 때문에 시간이 낭비된다면
시간 관리는 곧 고통 관리다.

그럼 불편은 어디서 오는가? 왜 우리는 자꾸만 불안과 불만을 느끼는가? 유사 이래 가장 안전하고 가장 건강하고 가장 교양 있고 가장 민주적인 시대를 살고 있음에도[1] 무슨 영문인지 우리의 마음은 끊임없이 내면의 동요에서 도피할 길을 찾는다. 18세기 시인 새뮤얼 존슨Samuel Johnson은 "내 인생은 나로부터 달아나는 기나긴 도피 행각"이라고 말했다.[2] 나도 마찬가지고 그 점에서 우리는 모두 한 형제자매다.

우리가 태생적으로 만족하지 못하게끔 만들어졌다는 사실을 알면 위로가 된다. 유감스러운 말이지만 아마도 우리는 절대로 삶에 완전히 만족하지 못할 것이다. 물론 어쩌다 한 번씩 환희에 차기는 하겠지. 하늘을 나는 기분? 가끔 느낄 것이다. 속옷 바람으로 춤추고 노래하는 거? 남들도 다 그러는 거 아닌가? 그렇다면 "오래오래 행복하게 살았습니다"라는 말처럼 영원히 만족 상태가 지속되는 것도 가능할까? 아니, 그런 건 영화에나 나오는 얘기다. 미신이다. 행복감은 애초에 오래 유지될 수 없다. 기나긴 진화 과정에서 우리 뇌가 거의 항상 불만족하도록 만들어졌기 때문이다.

우리가 이렇게 생긴 이유는 간단하다. 《일반심리학 리뷰Review of General Psychology》에 실린 논문에서 인용하자면 "만족과 쾌락이 영원하다면 지속적으로 더 나은 편익이나 발전을 추구할 유인이 거의 없을 것"이기 때문이다.[3] 다시 말해 만족감은 인류에게 좋은 것이 아니었다. 우리 선조들이 더, 더, 더 열심히 일하고 노력한 건 끊임없이 불안해하도록 진화했기 때문이고 그래서 우리도 그런 성질을 그대로 물려받았다.

하지만 더, 더, 더 많은 것을 하게 만들어 생존을 도왔던 진화적 특성이 이제는 씁쓸하게도 우리에게 걸림돌일 수 있다.

만족감이 오래가지 못하게 하는
심리적 요인 네 가지가 있다.

첫째 요인은 권태다. 사람들이 권태를 피하기 위해 무슨 짓까지 할 수 있는지 알면 진짜 '충격'이다. 2014년 《사이언스》에 실린 논문 이야기다.[4] 실험 참가자들에게 방에 들어가 15분 동안 생각을 하게 했다. 방에 있는 것이라고는 자신에게 따끔거리는 전기 충격을 가할 수 있는 기계장치뿐이었다. '누가 그런 걸 써?' 하는 생각이 들 것이다.

사전에 참가자들에게 물어봤을 때는 모든 참가자가 돈을 지불하고라도 전기 충격을 피할 용의가 있다고 대답했다. 하지만 텅 빈 방에 충격기와 단둘이 남아 딱히 할 일이 없자 남자는 67퍼센트, 여자는 25퍼센트가 자신에게 충격을 가했고 여러 번 그러는 사람도 많았다. 논문의 결론은 이렇다. "사람들은 생각하는 것보다 행동하는 것을 좋아한다. 설령 그 행동이 평소에는 돈을 주고라도 피하려고 할 만큼 불쾌한 것이라고 해도 그렇다. 인간의 태생적 심리는 혼자 있는 것을 좋아하지 않는다." 그러고 보면 미국에서 가장 인기 있는 웹사이트 25개 중 대부분이 쇼핑이나 연예인 가십 기사, 단편적 커뮤니케이션 등의 형태로 고되고 따분한 일상의 도피처를 판매한다는 게 놀랍지도 않다.[5]

딴짓을 유발하는 둘째 요인은 부정 편향이다. 부정 편향은 "부정적인 사건이 중립적이거나 긍정적인 사건보다 큰 현저성을 띠면서 더 강력하게 관심을 요구하는 현상"을 말한다.[6] 한 논문에는 "나쁜 것이 좋은 것보다 더 강력한 힘을 발휘하는 것이 인간 심리의 기본적이고 보편적인 특성인 것 같다"고 나와 있다.[7] 비관주의는 일찍부터 시작된다. 아기들이 생후 7개월만 돼도 부정 편향 징후를 보인다는 건 우리가 그런 성향을 타고난다는 뜻으로 해석할 수 있다.[8] 또 다른 증거로 학계에서는 우리가 좋은 일보다 나쁜 일을 더 잘 기억하는 경향이 있다고 본다. 대체로 행복한 유년기를 보냈다고 말하는 사람들조차도 어린 시절의 불행한 기억을 더 잘 기억한다는 연구 결과가 있다.[9]

부정 편향이 진화 과정에서 유리하게 작용했다는 점은 부인하기 어렵다. 좋은 건 그냥 좋은 거지만 나쁜 건 우리 목숨을 앗아 갈 수 있다. 그러니 나쁜 것부터 보고 기억하는 게 당연하다. 이걸 좋다고 해야 할지 나쁘다고 해야 할지!

셋째 요인은 반추, 즉 나쁜 경험을 자꾸 곱씹는 것이다. 자신의 행동이나 타인이 자신에게 한 행동 혹은 자신이 원했지만 갖지 못한 것에 대한 생각을 끊으려야 끊을 수 없었던 적이 있다면 심리학에서 말하는 반추를 이미 경험해본 것이다. 이렇게 "자의와 상관없이 현재 상황을 성취되지 못한 기준과 비교하는 심리"는 '나는 왜 이 모양 이 꼴일까?'처럼 자신을 책망하는 생각으로 나타날 수 있다.[10] 논문에는 "사람은 잘못된 일과 그것을 바로잡을 수 있었던 방법을 생각함으로써 과실의 원인이나 다른 전략을 찾을 수 있고 결과적으로 향후 문제의 재발을 방지하고 더 나은 행동을 할 가능성이 생긴다"고 나와 있다.[11] 이 역시 유익한 특성이지만 흠, 역시 우리를 불행하게 만들 수 있다.

그런데 권태, 부정 편향, 반추가 아무리 딴짓을 유발한다고 해도 넷째 요인만큼 가혹하진 않다. 무슨 일이 생기건 금세 만족감이 원점으로 돌아가는 현상, 바로 쾌락 적응이다. 쾌락 적응은 대자연의 미끼 상술이다. 우리는 무엇 무엇이 우리에게 더 큰 행복을 줄 것이라 생각하지만 실제로 겪어보면 그렇지 않다. 잠깐은 몰라도 장기적으로 행복감이 커지진 않는다. 일례로 복권 당첨처럼 일생일대의 행운을 경험한 사람들에게 물어보면 전에는 재밌었던 것이 이제는 시시해져 인생의 만족도가 사실상 예전 수준으로 돌아갔다고 말한다.[12] 《마이어스의 주머니 속의 행복》에서 데이비드 마이어스David Myers는 "열렬한 사랑, 정신의 고양, 새로운 것을 소유하는 기쁨, 성공의 환희 등 우리가 욕망하는 경험은 모두 일시적"[13]이라고 썼다. 쾌락 적응도 물론 나머지 세 요인과 마찬가지로 진화적 이점이 있다. 논문을 인용하자면 "지속적으로 새로운 목표가 관심을 사로잡음에 따라 장기적으로는 무익하다는 것을 깨닫지 못한 채 계속해서 행복해지기 위한 노력을 쏟아붓는" 것이다.[14]

이쯤 되면 구슬픈 트롬본 소리라도 깔려야 하는 것 아닌가? 아아, 인생은 결국 무익한 것인가? 어림없는 소리! 지금까지 살펴본 대로 불만은 선사시대 사람들이 그랬듯 우리가 더 나은 삶을 살고 더 나은 세상을 만들기 위해 활용할 수 있는 타고난 저력이다.

불만과 불편이 뇌의 기본 상태라고 해도
우리는 그 앞에 무릎 꿇지 않고
오히려 동기 유발원으로 이용할 수 있다.

인간의 마음이 끊임없이 요동치지 않는다면 인류는 지금보다 훨씬 못한 존재가 됐을 것이고 어쩌면 멸종했을지도 모른다. 우리가 사냥, 탐색, 창조, 적응을 포함한 온갖 행동을 하도록 부추기는 것이 바로 불만이다. 남을 돕는 것과 같은 이타적인 행동조차도 그 동기는 안 돕자니 죄를 짓는 것 같고 불평등의 혜택을 입은 것 같은 기분이 들어 그로부터 벗어나고자 하는 욕구에서 나온다. 만족을 모르고 계속해서 더 많은 것을 손에 넣으려는 욕망이야말로 우리가 폭군을 몰아내게 하는 에너지원이요, 세상을 변화시키고 생명을 구하는 기술을 개발하게 하는 원동력이자 지구를 넘어 우주를 탐색하게 하는 연료다.

인류의 진보와 과오는 모두 불만에서 시작된다. 그 힘을 이용하려면 행복이 정상적인 상태라는 잘못된 생각을 버려야 한다. 불만이야말로 정상적인 상태다. 어렵겠지만 이렇게 생각을 바꾸면 엄청난 해방감이 몰려온다.

기분이 나쁜 걸 나쁘게 생각하지 말자.
그게 적자생존의 원리다.

이를 수용하면 마음이 만드는 함정을 피할 여지가 생긴다. 고통을 인지하고 넘어서게 된다. 초집중으로 가는 첫 번째 단계다.

· 기억하세요 ·

- **시간 관리는 고통 관리다.** 딴짓은 시간을 낭비하게 하고 그 원인은 다른 모든 행동과 마찬가지로 불편에서 도피하고자 하는 욕망이다.
- **진화는 만족이 아닌 불만의 편이었다.** 권태, 부정 편향, 반추, 쾌락 적응으로 인해 우리는 장기간 만족할 수 없다.
- **인류의 과오만이 아니라 진보도 불만에서 시작된다.** 불만은 우리가 더 나은 삶을 살고 더 나은 세상을 만들기 위해 활용할 수 있는 타고난 저력이다.
- **딴짓을 정복하려면 불편에 대응하는 법을 터득해야 한다.**

/ 5장 /

내면에서 비롯되는
딴짓에 대응하기

/

　　　　시애틀 프레드 허친슨 암연구센터Fred Hutchinson Cancer
Research Center의 조너선 브리커Jonathan Bricker는 사람들이 딴짓뿐 아니라
질병까지 유발하는 불편을 다스릴 수 있도록 돕는 심리학자다. 그
는 환자의 행동을 변화시켜 암의 위험성을 줄이는 데 성공했다. "암
을 행동의 문제라고 생각하는 사람은 거의 없지만 사실 금연, 다이
어트, 운동처럼 우리가 암의 위험성을 줄이고 더 오래, 더 질 좋은
삶을 살기 위해 할 수 있는 행동이 분명히 존재한다."[1]

　브리커가 쓰는 방법은 재해석을 통해 현상을 다르게 보게 하는
것이다. 수용-전념치료acceptance and commitment therapy(이하 ACT)의 몇 가지
기법을 배우면 딴짓을 유발하는 불편을 완화할 수 있다는 게 그의
연구로 증명됐다.

　브리커는 금연에 주안점을 두고 인터넷으로 ACT를 가능케 하는
앱을 개발했다. ACT의 원리는 흡연자를 돕는 것뿐 아니라 그 밖의

많은 충동을 억제하는 데 효과가 있다. ACT의 핵심은 자신의 갈망을 인지하고 수용해 건전하게 처리하는 요령을 배우는 것이다. ACT는 충동을 무조건 억제하지 않고 한 걸음 물러서서 관찰하면서 자연스레 사라지게 한다. 그렇다면 왜 충동을 억제하면 안 될까? 그냥 "싫어! 안 해!"라고 하면 왜 안 될까?

정신적 절제가 부작용을 일으킬 수 있기 때문이다.

"북극곰을 생각하지 않으려고 해보라. 그러면 그 빌어먹을 것이 1분마다 떠오를 것이다."[2] 1863년 표도르 도스토옙스키가 쓴 말이다. 그로부터 124년 후 사회심리학자 대니얼 웨그너^{Daniel Wegner}가 도스토옙스키의 주장을 실험으로 옮겼다.

이 실험에서 5분 동안 백곰을 생각하지 말라는 지시를 받은 참가자들은 과연 도스토옙스키가 예견한 대로 평균적으로 1분에 한 번씩 백곰을 생각했다. 그게 다가 아니다. 이번에는 그들에게 일부러 백곰을 생각해보라고 했더니 애초에 생각을 억압하라는 지시를 받지 않았던 집단보다 백곰을 훨씬 많이 떠올렸다. 《심리학 모니터Monitor on Psychology》에 게재된 논문에 따르면 이 결과는 "처음 5분 동안 생각을 억제한 것이 이후 참가자의 정신에서 그 생각이 훨씬 현저하게 '되새김'되게 만든 것"이라고 해석된다.[3] 훗날 웨그너는 여기에 '역설적 과정 이론ironic process theory'이라는 이름을 붙이고 머릿속에 침범하는 생각을 다스리기 어려운 이유로 제시했다. 욕망도 마찬가지라서 욕망이 만드는 긴장을 풀어버릴 때 역설적으로 더 많은 보상이 따른다.

욕망을 거부하려 들면
도리어 욕망을 되새기다가 결국 항복하는 악순환에 빠지고
이로 인해 원치 않는 행동을 저지르기 쉽다.

예를 들어 많은 흡연자가 니코틴 때문에 담배를 피우고 싶어진다고 생각한다. 반은 맞고 반은 틀린 말이다. 니코틴이 몸에서 특별한 감각을 발생시키긴 하지만 항공기 승무원을 대상으로 한 연구에서 니코틴이 생각만큼 흡연욕에 영향을 미치는 건 아닐 수도 있다는 흥미로운 결과가 나왔다.

평소 담배를 피우는 승무원을 이스라엘발 항공기 두 대에 탑승시켰다. 한 대는 3시간이 소요되는 유럽행, 다른 한 대는 10시간이 소요되는 뉴욕행 비행기였다. 연구진은 이들에게 이륙하기 전부터 착륙할 때까지 정해진 시간마다 담배를 피우고 싶은 욕구의 강도를 기록해달라고 했다.[4] 흡연욕이 단순히 뇌에 미치는 니코틴의 작용으로 발생한다면 두 집단이 마지막으로 담배를 피운 후 똑같은 시간이 지났을 때 강한 욕구를 느끼고 시간이 갈수록 뇌가 니코틴을 강하게 원할 터였다. 하지만 결과는 예상 밖이었다.

뉴욕행 승무원들은 대서양 상공에서 흡연욕을 크게 느끼지 않았다. 하지만 같은 시간 막 유럽에 도착한 승무원들은 흡연욕이 최고

조에 이르렀다. 어떻게 된 걸까?

뉴욕행 승무원들은 해고당하기 싫으면 비행 중에 담배를 피우지 말아야 한다는 걸 알았다. 이들도 목적지에 도착하고 나서야 가장 강렬한 흡연욕을 느꼈다. 그렇다면 비행시간이나 마지막 흡연 후 경과 시간은 승무원의 흡연욕에 영향을 끼치지 않는다고 볼 수 있었다.

그들의 욕구를 좌우한 건 담배를 피우고 몇 시간이 지났느냐가 아니라 다시 담배를 피울 수 있을 때까지 몇 시간이 '남았느냐'였다.[5] 니코틴처럼 중독성 강한 물질에 대한 갈망이 이런 식으로 제어될 수 있다면 혹시 우리 뇌가 그 밖의 불건전한 욕망도 지배하도록 유도할 수 있을까? 다행히도 그렇다!

앞으로 이 책에서 금연과 약물 중독에 관한 연구 결과를 여러 번 거론할 것이다. 그 이유는 두 가지인데 첫째, 비록 학계 연구에서 인터넷 같은 딴짓 유발원에 병리학적으로 '중독'된 사람은 드물다는 결과가 나왔다고 해도[6] 디지털 기술 남용이 많은 사람에게 중독으로 여겨지기 때문이다. 둘째, 니코틴이나 약물에 대한 육체적 의존을 끊는 데 효과적인 기법이라면 당연히 딴짓 욕망을 다스리는 데도 도움이 되리라고 보기 때문이다. 우리가 인스타그램 주사를 맞거나 페이스북을 흡입하는 것도 아니니 말이다.

어떤 욕망은 그것에 대한 생각을 바꾸기만 해도 설사 완전히 잠재우지는 못할지언정 어느 정도 조절은 가능하다. 이제부터 우리는 내부 계기, 과업, 기질, 이렇게 세 가지에 대한 생각을 바꾸는 방법을 알아볼 것이다.

- **유혹을 해소하는 방법을 모르면 정신적 절제가 부작용을 일으킬 수 있다.** 욕망은 무조건 억제하려고 하면 오히려 더 많이 생각나고 더 강해진다.

- **내면에서 비롯되는 딴짓은 생각을 바꾸는 것으로 다스릴 수 있다.** 계기, 과업, 기질에 대한 생각을 바꾸면 된다.

6장

내부 계기를
재해석한다

/

불쑥불쑥 침투하는 감정과 생각은 우리가 어쩔 수 없다 해도 거기에 대응하는 방법은 어쩔 수 있다. ACT에 입각한 브리커의 금연 프로그램을 통해 알 수 있듯이 막무가내로 충동에 대한 생각을 멈추려고 할 게 아니라 더 나은 대처법을 습득해야 한다. 흡연만이 아니라 수시로 폰을 확인하고 정크 푸드를 먹고 과도하게 쇼핑하는 것 같은 딴짓도 마찬가지다. 충동을 꺾으려 들지 말고 제멋대로 들어오는 생각을 다스리는 새로운 방법을 터득할 필요가 있다. 이때 도움이 되는 4단계 과정을 소개한다.

1단계: 딴짓에 선행하는 불편에 초점을 맞춰 내부 계기를 파악한다

나는 글을 쓰다 보면 자꾸만 뭔가를 검색하고 싶어진다. '자료 조사'

를 위한 것이라고 둘러댈 수도 있겠지만 사실은 글 쓰는 게 힘드니까 피하고 싶어서 그런다. 이럴 때 브리커는 원치 않는 행동에 선행하는 내부 계기에 집중하라고 조언한다. 예를 들면 "불안한 마음이 들거나 뭔가가 간절해지거나 마음이 진정되지 않거나 자신이 부족하다는 느낌이 드는 것"이다.[1]

2단계: 계기를 기록한다

브리커는 딴짓에 굴복했든 아니든 그 계기를 기록해보라고 한다. 몇 시에 무엇을 하고 있던 중 딴짓을 유발하는 내부 계기를 인지했고 그때 어떤 느낌이 들었는지 적어보는 것이다. 이때 되도록 "그 행동을 눈치채는 즉시" 기록해야 한다. 시간이 지나면 당시의 느낌을 기억하기 어렵기 때문이다. 그때그때 내부 계기를 기록할 수 있도록 이 책 부록에 '딴짓 추적표'를 실었다(280쪽 참조). 필요하면 NirAndFar.com/Indistractable에서 파일을 받아 출력해도 좋다. 딴짓 추적표는 항상 손이 잘 닿는 곳에 두자.

　브리커의 말을 빌리자면 사람들이 외부 계기는 잘 찾지만 "이처럼 중요한 내부 계기를 찾는 습관을 기르려면 시간이 걸리고 시행착오를 거쳐야" 한다. 그가 권하는 방법은 자기 자신을 관찰한다고 생각하면서 충동을 설명하는 것이다. 예를 들면 "지금 나는 가슴이 답답하다. 이거 봐, 이거, 또 아이폰으로 손이 가잖아" 하는 식으로 말이다. 문제가 되는 행동을 포착하는 능력이 좋아지면 그걸 다스리는 능력도 차차 좋아진다. 그러면 "불안감이 사라지고 그런 생각이 약해지거나 다른 생각으로 대체되는" 효과가 생긴다.

3단계: 감각을 탐색한다

브리커는 이어 감각에 관심을 가지라고 한다. 혹시 딴짓을 하기 전에 손가락이 씰룩거리진 않는가? 자녀와 함께 있다가 속이 울렁거리면서 회사 생각이 나진 않는가? 그런 순간이 고조됐다가 가라앉을 때 어떤 느낌이 드는가? 브리커는 충동을 행동으로 옮기기 전에 그 느낌을 충분히 관찰하라고 권한다.

금연 연구에서 비슷한 기법을 도입했더니 자신의 갈망을 인정하고 탐색하는 법을 배운 참가자의 금연 성공률이 미국폐건강협회에서 가장 성적이 좋았던 금연 프로그램 성공률보다 배로 높았다.[2]

브리커는 '시냇물 위의 낙엽' 기법을 추천한다. 불편한 내부 계기가 느껴지면서 원치 않는 행동을 하고 싶어질 때 "시냇가에 앉아서 졸졸 흐르는 냇물을 보고 있다고 상상하는" 것이다. "자, 이제 물 위에 떠 있는 낙엽을 생각하세요. 낙엽 한 장 한 장에 마음속 생각을 하나씩 얹으세요. 과거의 기억일 수도 있고 어떤 단어나 걱정거리, 이미지일 수도 있습니다. 이제 낙엽이 빙글빙글 돌면서 떠내려가는 것을 가만히 앉아서 지켜보세요."

4단계: '넘이점'을 인식한다

넘이점은 일상에서 이것이 저것으로 전환되는 순간을 말한다. 혹시 차 안에서 신호를 기다리던 중에 폰을 켰다가 신호가 바뀌고 나서도 폰을 보며 운전한 적이 있는가? 웹브라우저에서 탭을 열었는데 로딩 시간이 길어서 또 다른 사이트를 연 적은? 회의가 끝나고 이동하는 중에 SNS를 보다가 자리로 돌아와서까지 SNS를 본 적은? 모두 그 자체로는 잘못된 행동이 아니다. 문제는 그럴 때 우리가 처음에는 '잠깐만 해야지' 해놓고 이후로 30분 동안 엉뚱한 길을 가거나 교통사고를 내는 것처럼 후회할 짓을 저지를 가능성이 다분하다는 것이다.

내 경험에 비춰보면 이런 딴짓의 함정을 피하는 데는 '10분 원칙'이 효과적이다.[3] 나는 답답함이나 무료함을 달랠 방법이 생각나지 않아서 그냥 폰을 보고 싶을 때 나 자신에게 그렇게 해도 되긴 하지만 지금 당장 하지는 말자고 말한다. 딱 10분만 기다린다. 글을 쓰다가 검색을 하고 싶을 때, 심심해서 몸에 안 좋은 걸 먹고 싶을 때, 피곤해서 자야 하는데 넷플릭스에서 드라마 한 편만 더 보고 싶을 때처럼 딴짓을 하고 싶을 때 이 기법을 요긴하게 쓴다.

10분 원칙은 일부 행동심리학자들이 말하는 '충동 타기'를 위한 시간을 마련해준다.[4] 어떤 충동이 강하게 일어날 때 그걸 밀어내거나 행동으로 옮기지 않고 그 순간의 느낌을 의식하면서 마치 파도를 타듯이 충동을 타면 충동이 가라앉을 때까지 버티기가 한결 쉬워진다. 흡연자들이 충동 타기를 포함해 자신의 갈망을 의식하는 기법을 썼을 때 그렇지 않은 집단보다 흡연량이 적었다는 연구 결과도 있다.[5]

10분간 충동 타기를 한 후에도 여전히 하고 싶은 행동이라면 해도 좋다. 그런데 아마 그런 일은 거의 없을 것이다. 넘이점을 넘기면 자신이 정말로 원하는 행동을 할 수 있다.

충동 타기와 시냇물 위의 낙엽 같은 기법을 통해 우리는 충동적으로 딴짓에 굴복하는 걸 막아주는 정신력을 기를 수 있다. 내부 계기에 끌려가지 않고 빠져나오는 요령이 생긴다. 올리버 버크먼Oliver Burkeman의 〈가디언〉 칼럼에서 옮긴다. "가만히 주의를 기울이면 부정적인 감정은 소멸되고 긍정적인 감정은 확장되니 참으로 오묘한 진리로다."[6]

내부 계기를 재해석하는 방법을 알아봤으니 다음으로는 집중하고 싶은 과업을 재해석하는 방법을 알아보자.

· **기억하세요** ·

· **재해석을 통해 불편한 내부 계기를 무력화할 수 있다.**
· **1단계:** 딴짓에 선행하는 감정을 파악한다.
· **2단계:** 내부 계기를 기록한다.
· **3단계:** 혐오감이 아니라 호기심을 갖고 부정적 감정을 탐색한다.
· **4단계:** 넘이점을 주의한다.

7장

과업을 재해석한다

/

이언 보고스트Ian Bogost는 재미 연구가 본업이다. 조지아공과대학교 인터랙티브컴퓨팅 교수인 그는 《비디오게임에 대해 말하는 법How to Talk About Videogames》, 《덕후의 치와와The Geek's Chihuahua》, 《무엇이든 플레이하세요Play Anything》처럼 별난 제목의 책을 포함해 10권의 저서를 냈다. 가장 최근작인 《무엇이든 플레이하세요》에서 그는 재미와 놀이에 대한 통념을 뒤흔드는 대담한 주장을 펼쳤다. "재미는 즐거움을 많이(혹은 전혀) 수반하지 않아도 여전히 재밌다."[1] 아니, 뭐라고?

재미가 있으려면 기분이 좋아야 하는 거 아닌가? 보고스트는 꼭 그렇진 않다고 본다. 재미에 대한 고정관념을 버리면 우리가 해야 하는 일, 즉 과업을 새로운 시각에서 볼 수 있다. 보고스트에 따르면 힘든 일도 놀이가 될 수 있고 꼭 즐겁지 않은 놀이도 우리를 불편에서 해방시킬 수 있다. 알다시피 불편은 딴짓의 핵심 연료다.

우리는 불편을 느낄 때 딴짓을 하는 경향이 있으니 힘든 일을 재밌는 일이라고 재해석하면 큰 힘이 된다. 머리 아프고 고생스럽지만 꼭 해야만 하는 일이 놀이처럼 느껴진다면 얼마나 기운이 솟겠는가? 그런 일이 가당키나 하냐고? 보고스트는 그렇다고 본다. 단, 놀이에 대한 그의 견해는 당신이 생각하는 것과 다를 수 있다.

재미와 놀이가 꼭 즐거워야 하는 건 아니다. 우리를 집중시키는 도구로 활용할 수만 있으면 그만이다.

메리 포핀스는 "설탕 한 숟갈"이면 일도 놀이로 바꿀 수 있다고 했다. 하지만 보고스트는 포핀스가 틀렸다고 말한다. 그가 볼 때 포핀스의 방식은 "눈 가리고 아웅"밖에 안 된다. "우리가 어떤 활동에 재미를 못 느끼는 이유는 설탕으로 쓴맛을 중화해야 할 만큼 그 일에 너무 진지하게 임했기 때문이 아니라 반대로 충분히 진지하게 임하지 않았기 때문이다. 재미는 어떤 감각이기 이전에 활동자가 그 일에 성실하게 임해 기력을 탈진했을 때 생기는 배출물이다."

재미란 "익숙한 상황을 의도적으로 새로운 방식으로 처리했을 때 생기는 결과"다. 그러므로 과업 자체에 집중해야 한다. 고통에서 달아나려고 하거나 보상을 이용해 동기를 유발하려고 할 게 아니라 익숙한 일에서 이전에 보지 못했던 도전 과제를 찾을 수 있을 만큼 주의를 깊이 기울여야 한다. 그런 도전 과제가 있을 때 일에서 색다른 맛이 느껴져 관심을 집중하고 딴짓의 유혹을 물리칠 수 있다.

텔레비전과 SNS을 비롯해 딴짓을 유도하도록 만들어진 상품은 주로 슬롯머신처럼 수시로 보상이 달라지게 함으로써 우리가 끊임없이 쏟아지는 새로움에 빠지게 만든다. 보고스트는 우리가 똑같은 수법으로 무슨 일이든 더 즐겁고 더 매력적으로 만들 수 있다고 주장한다.

우리를 미디어에 빠지게 만드는 신경학적 특성을 이용해
별로 즐거울 것 같지 않은 일에도 집중할 수 있다.

보고스트는 잔디를 깎는 일을 예로 든다. "그런 일을 '재밌다'고 하면 이상하게 들릴지도 모르겠다." 하지만 그는 그 일을 좋아하는 법을 터득했다. "먼저 사물에 면밀한 관심을 기울이자. 이렇게까지 할 필요가 있을까 싶고 왠지 바보짓처럼 느껴질 정도여도 괜찮다." 보고스트는 잔디의 성장 과정과 잔디 관리법에 관해 닥치는 대로 지식을 습득했다. 기후 조건과 각종 장비로 할 수 있는 일과 없는 일을 포함해 잔디를 깎을 때 따르는 제약 사항을 조사했다. 그리고 그 제약 때문에 오히려 의미 있는 경험을 하게 되는 '가상의 놀이터'를 만들었다. 제약 속에서 과업을 수행하는 것은 창조력을 발휘하고 재미를 느끼는 원동력이다. 잔디깎이의 동선을 최적화하거나 자신의 최단 기록을 경신하는 것도 가상의 놀이터를 만드는 방법이다.

잔디 깎는 게 재밌어지는 법을 터득했다니 뻥이 좀 심한 거 아닌가 싶겠지만 사실 사람들은 남들이 볼 때 전혀 재미가 없을 것 같은 일에서 재미를 느끼는 경우가 많다. 우리 동네에는 커피에 빠져 최고의 맛을 찾겠다고 종일 커피를 내리는 바리스타가 있다. 세상에는 승차감의 미묘한 차이를 잡겠다고 틈만 나면 차를 만지는 자동차광이 있는가 하면 자기가 아는 모든 사람에게 정성스럽게 스웨터와 목도리를 떠주는 뜨개질 마니아도 존재한다. 누가 시키지 않아도 재밌다고 그런 일을 하는 사람들이 이미 존재하는데 그 밖의 일에도 똑같은 마음가짐으로 임하는 게 그렇게 황당한 짓일까?

나는 집필이라는 지루한 일에 집중하기 위해 의도적으로 그 일에서 미스터리를 찾는다. 흥미로운 질문에 답하고 오래된 문제의 새로운 해법을 발견하기 위해 글을 쓴다. 왜 이런 말도 있지 않은가? "권태에는 호기심이 명약이다. 호기심에는 약도 없다."[2] 요즘 나는 재미로 글을 쓴다. 물론 그게 내 본업이기도 하지만 그 속에서 재미를 찾았더니 예전처럼 글을 쓰다가 딴짓을 하는 일이 많지 않다.

재미란 무언가에서 남들이 못 보는 가변성을 찾는 것이다.
따분함과 단조로움을 돌파해 숨어 있는 아름다움을 찾는 것이다.

역사 속 위대한 사상가와 발명가가 새로운 사상과 장치를 창조할 수 있었던 이유는 바로 새로운 걸 찾는 맛을 알았기 때문이다. 그들은 더 알고 싶다는 욕망에 이끌려 미스터리를 푸는 맛에 빠져 살았다.

하지만 새로운 것을 찾으려면 먼저 어떤 과업에 열중해 가변성을 탐색할 시간을 확보해야 한다. 그래야 미스터리를 해결할 여유가 생긴다. 미스터리를 해결한다는 건 과연 내가 이 일을 지난번보다 더 효율적으로 혹은 더 빠르게 해결할 수 있을지 시험하는 게 될 수도 있고 날마다 내가 모르는 걸 탐구하는 게 될 수도 있다. 여하튼 미스터리를 푸는 맛이 있을 때 우리를 딴짓으로 도망치고 싶게 만드는 불편이 우리가 기꺼이 수용할 만한 활동으로 변신한다.

딴짓을 유발하는 내부 계기를 다스리기 위한 마지막 단계는 역량을 재해석하는 것이다. 먼저 많은 사람이 날마다 되새기는 패배주의적 믿음을 박살 내는 것부터 시작해보자.

· 기억하세요 ·

· **우리는 따분한 일을 재해석함으로써 내부 계기를 지배할 수 있다.** 재미와 놀이는 집중력을 유지하는 수단이 된다.
· **놀이가 항상 즐거워야 하는 건 아니다.** 우리의 주의력만 붙잡아둘 수 있으면 된다.
· **어떤 일이 됐든 자발성과 참신성이 더해지면 재밌어진다.**

8장

기질을 재해석한다

/

우리를 딴짓으로 몰아붙이는 불편을 다스리려면 자기 자신에 대한 생각을 바꿔야 한다. 자신의 기질을 보는 시각에 따라 행동 양식이 크게 달라진다. 기질은 "사람이나 동물의 본성, 특히 그 행동에 영속적으로 영향을 미치는 본성"으로 정의된다.[1]

세간에 많이 알려진 심리학 학설 중 하나가 우리의 자제력이 유한하다는 것, 다시 말해 기질적으로 우리의 의지력에 한계가 있다는 것이다. 이 논리에 따르면 노력을 너무 많이 하면 의지력이 바닥날 수 있다. 심리학에서는 이를 자아고갈이라고 부른다.

얼마 전까지만 해도 나는 일을 마치면 넷플릭스와 아이스크림(벤앤제리스의 초콜릿 퍼지 브라우니!)을 벗 삼아 몇 시간이고 소파에 늘어져 있었다. 오래 앉아 있는 것과 아이스크림을 먹는 것이 몸에 안 좋은 줄 뻔히 알면서도 '기력이 소진됐다'는 구실로 내 행동을 정당화했다. 자아가 고갈됐다는 말이었다(그때는 그런 용어를 들어본 적도 없었지만). 자아고갈은 일을 마친 후 내가 보이는 나태함의 완벽한 핑곗거리였다. 그런데 정말 자아는 고갈되는 것일까?

2011년 심리학자 로이 F. 바우마이스터^{Roy F. Baumeister}와 〈뉴욕타임스〉의 존 티어니^{John Tierney}가 출간한 《의지력의 재발견》이란 책이 베스트셀러가 됐다.[2] 이 책에는 자아고갈론을 증명하는 바우마이스터의 논문이 여러 편 인용되는데 특히 기적의 의지력 회복법을 보여주는 실험이 인상 깊었다.[3] 그 회복법이란 바로 설탕 섭취였다. 실험 참가자들에게 설탕이 들어간 레모네이드를 먹이자 어려운 과업을 수행할 때 자제력과 지구력이 향상됐다는 것이다.

하지만 최근 여러 학자가 이 이론을 비판적으로 검토한 후 석연치 않은 반응을 보였다. 바우마이스터의 이론에 처음으로 이의를 제기한 인물은 마이애미대학교의 에번 카터^{Evan Carter}였다. 카터는 2010년 수행한 메타분석(기존 연구 결과에 관한 연구)에서 자아고갈이 실재한다고 결론을 내린 논문 약 200편을 검토했다. 그런데 더 깊이 파고들어보니 그와 상반되는 연구 결과는 논문으로 발행되지 않는 이른바 '발행 편향'이 포착됐다.[4] 그는 미발행 결과까지 모두 고려하면 자아고갈론을 뒷받침하는 확실한 증거는 존재하지 않는다고 결론 내렸다.[5] 이후 설탕이 의지력을 향상시킨다는 주장처럼 자아고갈론의 다분히 미신적인 요소들도 철저하게 논파됐다.[6]

그렇다면 자아고갈 현상을 어떻게 설명해야 할까? 초기에 나온 연구 결과는 진짜였을 수 있지만 연구자들은 잘못된 결론에 도달한 듯보인다. 이후 레모네이드를 마시면 과업 수행 능력이 좋아질 수 있다는 연구 결과가 나오긴 했지만 바우마이스터가 말한 이유 때문은 아니었다. 수행 능력을 향상시킨 요인은 음료 속 설탕이 아니라 머릿속 생각이었다. 스탠퍼드대학교 심리학자 캐럴 드웩Carol Dweck은 동료들과 함께《미국국립과학원회보Proceedings of the National Academy of Sciences》에 발표한 논문에서 자아고갈의 징후는 의지력이 유한한 자원이라고 믿는 참가자에게서만 나타났다고 결론 내렸다.[7] 참가자들에게 힘을 실어준 건 레모네이드 속 설탕이 아니라 그 효력에 대한 믿음이었다.

**의지력이 유한하다고 생각하지 않는 사람은
자아고갈의 징후를 보이지 않았다.**

이렇게 상반되는 증거를 모르기 때문인지 아직도 많은 사람이 자아고갈을 언급한다. 하지만 드웩의 결론이 옳다면 계속 자아고갈을 운운하는 건 대단히 해롭다. 자아고갈이 생물학적 한계가 아니라 패배주의적 사고에서 기인한다면 우리가 버티려면 버틸 수 있음에도 자아고갈을 핑계로 포기하고 목표를 달성하지 못하는 사태가 발생할 수 있기 때문이다.

이에 토론토대학교 심리학 교수이자 토론토사회신경학연구소 Toronto Laboratory for Social Neuroscience 소장인 마이클 인즐릭트Michael Inzlicht 는 새로운 관점을 제시했다. 그는 의지력이 유한한 자원이 아니라 감정과 동일하게 작용한다고 본다.[8] 기쁨이나 분노가 고갈되지 않는 것처럼 의지력도 고갈되지 않고 단지 우리가 어떤 일을 겪고 어떤 느낌을 받느냐에 따라 그 강도가 달라질 뿐이다.

기질과 의지력을 보는 관점이 달라지면 주의를 집중하는 방법도 크게 달라진다. 정신력이 연료통에 든 연료가 아니라 감정과 비슷한 것이라면 감정처럼 관리하고 활용할 수 있을 것이다. 아기 때는 장난감을 갖고 놀지 못하게 하면 울고불고 하지만 나이가 들면 자제력과 나쁜 기분을 참고 견디는 요령이 생긴다. 어려운 일을 해야 할 때도 마찬가지다. 기력이 소진돼 그만 쉬어야 한다고(아이스크림도 먹으면서?) 생각하는 것보다 지금 의욕이 떨어진 건 일시적인 현상일 뿐이라고 생각하는 게 더 생산적이고 건전한 태도다.

의지력이 유한하다는 믿음을 버린다고 해도 의지력은 우리 기질의 한 부분에 불과하다. 최근 여러 연구에서는 인간 본성의 다른 부분들에 대한 인식도 과업 수행 능력과 밀접한 관련이 있다고 나타났다.

일례로 사람들이 담배, 약물, 알코올에 대한 갈망을 얼마나 잘 참는지 알아보기 위해 사용하는 '갈망신념 설문지법'이라는 조사법이 있다.[9] 이 조사에서는 "마약성 진통제에 대한 갈망이 생기면 행동이 통제되지 않는다", "마약성 진통제에 대한 갈망이 내 의지력을 능가한다", "나는 항상 마약성 진통제에 대한 갈망을 느낄 것이다" 같은 항목이 제시된다.

연구자는 참가자가 각 항목에 매긴 점수를 합산해 그 사람의 현재 상태는 물론이고 중독 상태가 유지될 가능성을 추정할 수 있다.

시간이 갈수록 자신의 저항력 평가가 좋아지면 중독에서 벗어날 가능성도 커진다.[10] 필로폰 투약자와 흡연자를 대상으로 한 연구에서는 반대로 자신의 저항력이 약하다고 믿는 사람일수록 약물이나 담배를 끊었다가 다시 손댈 확률이 높았다.[11]

어찌 보면 당연한 이치지만 그 위력은 예상을 뛰어넘는다. 《알코올 및 마약 연구 저널Journal of Studies on Alcohol and Drugs》에 실린 논문에 따르면 술에 대한 갈망을 버텨낼 힘이 없다고 믿는 사람이 다시 술을 마실 확률이 훨씬 높았다.[12]

중독자가 치료 후 다시 중독에 빠질 가능성은
해당 물질에 대한 신체적 의존도뿐 아니라
자신의 저항력에 대한 인식과도 밀접한 관련이 있다.

마음가짐이 신체적 의존도만큼이나 큰 영향력을 발휘한다니! 자기 자신에게 하는 말은 굉장히 중요하다. 나는 자제력이 약하다고 말하면 정말로 자제력이 약해진다.[13] 일이 뜻대로 되지 않아도 내가 모자라서 실패했다고 자책할 게 아니라 다정한 말로 자신을 위로해야 한다.

여러 연구에 따르면 자기를 잘 위로하는 사람일수록 행복감을 많이 느낀다. 2015년 79개 논문을 통틀어 1만 6,000여 명의 응답을 분석한 결과가 발표됐는데 "실패나 결점을 마주했을 때 자신에게… 긍정적이고 다정한 태도"를 보이는 사람이 대체로 더 행복했다.[14]

또 다른 연구에서는 자기를 책망하는 성향과 문제를 곱씹는 성향이 우울증과 불안증의 주요 유발원을 강력히 활성화할 수 있다고 드러났다.[15] 트라우마, 정신 질환 가족력, 낮은 사회적 지위, 사회적 지원 부족 등 흔히 사람의 인생을 망가뜨릴 수 있다고 생각되는 요인보다 우울증과 불안증의 발병 가능성에 더 큰 영향을 미치는 것이 바로 자기 위로 수준이었다.

다행히도 우리는 자신에게 말하는 방식을 바꿈으로써 자기 위로의 힘을 이용할 수 있다. 물론 그런다고 앞으로 고생을 절대 안 한다는 말은 아니다. 살다 보면 딴짓 때문에 고생할 때가 있기 마련이다. 중요한 건 자신의 행동에 대한 책임을 인정하면서도 자책감이란 독소는 빨아들이지 않는 것이다. 자책감은 기분을 더욱 나쁘게 만들고 그럼 수치심이 주는 고통에서 벗어나기 위해 더욱더 딴짓에 기대는 역효과가 생길 수 있다.

자기를 위로할 줄 아는 사람은
실패가 만드는 스트레스의 악순환을 끊을 수 있기 때문에
더 강한 회복력을 보인다.

머릿속에서 나직이 자신에게 독설을 날리는 목소리가 들린다면 그에 대한 대응법을 알아야 한다. 그 목소리가 하는 말을 곧이곧대로 받아들이거나 말싸움을 벌이지 말고 장애물은 성장의 디딤돌이라고 자신에게 말하자. 더 나은 사람이 되려면 연습이 필요하고 연습은 때때로 힘겨울 수 있다.

어렵게 생각할 것 없이 친구에게 말하는 것처럼 자신에게 말하면 된다. 우리는 스스로를 속속들이 알기 때문에 가장 신랄한 비판자가 되기 쉬운데 친구를 도와줄 때처럼 자신을 대하면 상황을 있는 그대로 볼 수 있다. 자신에게 "이건 더 잘하기 위해 거쳐야 하는 과정이야", "지금 잘하고 있어"라고 말하는 게 자신에 대한 의심을 더 건전하게 다스리는 방법이다.

내부 계기, 과업, 기질을 재해석하는 건 내면에서 비롯되는 딴짓에 강력하고 확실하게 대처하는 방법이다. 우리는 불편에 휘둘리기보다 불편을 숙고함으로써 부정적인 내부 계기를 극복할 수 있다. 우리가 수행해야 할 과업을 재해석함으로써 재미를 찾고 몰입할 수 있다. 무엇보다 중요한 건 나를 보는 관점을 바꿈으로써 자신을 제약하는 믿음을 없앨 수 있다는 사실이다. 내가 의지력과 자제력이 부족한 사람이라고 믿으면 정말로 그렇게 된다. 유혹에 저항할 힘이 없다고 생각하면 그게 현실이 된다. 내가 애초부터 모자란 인간이라고 자책하면 그대로 믿게 된다.

하지만 자신이 하는 생각을 다 믿을 필요는 없다. 당신이 진짜로 약해지는 건 자신이 약하다고 믿을 때뿐이다.

- **기질을 재해석하면 내부 계기를 더 잘 다스릴 수 있다.**

- **의지력은 고갈되지 않는다.** 의지력이 고갈된다고 믿으면 버틸 수 있는데도 포기할 핑계가 생겨 목표를 달성하기가 어려워진다.

- **나 자신에게 하는 말이 중요하다.** 자신을 자제력이 약한 인간이라고 부르는 건 자멸에 이르는 길이다.

- **자기 위로를 연습하자.** 친구에게 말하듯이 자신에게 말하자. 자기 위로를 잘하는 사람이 회복력도 좋다.

2^부

......

본짓을 위한 시간을 확보한다

2부

......

본짓을 위한 시간을 확보한다

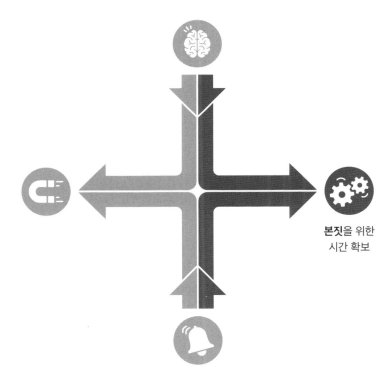

indistractable
. . . .

본짓을 위한
시간 확보

. . . .

Make Time for Traction

9장

가치관을
시간으로 전환한다

/

본짓은 당신이 인생에서 원하는 것에 다가가게 하고 딴짓은 멀어지게 한다. 1부에서는 딴짓을 유발하는 내부 계기를 해소하고 불편의 원천을 줄이는 방법을 알아봤다. 불편한 느낌에서 벗어나고 싶은 충동을 다스리지 않으면 항상 고통을 잠시 누그러뜨릴 임시방편만 찾게 된다.

다음 단계는 본짓을 더 많이 할 방법을 찾는 것으로 평소 자신이 어떻게 시간을 보내는지 확인하는 데서 출발한다. 독일 작가이자 철학자인 요한 볼프강 폰 괴테는 사람의 미래를 예측하려면 딱 하나만 보면 된다고 했다. "그 사람이 어떻게 시간을 보내는지 알면 어떤 사람이 될지 알 수 있다."[1]

다른 사람들이 내 시간을 어떻게 훔쳐 가는지 생각해보자. 로마 스토아학파 철학자 세네카는 "사람들은 재산은 검소하게 지키면서도 마땅히 인색해야 할 시간에 대해서는 극심한 낭비벽을 보인다"

고 썼다.[2] 세네카가 2,000년도 더 전에 남긴 이 말은 현대에도 유효하다. 우리는 재산을 보호하기 위해서는 각종 잠금장치와 보안 시스템을 쓰면서 시간을 보호하기 위해서는 아무것도 안 한다.

세계판촉물협회Promotional Products Association International 조사에서는 미국인 중 매일 일정을 관리하는 사람이 전체의 3분의 1밖에 안 되는 것으로 나타났다.[3] 대부분의 사람이 무계획으로 하루를 시작한다는 뜻이다. 그렇게 우리는 가장 소중한 자산인 시간을 아무나 훔쳐 가도 된다는 듯이 방치한다.[4] 내가 내 하루를 계획하지 않으면 다른 사람들이 대신 할 것이다.

그러니 일정을 세워야 하는데, 대체 어디서부터 시작해야 할까? 흔히 쓰는 방법은 할 일 목록을 만드는 것이다. 우리는 하고 싶은 일을 죽 나열하고 하루 동안 적당한 시간이 생기길 바란다. 그러나 유감스럽게도 여기에는 심각한 결점이 있다. 해본 사람은 알겠지만 많은 항목이 오늘에서 내일로, 다시 모레로 이월된다. 따라서 '무엇'을 해야 하는지가 아니라 '왜' 해야 하는지에서 출발해야 한다. 그러려면 먼저 자신의 가치관을 확인할 필요가 있다.

《행복의 함정》에서 루스 해리스Russ Harris가 쓴 표현을 빌리자면 가치관은 "어떤 사람이 되고 싶은지, 무엇을 지키고 싶은지, 주변 세상과 어떻게 교류하고 싶은지"가 반영된 덕목의 총합이다.[5] 가치관은 우리가 되고 싶은 존재의 특성이다. 예를 들면 정직한 인간, 다정한 부모, 쓸모 있는 팀원이 되는 것 등이다. 가치관은 절대로 완전히 성취할 수 없다. 그림 한 점을 완성했다고 창조력을 성취했다고 할 수 없는 것처럼 말이다. 가치관은 길잡이별, 즉 살면서 중요한 선택을 할 때 참고하는 고정된 점이다.

가치관 중 일부 덕목은 인생의 모든 영역에 적용되지만 대부분은 어떤 한 영역에만 적용된다. 예를 들어 팀에 기여하는 팀원이 되는 건 직장 생활에만 적용된다. 다정한 배우자나 부모가 되는 건 가정이란 환경에 귀속된다. 지혜나 건강을 추구하는 사람이 되는 건 자기 자신을 위한 것이다.

문제는 우리가 가치관을 실현하기 위한 시간을 내지 않는다는 점이다. 우리는 무심코 인생의 어느 한 영역에 시간을 쏟아붓느라 다른 영역에는 소홀해진다. 예를 들면 회사 일로 바빠 가족이나 친구 관계에서 가치관대로 실천하지 못한다. 육아에 지쳐 몸과 마음의 건강과 우정을 챙기지 못하다 보니 원하는 사람이 되지 못한다. 만성적으로 가치관을 등한시하면 스스로 부끄러운 존재가 된다. 인생이 한쪽으로 치우치고 무너진 기분이 든다. 그러면 불만에서 도피하기 위해 점점 더 딴짓을 찾게 되고 당연히 문제는 더욱더 해결되지 않는다.

어떤 가치관이든 그걸 몇 가지 인생 영역에 맞춰 분류하면 도움이 된다. 인생 영역은 수천 년 전부터 전해져 내려오는 개념이다. 스토아학파 철학자 히에로클레스는 우리 삶이 상호 연결돼 있음을 보여주기 위해 의무의 서열을 나타낸 동심원을 만들었다.[6] 중앙원에는 개인의 정신과 육체가 있고 그다음 원들은 가족, 친척, 부족민, 시민, 동포 순으로 이어져 인류로 끝난다. 이를 참고해 우리가 시간을 쓰는 3대 인생 영역을 간단히 그려봤다.

3대 인생 영역

이렇게 3대 영역을 정리하면 내가 하루하루를 어떻게 계획하는
지, 과연 내가 원하는 사람이 되고 있는지 더 구체적으로 생각해볼
수 있다.

각 영역에서 가치관을 실천하려면 일정에서 그에 필요한 시간을
확보해야 한다. 본짓(인생에서 원하는 것에 다가가게 하는 행동)에 쓸 시간
을 미리 떼놓아야만 딴짓에 등을 돌릴 수 있다. 미리 계획하지 않으
면 본짓과 딴짓을 구별할 수 없다.

**어떤 행동을 딴짓이라고 부르려면 먼저 그게 자신을
무엇에서 멀어지게 하는지 알아야만 한다.**

많은 사람이 일정을 세운다는 생각만으로도 구속받는다는 느낌이 들어 기분이 나빠진다.[7] 하지만 우리는 특이하게도 어떤 제약이 있을 때 실력을 더 잘 발휘한다. 제약으로 인해 체계가 잡히기 때문이다. 반대로 일정표는 텅 비어 있는데 할 일 목록만 한도 끝도 없이 이어지면 그 많은 것 중에서 뭘 선택해야 할지 몰라 괴로워진다.

본짓을 위한 시간을 내는 데 가장 좋은 방법은 하루를 수많은 시간대로 세분화한 '타임박스형' 일정표를 만드는 것이다. 그러면 심리학계에서 검증된 '실행 의도 설정하기'라는 기법을 자연스럽게 이용할 수 있다.[8] 실행 의도 설정하기라고 하면 거창하게 들리지만 쉽게 말해 "내가 '무엇'을 '언제' 할지 미리 정하는 것"이다. 이를 통해 인생의 각 영역에서 본짓에 쓸 시간을 확보할 수 있다.

**이때 목표는 매순간을 어떠어떠하게 쓰겠다는 의지를 담아
빈칸이 하나도 없는 일정표를 만드는 것이다.**

각 시간에 '무엇'을 하느냐는 별로 중요하지 않다. 무엇이 됐든 계획한 일을 했으면 성공이다. 동영상을 보든 SNS를 스크롤하든 공상을 하든 낮잠을 자든 계획대로만 한다면 아무 문제 없다. 반대로 업무용 메일을 확인하는 것처럼 얼핏 생산적으로 느껴지는 일도

원래 가족과 함께 보내거나 발표 자료를 만들려고 했던 시간에 한다면 딴짓이 된다. 타임박스형 일정표가 있어야만 지금 딴짓을 하고 있는지 아닌지 알 수 있다. 계획했던 일을 안 하고 있다면 탈선한 것이다.

타임박스형 주간 일정표를 작성하려면 인생의 각 영역에 얼마만큼 시간을 쓸지 정해야 한다. 나 자신에게 시간을 얼마나 쓰고 중요한 관계와 일에는 또 각각 얼마의 시간을 쓰고 싶은가? 참고로 여기서 '일'은 돈을 받고 하는 노동만 뜻하지 않는다. 봉사 활동, 사회참여, 취미 삼아 하는 프로젝트도 일에 포함된다.

각 영역에 얼마만큼 시간을 써야 가치관에 부합할까? 우선 자기가 생각하는 이상적인 주간 일정표를 만들어보자. 일정표 틀을 이 책의 부록으로 실었고(278쪽 참조) NirAndFar.com/Indistractable에서도 무료로 받을 수 있다.

다음으로 매주 15분간 시간을 정해 다음 두 가지 질문으로 일정표를 검토하고 개선하자.

질문1(검토): "이번 주 일정표에서 내가 하겠다고 한 일을 한 때는 언제고 딴짓을 한 때는 언제인가?" 여기에 답하려면 지난 일주일을 돌아봐야 한다. 이 책의 부록에 있는 딴짓 추적표(280쪽 참조)를 이용해 언제 왜 딴짓을 했는지 기록하면 좋다. 그럼 6장에서 브리커 박사가 말한 대로 내부 계기를 의식할 수 있다.

내부 계기 때문에 딴짓을 했다면 다음번에 또 그런 계기가 생겼을 때 어떤 전략으로 극복할 수 있을까? 혹시 전화나 수다쟁이 동료 같은 외부 계기 때문에 하려던 일을 못했는가? (외부 계기에 대응하는 요령은 3부에서 알아볼 것이다.) 혹은 애초에 계획을 잘못 세운 것이 딴짓의 원인은 아니었는가? 이 경우에는 다시 딴짓 추적표를 확인해보면 다음 질문에 답하는 데 도움이 될 것이다.

질문2(개선): "가치관을 더 잘 실천하기 위해 일정표에 변화를 줄 부분이 있는가?" 어쩌면 주중에 예상치 못한 일이 생겼을 수도 있고 처음부터 계획을 잘못 세웠을 수도 있다. 타임박스형 일정표를 만들면 한 주 한 주가 작은 실험이 된다. 이때 우리 목표는 지난 일주일간 언제 일정에 차질이 생겼는지 알아내 다음 주에는 일정을 지키기 더 쉽게 하는 것이다. 그러면 매순간 본짓과 딴짓을 구분하기가 한층 수월해지고 일정표도 점점 더 개선된다.

삶에 변화가 생기면 일정표에도 변화를 줘야 할 수 있다. 하지만 일단 일정표가 정해졌으면 검토나 개선 과정에서 변화가 필요하다는 판단이 서기 전까지 그대로 따라야 한다. 일정표를 만들고 검토할 때는 엄격한 훈련소 교관이 아니라 호기심 많은 과학자 같은 마음가짐이 필요하다. 그래야 매번 열린 마음으로 더 좋은 일정표를 만들 수 있다.

이제부터는 3대 인생 영역에서 본짓을 위한 시간을 확보하는 방법을 알아볼 것이다. 그리고 동료, 상사처럼 중요한 사람과 일정을 공유하고 조율하는 방법도 살펴볼 것이다.

하지만 그전에 현재 자신의 일정표를 한번 생각해보자. 무엇을

'했는지'가 아니라 무엇을 '하겠다'고 적었는지 생각해보자는 말이다. 지금 일정표가 타임박스형으로 세세하게 기록돼 있는가, 아니면 텅텅 비어 있는가? 일정표에 가치관이 반영돼 있는가? 지금 다른 사람이 훔쳐 가도록 시간을 방치하고 있는가, 아니면 한정된 자원을 소중히 보호하고 있는가?

가치관을 시간으로 전환하면 본짓을 하기 위한 시간이 확보된다. 반대로 미리 계획을 세우지도 않았으면서 남 탓을 하거나 종일 딴짓을 했다고 경악하면 곤란하다. 초집중자가 되려면 매일 본짓을 위한 시간을 마련하고 딴짓을 하는 시간을 없애야 한다. 안 그러면 나, 관계, 일을 챙기지 못해 원하는 삶에서 자꾸만 멀어진다.

· 기억하세요 ·

· **어떤 행동을 딴짓이라고 부르려면 먼저 그게 자신을 무엇에서 멀어지게 하는지 알아야 한다.** 미리 계획을 세워야만 본짓과 딴짓을 구분할 수 있다.

· **일정표에 가치관이 반영돼 있는가?** 되고 싶은 사람이 되려면 가치관을 실천하기 위한 시간을 확보해야 한다.

· **타임박스형 일정표를 만들자.** 인생을 나, 관계, 일이라는 3대 영역으로 나누면 시간을 어떻게 쓸지 더 효과적으로 계획할 수 있다.

· **검토하고 개선하자.** 주기적으로 일정표를 수정하되 일단 정해진 일정은 준수해야 한다.

10장

산출물이 아니라
투입물을 관리한다

/

3대 인생 영역 도표의 중심원은 '나'다. 소중한 게 다 그렇듯이 자기 자신도 정성껏 관리해야 하는 존재고 그러려면 시간이 든다. 상사와 약속을 잡아놓고 바람맞히면 안 되는 것처럼 나와 한 약속도 나 몰라라 하면 절대 안 된다. 내가 원하는 삶을 살도록 도와줄 수 있는 사람 중에서 나보다 중요한 사람이 있을까?

운동하고 잠자고 좋은 음식을 먹고 책을 읽고 오디오북을 듣는 시간은 모두 나를 위한 투자다. 어떤 사람은 마음의 평화, 영성 수련, 자아 성찰을 중요하게 생각하고 기도나 명상을 위한 시간을 필요로 한다. 또 어떤 사람은 실력 향상을 중요하게 여기고 혼자서 취미를 즐길 시간을 원한다.

나를 돌보는 일이 3대 영역의 중심에 있는 이유는 나머지 두 영역이 나의 건강과 행복에 의존하기 때문이다. 나를 돌보지 않으면 관계가 망가진다. 마찬가지로 몸과 마음의 건강을 위한 시간을 내지

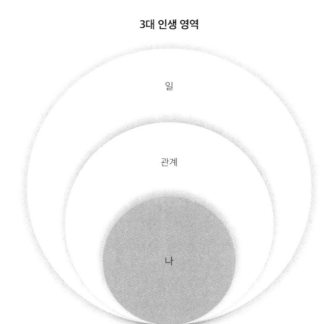

않으면 일에서 최고 기량을 발휘할 수 없다.

그래서 우리는 나를 위한 일정을 우선적으로 짜야 한다. 기본적으로 수면, 위생, 영양 섭취를 위한 시간이 필요하다. 그게 뭐 어려운가 싶겠지만 솔직히 말해 나는 타임박스형 일정표를 알기 전만해도 밤늦게까지 일하다 더블치즈버거, 컬리후라이, 초콜릿이 듬뿍든 셰이크로 대충 저녁을 때울 때가 많았다. 내가 꿈꾸던 건강한 생활과는 정반대였다.

나 영역에서 가치관을 실천하기 위한 시간을 확보하면 일정표를 검토하면서 내가 되고 싶은 사람의 자질을 생각해볼 시간이 생긴다. 몸과 마음이 튼튼하면 자신과의 약속을 이행할 확률도 훨씬 높아진다.

이제 이런 생각이 들지도 모르겠다. '나를 위한 시간을 미리 잡아놓는 건 좋은데 만약 그 시간에 하려던 걸 못하면 어떡하지?'

몇 년 전에 새벽 3시만 되면 잠이 깼던 적이 있다. 나는 다년간 휴식의 중요성을 다룬 논문을 읽었기 때문에 숙면이 중요하다는 사실을 잘 알고 있었다.[1] 그래서 7~8시간은 눈 딱 감고 자려고 했는데 계획이 틀어져 답답한 마음에 몸을 이리저리 뒤척였다. 숙면을 계획했는데 왜 잠이 안 드는 걸까? 생각해보면 잠은 내 소관이 아니었다. 몸이 일어나겠다는 걸 내가 어쩐단 말인가. 하지만 그에 대한 반응은 내 소관이었다.

나도 처음에는 일이 계획대로 돌아가지 않을 때 많은 사람이 하는 대로 했다. 짜증을 내는 것이었다. 침대에 누운 채 불면이 얼마나 나쁜 것이고 아침이 되면 얼마나 기운이 없을지 생각하다가 다음 날 해야 할 일을 하나둘씩 떠올렸다. 더는 생각할 게 안 남을 때까지 생각을 곱씹었다. 웃기게도 다시 잠을 못 잘까 봐 걱정하느라 다시 잠을 못 잤다.[2] 불면증의 흔한 이유다.

생각에 생각을 거듭하는 것도 딴짓이라는 사실을 깨닫고서는 더 건전한 대응법을 찾았다. 새벽에 눈이 떠지면 "몸은 딱 필요한 만큼만 쉰다"고 되뇌었다. 그렇게 생각을 살짝 바꿨더니 꼭 자야 한다는 압박감이 사라졌다. 내가 할 일은 내 몸이 쉴 시간과 장소를 제공하는 것이고 그 이후는 내 소관이 아니었다. 한밤의 기상을 아마존 킨

들로 전자책을 읽을 기회라고 생각하자 잠이 다시 안 와도 걱정되지 않았다.* 몸이 이미 충분히 쉬었기 때문에 정신이 말똥말똥한 거라고 생각했다. 그러자 내 마음도 걱정 없이 쉴 수 있었다.

그다음은 어떻게 됐을지 충분히 짐작할 수 있을 것이다. 생각을 곱씹는 걸 멈추자 불면의 밤도 사라졌다. 다시 몇 분 만에 잠이 들었다.

이 이야기에는 숙면을 취하는 요령 이상의 교훈이 담겨 있다. 바로 시간을 쓸 때는 우리가 어쩌지 못하는 산출물 때문에 걱정하지 말고 우리가 어쩔 수 있는 투입물에 신경을 쓰자는 것이다. 우리가 쓰는 시간에서 긍정적인 결과가 나오는 건 희망 사항일 뿐 기정사실은 아니다.

우리가 어쩔 수 있는 건 어떤 일에 투입하는 시간뿐이다.

내가 언제 잠이 들고 말고는 내 소관이 아니고 내가 책상에 앉아 있을 때 책에 쓸 기발한 생각이 떠오르고 말고도 내 소관이 아니다. 나는 안 되는 걸 억지로 하려고 애쓰지 않는다. 다만 잠을 자기로 한 시간에 침대에 눕고 책을 쓰기로 한 시간에 책상에 앉을 뿐이다. 아

---

* 킨들 전자책 단말기는 다른 전자기기보다 수면에 끼치는 부정적 영향이 적다. Anne-Marie Chang, Daniel Aeschbach, Jeanne F. Duffy, and Charles A. Czeisler, "Evening Use of Light-Emitting EReaders Negatively Affects Sleep, Circadian Timing, and Next-Morning Alertness," Proceedings of the National Academy of Sciences 112, no. 4(January 27, 2015): 1232, https://doi.org/10.1073/pnas.1418490112.

예 시작조차 안 하면 실패가 100퍼센트 확정되기 때문이다.

우리는 매순간 더 많은 일을 하려고 하면 딴짓을 안 하게 될 거라 생각하지만 사실 진짜 문제는 하겠다고 한 일을 하기 위한 시간을 확보하지 않는 것이다. 타임박스형 일정표로 나를 위한 시간을 배정하고 충실히 지키면 나 자신에게 한 약속을 지킬 수 있다.

기억하세요

- **나를 위한 시간을 먼저 배정하자.** 3대 인생 영역의 중심에는 내가 있다. 나를 위한 시간을 확보하지 않으면 다른 두 영역도 무너진다.
- **하기로 했으면 시간에 맞춰서 시작하자.** 우리가 쓰는 시간에서 나오는 결과야 어쩔 수 없다고 해도 어떤 일에 얼마나 시간을 쓰느냐는 우리에게 달렸다.
- **산출물은 불확실해도 투입물은 확실하다.** 원하는 삶을 살려면 가치관을 실천하기 위한 시간을 배정하는 데만 집중하자.

11장

소중한 관계를 위한 일정을 세운다

/

가족과 친구는 가치관 중 유대감, 책임감, 신의라는 덕목을 실천할 수 있게 해준다. 그들에게는 우리가 필요하고 우리에게도 그들이 필요하다. 가족과 친구는 '잔여 수익자'보다 훨씬 중요하다. 잔여 수익자는 내가 경제학개론 수업에서 처음 들은 용어인데 기업이 청산되고 남은 건더기를 받는 사람을 뜻하며 보통 받을 게 많지 않다. 우리가 사랑하는 사람들은 좋은 대접을 받을 자격이 있다. 하지만 신중히 시간을 계획하지 않으면 이들은 영락없는 잔여 수익자로 전락한다.

나는 다정하고 재밌고 아이에게 집중하는 아빠가 되는 것이 중요하다. 이를 실천하며 살고 싶지만 아이에게 열중하는 아빠가 되는 일이 만만하지만은 않다. 갑자기 의뢰인에게서 내 웹사이트가 다운됐다는 메일이 오고 수리 기사가 지하철 고장으로 약속 시간을 미뤄야겠다고 문자를 보내고 내 신용카드로 예상치 못한 금액이 결제

3대 인생 영역

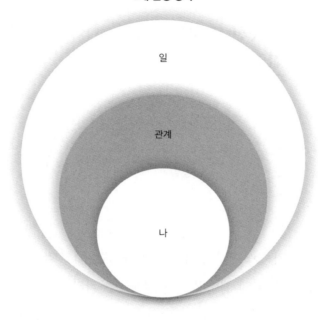

됐다는 통보가 온다. 그럴 때 딸아이는 가만히 앉아서 아빠가 다음 패를 내기를 기다리고 있다.

이런 문제를 해결하기 위해 나는 매주 딸과 함께 보내는 일정을 잡아둔다. 회의 시간이나 개인 시간처럼 딸을 위한 시간을 따로 떼어놓는다. 그 시간을 매번 재밌게 보낼 수 있도록 하루 날을 잡고 한나절 동안 딸아이와 앉아 집이나 근처에서 같이할 수 있는 활동을 생각해봤다. 띠 모양 종이에 100개가 넘는 활동을 하나씩 적어서 돌돌 만 다음 '놀이뽑기함'에 넣었다. 매주 금요일 오후 우리는 그중 하나를 뽑아 실행한다. 어느 날은 박물관을 구경하고 어느 날은 공원에 가서 놀고 어느 날은 맛있다고 소문난 아이스크림 가게에 간다. 오직 우리 둘을 위해 예약된 시간이다.

솔직히 말하자면 뽑기 결과가 항상 마음에 드는 건 아니다. 뉴욕이 꽁꽁 얼어붙은 날 놀이터에 가려면 죽을 맛이다. 그럴 때는 나도 딸도 집에서 따뜻한 코코아를 마시면서 《해리 포터》를 읽는 쪽에 훨씬 끌린다. 하지만 중요한 건 내가 주간 일정을 짤 때 가치관을 실천하기 위한 시간을 우선적으로 확보한다는 사실이다. 매주 그런 시간을 배정함으로써 내가 되고 싶은 아빠가 될 수 있다.

아내 줄리와도 서로를 위한 시간을 낸다. 우리는 한 달에 두 번 특별한 데이트를 계획한다. 가끔 공연을 보거나 외국 음식을 푸짐하게 먹으러 가기도 하지만 보통은 그냥 몇 시간씩 걸으면서 이야기를 나눈다. 뭘 하느냐를 떠나서 우리는 그 시간이 우리 일정 중 절대로 타협할 수 없는 시간이라는 걸 안다. 미리 그런 시간을 계획해놓지 않으면 장보기나 청소 같은 자질구레한 일로 하루를 채우기 쉽다. 나는 줄리와 함께 보내는 일정을 잡는 것으로 내가 가치 있게 여기는 친밀감이라는 덕목을 실천한다. 내게는 세상에서 아내만큼 마음을 열 수 있는 사람이 없는데 그건 우리가 일부러 함께하는 시간을 낼 때만 가능하다.

평등도 내가 결혼 생활에서 중요하게 생각하는 덕목이다. 나는 내가 평등을 잘 유지하는 줄 알았다. 착각이었다. 둘만의 오붓한 시간을 일정표에 넣기 전에는 집안일이 잘 안 돼 있다고 티격태격했다. 연구에 따르면 이성 부부 중 많은 남편이 가사를 충분히 분담하지 않는다고 하는데 인정하기 싫지만 나도 그랬다.[1] 뉴욕 심리학자 다시 록먼Darcy Lockman은 〈워싱턴포스트〉 칼럼에서 "맞벌이 여성은 가정에서 양육 책임 중 65퍼센트를 부담하고 이 수치는 21세기 들어 거의 변화가 없다"고 말했다.[2]

록먼이 연구 과정에서 면담한 많은 남성처럼 나도 아내가 집에서 하는 일을 잘 몰랐다. 한 주부가 록먼에게 말했다.

> 내가 애들 물건을 정리하고 빨래한다고 정신없을 때 남편은 폰이나 컴퓨터를 하고 있어요. 아침에 도시락 싸고 딸 옷 갈아입히고 아들 숙제 챙길 때는 혼자 커피 마시면서 폰 보고 있고요. 그냥 앉아 있어요. 일부러 그러는 건 아니에요. 그냥 주변에서 무슨 일이 벌어지고 있는지 모르는 거죠. 이런 얘기를 꺼내면 남편은 또 방어적으로 나와요.

어이쿠, 혹시 내 아내가 말한 건가? 그런데 아내는 도움이 필요한데 왜 나한테 말하지 않았을까? 나중에 알았지만 내가 도움을 줄 수 있는 방법을 찾는 것 자체가 일이었기 때문이다. 줄리는 이미 마음속으로 수많은 일을 생각하고 있었기 때문에 나한테 어떻게 도와달라고 말할 여유가 없었다. 내가 알아서 나서기를 원했다. 하지만 나는 어떻게 해야 할지를 몰랐다. 그래서 멀뚱히 서 있거나 슬그머니 자리를 피했다. 이런 시나리오 탓에 우리는 늦은 저녁을 먹고 감정 싸움을 할 때가 많았고 때로는 눈물도 흘렸다.

언젠가 데이트하는 날 둘이 앉아서 각자 하는 집안일을 빠짐없이 나열해봤다. 줄리의 가사 노동 목록(끝이 없는)을 내 것과 비교해보니 정신이 번쩍 들면서 부부 사이에 평등을 실현하기 위해 노력해야겠다는 생각이 들었다. 우리는 집안일을 분담하기로 약속한 건 물론이고 언제 뭘 해야 할지 정확히 알 수 있도록 타임박스형 일정표에 기록했다.

가사를 더 공평하게 분담하기 위해 노력한 결과 나는 평등이라는 덕목을 더 잘 실천할 수 있었고 그 덕에 우리 부부가 행복한 관계를 오래 유지할 확률이 높아졌다. 록먼도 이 점을 언급했다. "평등은 결혼의 성공률을 높이고 불평등은 성공률을 낮춘다는 것을 보여주는 가족 연구와 임상 연구 결과가 계속해서 나오고 있다."

가족이 내 시간의 잔여 수익자가 되지 않도록 그들을 위한 일정을 잡기 시작한 후로 부부 관계와 부녀 관계가 훨씬 좋아진 건 두말하면 잔소리다.

**우리가 가장 사랑하는 사람들이
찌꺼기 시간에 만족하게 해서는 안 된다.
우리가 가치관을 실천하고 자신의 몫을 다하기 위한
시간을 확보하면 모두에게 이롭다.**

관계 영역은 가족에 국한되지 않는다. 소중한 관계를 위한 일정을 잡지 않는 일은 생각보다 훨씬 유해하다. 최근 사교 활동이 부족하면 외롭기만 한 게 아니라 신체적으로도 여러모로 악영향이 생길 수 있다는 연구 결과가 나오고 있다. 친한 친구가 없으면 건강이 나빠질 수 있다는 말이다.

우정이 장수에 영향을 미친다는 사실을 가장 생생하게 보여주는 증거는 현재도 진행 중인 하버드 성인생애발달 연구Harvard Study of Adult Development가 아닐까 싶다.[3] 연구진은 1938년부터 남성 724명의 신체 건강과 사회 활동 습관을 관찰하고 있다. 현 연구 책임자인 로버트 월딩거Robert Waldinger는 TEDx 강연에서 말했다. "75년간의 연구에서 얻은 가장 분명한 메시지는 이렇습니다. 인간관계가 좋으면 더 행복하고 더 건강하게 산다." 월딩거의 말을 빌리자면 사회적으로 단절된 사람은 "외롭지 않은 사람보다 덜 행복하고 중년이 되어 더 빨리 건강이 나빠지고 더 빨리 뇌 기능이 감퇴하며 더 일찍 죽는다"고 한다.[4] 월딩거는 "친구가 몇 명이냐가 중요한 게 아닙니다… 중요한 건 친밀한 관계의 질이에요"라고 강조했다.

그렇다면 좋은 교우 관계의 조건은 뭘까? 오하이오대학교에서 사람들이 일평생 어떤 식으로 교류하는지 연구하는 윌리엄 롤린스William Rawlins 대인커뮤니케이션 교수는 《애틀랜틱》 기자에게 만족스러운 교우 관계에는 "대화할 사람, 의지할 사람, 같이 있으면 재밌는 사람", 이렇게 세 가지가 필요하다고 말했다.[5] 보통 어릴 때는 그런 사람을 자연스럽게 만나지만 성인이 되면 우정을 유지하기가 그리 쉽지 않다. 우리는 졸업 후 각자의 길을 따라 새로운 곳에 정착하면서 가까운 친구들과 멀리 떨어진다.

그뒤로는 친구와 맥주잔을 기울이는 것보다 직장에서 일을 잘해 인정받고 승진하는 게 더 중요해진다. 거기에 아이까지 생기면 밤새 동네를 누비며 낄낄대던 시간에 소파에서 곯아떨어진다. 안타깝게도 사람에 투자하는 시간이 줄어들면 다른 사람 없이 살기가 더 쉬워지고 그러다 보면 다시 연락하고 만나는 일조차 너무 어색해진다.

그렇게 우정은 굶어 죽는다.

그런데 연구 결과에 따르면 우정을 굶기는 사이 우리 몸과 마음도 영양실조에 걸린다. 우정의 자양분이 함께하는 시간이라면 어떻게 그걸 섭취할 시간을 만들 수 있을까?

나와 친구들은 모두 공사다망하고 애들도 있지만 정기적으로 만나는 모임을 만들었다. 모임명은 히브리어로 공동체를 뜻하는 '키부츠'다. 모두 4쌍의 부부가 격주로 나들이 겸 점심시간에 만나 한 가지 질문을 놓고 이야기를 나눈다. "부모님께 잘 배웠다고 생각하는 것 한 가지는?"처럼 삶을 돌아보게 하는 질문일 때도 있고 "아이들이 배우기 싫다고 하는 것, 예를 들면 피아노 같은 걸 억지로 가르쳐야 할까?"처럼 현실적인 것일 때도 있다.

주제를 정해놓으면 두 가지 이점이 있다. 첫째, 스포츠나 날씨에 관한 잡담으로 시간을 때우지 않고 정말로 중요한 문제를 두고 허심탄회하게 이야기할 수 있다. 둘째, 부부 동반으로 모였을 때 흔히 일어나는, 남자와 여자가 따로 모이는 현상을 막을 수 있다. 오늘의 질문을 통해 우리는 모두 함께 대화를 나눈다.

이 모임의 제일 큰 특징은 일관성이다. 키부츠는 비가 오나 눈이 오나 2주마다 같은 장소, 같은 시간에 진행된다. 어디서 몇 시에 모일지 논의하려고 이메일을 주고받지 않는다. 각자 먹을 것을 싸 오기 때문에 누가 준비하거나 청소할 필요 없이 단출하다. 못 오는 사람이 있어도 괜찮다. 키부츠는 예정대로 열린다.

2시간 정도 지속되는 모임이 끝날 때면 나는 항상 새로운 아이디어와 깨달음을 얻어 돌아온다. 무엇보다도 친구들과 더욱 가까워진 느낌이 든다. 친밀한 관계의 중요성을 생각해보면 그런 관계를 위해 꼭 미리 계획을 세워야 한다. 키부츠를 위한 시간을 따로 떼어놓는 게 키부츠에 참여하는 비결이다.

우정을 위해 무엇을 하든 미리 일정표에 시간을 확보해놓아야 한다. 친구들과 함께 보내는 시간은 그저 즐겁기만 한 게 아니다. 그 시간은 미래의 건강과 행복을 위한 투자기도 하다.

· 기억하세요 ·

· **우리가 사랑하는 사람들은 찌꺼기 시간을 받는 데 만족해야 할 존재가 아니다.** 누군가가 소중한 사람이라면 정기적으로 그 사람을 위한 일정을 잡자.

· **배우자와 데이트하는 날을 정하는 것만으로는 부족하다.** 집안일을 공평하게 분담하도록 일정을 세우자.

· **친한 친구가 없으면 건강이 나빠질 수 있다.** 소중한 관계를 잘 유지하기 위해 정기 모임 일정을 잡자.

12장

직장에서 중요한 사람과
일정을 공유하고 조율한다

/

일을 위한 시간을 확보해야 한다는 건 다른 두 영역과 달리 굳이 강조하지 않아도 될 것 같다. 일을 위한 시간을 안 내도 되는 사람은 드물다. 우리가 다른 두 영역보다 일에 쓰는 시간이 더 많다는 걸 감안하면 그 시간을 가치관에 부합하게 보내는 일이 더욱더 중요하게 다가온다.

우리는 일을 통해 가치관 중에서도 협력, 근면, 끈기라는 덕목을 실천할 수 있다. 고객이나 대의 등 타인의 이익을 위해 일하는 건 의미 있는 활동에 시간을 쓸 기회가 된다. 안타깝게도 많은 사람이 직장에서 끊임없는 방해, 쓸데없는 회의, 끝없는 메일 세례에 치여 정신없이 하루를 보낸다.

다행히도 꼭 그래야만 한다는 법은 없다. 우리는 내 가치관이 무엇이고 서로에게 기대하는 게 무엇인지 명확히 함으로써 더 생산적이고 알찬 직장 생활을 할 수 있다. 직장에서 어떻게 시간을 보낼지

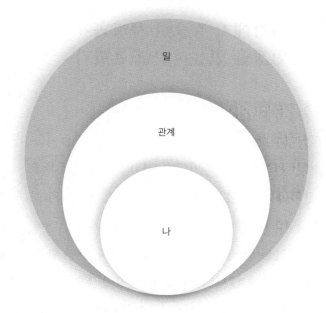

명확하게 정할 때 긍정적인 사내 인간관계의 핵심이라고 할 수 있는 '신뢰'가 공고해진다.

회사에는 저마다 규정이 존재한다. 하지만 많은 관리자가 직원들이 업무에 어떤 식으로 시간을 쓰는지 모른다. 회사 안팎에서 어떻게 시간을 보내야 하는지 모르기는 직원들도 마찬가지다. 퇴근 후 생기는 일에는 얼마나 신속하게 대응해야 할까? 회식이나 단합대회 같은 자리에 꼭 참석해야 할까? 관리자나 의뢰인이 갑자기 일을 맡겼을 때 지금 당장 처리하라는 뜻일까? 높으신 분이 행차하셨을 때 집에다 늦게 들어간다고 말해야 할까?

이런 질문은 우리의 일정에 고스란히 영향을 미치고 따라서 인생의 나머지 두 영역에 쓰는 시간도 영향을 받기 때문에 중요하다. 최근 한 설문 조사에서 직장인 83퍼센트가 퇴근 후에도 이메일을 확인한다고 답했다.[1] 같은 조사에서 응답자 3분의 2가 휴가를 갈 때도 노트북이나 스마트폰 같은 업무용 장비를 챙기는 것으로 나타났다. 그리고 절반 정도가 가족이나 친구와 식사하다가 업무 메일을 보낸 적이 있다고 했다.

회사에서 늦게까지 일해야 하거나 퇴근 후에도 업무와 관련된 메시지에 답을 해야 하면 가족이나 친구와 보내는 시간이나 자신을 위해 쓰는 시간이 줄어들 수밖에 없다. 회사가 그런 일을 예상보다 많이 요구하면 회사에 대한 직원의 신뢰와 애정이 무너지고 건강과 대인관계가 망가진다. 문제는 대부분의 사람이 실제로 그런 상황을 겪기 전에는 위 질문들의 답을 모른다는 것이다.

관리자 입장에서도 모르는 게 많다. 어떤 업무가 당초 계획보다 지연되고 기대에 못 미칠 때 관리자는 그 이유를 추측한다. 직원의 능력이 부족해서일까? 아니면 의욕이 떨어졌나? 혹시 다른 회사를 알아보고 있는 건 아닌가? 요즘 어떻게 시간을 쓰고 있는 거지? 직원의 성과가 기대 이하일 때 관리자는 보통 더 많이, 더 오래 일하라고 지시한다. 하지만 이렇게 무신경한 요구는 직원이 예상한 것보다 많은 것을 내놓으라는 뜻이 된다. 그러면 관계가 삐거덕대고 직원의 은근한 반발이 시작된다.

은근한 반발이라면? 중요하지 않은 업무로 시간을 끌고 자리에서 꾀를 피우고 동료와 수시로 잡담을 하는 것이다. 이런 행동은 보통 무의식중에 나타나고 생산성을 떨어뜨린다.

그런가 하면 고의적으로든 무의식중에든 얼핏 일처럼 보이지만 사실은 회사의 우선순위와 부합하지 않는 '사이비 업무'로 회사에 지장을 초래하는 경우도 있다(예: 좋아하는 일만 골라 하기, 사내 정치질, 필요 이상으로 메일 보내기, 필요 이상으로 회의 잡기). 일하는 시간이 늘어나면 반발도 더욱 심해진다. 실제로 연구 결과에 따르면 주 55시간 이상 일하는 사람은 생산성이 떨어질 뿐만 아니라 실수를 더 많이 저질러 다른 사람이 안 해도 될 일을 하게 만들고 그로 인해 조직의 전반적인 업무 효율을 떨어뜨린다.[2]

그럼 이런 난리를 막는 방법은 무엇일까?

상세한 타임박스형 일정표를 만들면
관리자와 직원 사이의 핵심적인 신뢰 계약이 명확해진다.

관리자와 직원은 정기적으로 일정표를 검토해 직원이 시간을 적절하게 쓰고 있는지 판단하고 필요하다면 더 중요한 업무에 시간을 배정할 수 있다.

맨해튼에 있는 기술 대기업 광고영업팀장인 에이프릴은 일정 관리로 골치가 아팠다. 영업 실적도 챙기면서 아랫사람들도 관리하느라 날로 압박감이 커지다 보니 사근사근하던 사람이 점점 괴팍해졌다. 회의, 미팅, 갑작스러운 대화, 이메일이 늘어나 일정을 오염시켰다. 그런 데 시간을 빼앗기자 고객을 관리하고 더 많은 계약을 성사시켜 더 좋은 결과를 내기 위한 시간, 다시 말해 정말로 중요한 일에 쓸 시간이 턱없이 부족했다.

내가 집무실로 찾아갔을 때 에이프릴은 피곤한 기색이 역력했다. 앞으로 두 달 동안 1,500만 달러라는 연간 매출 목표액 중 3분의 1 이상을 채워야 하는데 딱 봐도 마음이 딴 데 가 있었다. 목표를 달성하지 못할까 봐 전전긍긍하면서 자기 자신이 문제라고, 지금 일을 열심히 안 하고 있으니 더 잘해야 한다고 생각했다. 그에게 더 잘한다는 건 더 오래 일한다는 뜻이었다.

에이프릴은 더 생산적인 사람이 되기 위해 애쓰면서 오히려 침울해지고 인생의 다른 두 영역을 등한시하게 됐다. 하지만 문제는 생산성이 아니었다. 이미 그는 단시간에 많을 것을 뽑아낼 수 있을 만큼 생산적인 사람이었다. 진짜 문제는 타임박스형 일정표가 없다는 것이었다. 시간 관리만 잘하면 해결될 상황이었다. 그런데 시간 관리가 아니라 자신이 문제라는 패배주의적 생각에 빠져 있으니 수렁이 더욱 깊어졌다. 어느 날 그는 점심 식사 중 내게 "나는 너무 느려터졌어요"라고 말했다. 그건 착각이었다. 그는 느리지 않았고 다만 새로운 역할에 맞는 생산성 관리 도구가 없었을 뿐이다.

처음에는 업무 일정을 관리하는 게 쉽지 않았지만 에이프릴은 중요한 업무에 맞춰 일정을 세분화했다. 먼저 집중력이 요구되는 일에 쓸 시간을 확보했다. 고객에게 제시할 기획안을 작성하는 일로 방해만 안 받는다면 더 빠르고 효과적으로 처리할 수 있었다. 반대로 다른 일 때문에 주의가 분산되면 다시 기획안을 작성하기 위해 마음을 잡기가 어렵고 작업 속도도 떨어졌다. 그다음으로는 고객과 통화하고 만나는 시간을 배정한 후 오후에는 메일과 메시지를 처리하는 시간을 잡았다. 나는 에이프릴에게 타임박스형 근무 일정표를 상사인 데이비드와 공유하라고 권했다.

일정을 논하기 위해 에이프릴과 마주 앉은 데이비드는 더 계획적으로 하루를 살려고 하는 그의 의지를 예상보다 더 열렬하게 지지해줬다. "안 그래도 내가 바빠서 미치기 직전이란 걸 아셨어요. 주간 일정을 보여드렸더니 마음이 놓이신 표정이더라고요. 언제 나한테 전화를 걸거나 메시지를 보내도 되는지 알 수 있으면 막연히 내가 가족과 있을 거라고 생각하는 것보다 낫다고 하셨어요."

데이비드와 대화하면서 에이프릴은 많은 일이 일정표를 채우고 있지만 자신이 계약을 성사시키기 위해 쓰는 시간만큼 데이비드가 중요하게 여기는 건 별로 없다는 사실을 알게 됐다. 데이비드는 이제 에이프릴이 굳이 많은 회의에 참석하거나 많은 사람을 멘토링할 필요가 없다면서 가장 중요한 일, 곧 매출 증대를 위해 시간을 쓰기만 한다면 커리어에 불이익을 당하는 일은 없을 거라고 했다.

두 사람은 매주 월요일 오전 11시에 15분간 만나 에이프릴의 주간 일정을 미리 검토하기로 했다. 이를 통해 에이프릴은 시간을 효과적으로 쓸 수 있고 필요하면 서로 일정을 조정할 수 있었다. 데이비드의 집무실을 나서면서 에이프릴은 이제 자신의 하루를 더 잘 관리할 수 있고 저녁에 폰을 끼고 사느라 사생활을 포기해야 했던 시간을 줄일 수 있겠다는 자신감이 생겼다. 일주일의 일정을 일목요연하게 정리하니 가치관을 더 잘 실천하고 딴짓을 방지할 수 있었고 결과적으로 진짜 하고 싶은 일을 할 시간이 더 많아져서 좋았다.

에이프릴의 이야기는 어디까지나 에이프릴의 이야기일 뿐이다. 모든 사람이 에이프릴처럼 시간을 배정해야 하는 건 아니다. 하지만 가족이 됐든 상사가 됐든 일정을 공유하고 조율하는 일은 꼭 필요하다. 상대방은 내가 어떻게 시간을 쓰기를 기대하는지 주기적으로 확인하고 서로 의견을 맞춰야 한다. 그리고 그 주기에 대한 합의도 필요하다. 만약 일주일 단위로 일정을 세운다면 일정 검토와 조율 역시 일주일 단위로 해야겠지만 날마다 일정이 바뀐다면 매일 상사와 간단히 일정을 확인하는 편이 서로에게 유익할 것이다. 혹시 여러 명의 상사와 소통해야 하는 입장이라면 타임박스형 일정표가 일정을 공유하는 데 더더욱 도움이 된다. 일정표가 투명하게 작성되면 내가 지금 무엇을 하고 있는지 남들도 확실히 알 수 있다.

말했다시피 초집중 모델은 총 네 부분으로 구성돼 있다. 1단계는 내부 계기를 지배하는 것, 2단계는 본짓을 위한 시간을 확보하는 것이다. 곧 알게 되겠지만 그 외에도 할 수 있는 일이 아직 많이 남아 있다. 5부에서는 조직 문화가 어떤 역할을 하는지, 반복적으로 딴짓이 발생하는 게 왜 불량한 조직 문화의 방증인지도 알아본다. 일단 지금 단계에서는 일정 공유와 조율이라는 간단하면서도 효과적인 기법의 중요성을 기억해두자.

회사에서든 가정에서든, 아니 혼자 일하고 혼자 사는 사람이라고 해도 미리 계획을 세우고 타임박스형 일정표를 만드는 과정은 초집 중자가 되기 위해 반드시 필요하다. 어떻게 시간을 쓸지 정하고 중요한 사람과 일정을 공유하고 조율하면 중요한 일은 하고 중요하지 않은 일은 무시할 수 있다. 각종 시시한 일에서 해방돼 낭비해서는 안 되는 귀한 시간을 다시 확보할 수 있다.

그렇게 재확보한 시간은 어떻게 활용해야 할까? 그 답은 이어지는 3부에서 알아보기로 하자.

· 기억하세요 ·

· **직장에서 중요한 사람과 일정을 공유하고 조율하는 일은 본짓을 위한 시간을 확보하기 위해 꼭 필요하다.** 내가 어떻게 시간을 쓰는지 모르는 상사와 동료는 불필요한 일로 내 주의를 분산시킬 가능성이 크다.

· **일정이 변하는 주기에 맞춰 일정을 공유하고 조율하자.** 일정의 기본적인 틀이 매일 변한다면 매일 조율하자. 하지만 대부분의 사람은 일주일 주기면 충분하다.

Indistractable

3^부

......

외부 계기를 역해킹한다

indistractable

. . . .

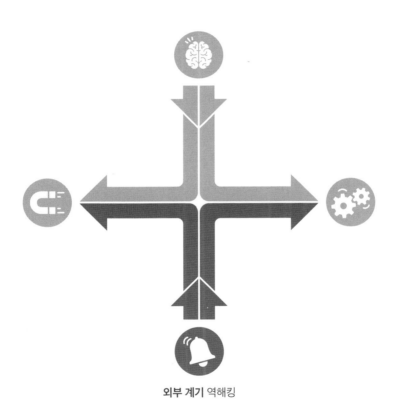

외부 계기 역해킹

. . . .

Hack Back External Triggers

13장

결정적 질문을 한다

/

프리랜서 마케팅 컨설턴트 웬디는 앞으로 1시간 동안 무슨 일을 해야 하는지 잘 알았다. 오전 9시부터 의뢰인에게 보낼 새로운 기획안을 작성해야 한다고 일정표에 적혀 있었다. 하루 중 제일 중요한 일이었다. 웬디는 노트북을 켜고 의뢰인의 정보가 담긴 파일을 열면서 반드시 계약을 따내겠다고 다짐했다. 두 손으로 커피 잔을 들고 한 모금 마시는 순간 기획안에 쓸 근사한 아이디어가 떠올랐다. 속으로 '대박!'이라고 외쳤다.[1]

하지만 아이디어를 글로 옮기기도 전에 '띵' 하고 폰에서 알림음이 들렸다. 처음에는 무시했다. 그런데 몇 마디 쓰기도 전에 폰이 또 알림음을 냈다. 이번에는 주의력이 흔들리면서 궁금해졌다. 혹시 의뢰인이 연락했나?

폰을 봤더니 유명 래퍼의 사소한 트윗이 SNS를 타고 퍼지고 있다는 내용이었다. 앱을 빠져나오자 또 다른 알림이 시선을 끌었다. 어머니가 보낸 아침 인사였다. 웬디는 바로 하트 이모티콘으로 답장했다. 어라, 이건 뭐지? 비즈니스 네트워킹 앱 링크드인에 빨간색 알림 배지가 붙어 있었다. 혹시 새로운 비즈니스 기회가 생긴 거 아닐까? 땡. 그의 프로필을 본 헤드헌터가 좋아요를 누른 것뿐이었다.

웬디는 답을 할까 하다가 시간을 봤다. 벌써 9시 20분인데 기획안은 전혀 진전이 없었다. 설상가상으로 아까 대박이라고 생각했던 아이디어는 까먹었다. '이게 지금 뭐 하는 짓이야?' 중요한 일이 뭔지 뻔히 알면서도 안 하고 있었다. 또다시 딴짓만 했을 뿐이다.

혹시 익숙한 이야기 아닌가? 많은 사람이 이런 식으로 아침을 보낸다. 하지만 이때 딴짓의 원인은 내부 계기가 아니다. 알림, 벨 소리, 알람 같은 외부 계기가 그 원인이다. 심지어는 타인도 외부 계기가 될 수 있다. 외부 계기는 곳곳에 존재하기 때문에 무시하기 어렵다.

그래서 역해킹이 필요하다. '해킹'은 '시스템이나 컴퓨터 내 데이터에 허가 없이 접근하는 것'을 뜻하는 IT 용어다. 이와 마찬가지로 우리가 쓰는 디지털 기기도 딴짓을 유발함으로써 허가 없이 우리 뇌에 접근한다.[2] 페이스북 초대 사장 숀 파커Sean Parker도 SNS가 어떻게 우리의 행동을 조종하는지 설명하면서 그 점을 인정했다.[3] "사람들에게 인정받기 위해 그리고 그렇게 인정받는 재미에 취해 끊임없이 쓰게 만드는 겁니다. 딱 나 같은 해커가 생각할 만한 것이죠. 인간 심리의 취약점을 이용하는 거예요."

역해킹을 하려면 먼저 IT 기업이 어떤 식으로 외부 계기를 이용해 그런 효과를 내고 있는지 알아야 한다. 파커가 말한 '인간 심리의 취약점'이 구체적으로 무엇이기에 우리는 자꾸만 외부 계기에 넘어가 딴짓을 하는 걸까?

스탠퍼드대 설득기술연구소^Persuasive Technology Lab를 설립한 B. J. 포그^B. J. Fogg는 2007년 '개개인을 설득하는 대중 설득법'이라는 강의를 개설했다. 수강생 중 일부는 이후 페이스북과 우버 같은 기업에 입사해 그에게 배운 기법을 활용했다. 인스타그램 공동 설립자 마이크 크리거^Mike Krieger는 포그의 강의에서 이후 10억 달러에 팔릴 앱의 프로토타입을 만들었다.

당시 스탠퍼드 경영대학원에 다니던 나는 포그의 자택에서 열린 워크숍에서 설득 기법을 더욱 심도 있게 배울 수 있었다. 그의 직접적인 가르침은 인간 행동에 대한 이해를 확장하는 전환점이 됐다. 그때 알게 된 공식으로 세상을 보는 눈이 달라졌다.

포그 행동 모델에서는 행동(B)이 발생하려면 동기(M), 능력(A), 계기(T)가 동시에 존재해야 한다고 말한다. 줄여서 B=MAT로 표현할 수 있다.

로체스터대학교 심리학 교수 에드워드 데시^Edward Deci에 따르면 동기는 '행위를 추동하는 에너지'다.[4] 강한 동기가 유발됐을 때 우리는 행동을 하고자 하는 욕구와 기운이 강해지고 동기가 유발되지 않으면 과업을 수행하기 위한 기운이 떨어진다. 포그의 공식에서는 능력도 행위의 발생 가능성과 관련이 있다. 간단히 말해 사람들은 어려운 일일수록 잘 안 한다. 반대로 쉬운 일은 할 가능성이 크다.

동기와 능력이 충분하면 행동을 할 준비는 끝났다. 하지만 이 요소 없이는 행동이 일어나지 않는다. 바로 우리에게 무엇을 하라고 알려주는 계기가 있어야 한다. 2부에서는 내부 계기만 이야기했지만 외부 계기, 곧 우리에게 행동을 유도하는 주변의 자극을 빼놓고는 우리가 매일 쓰는 제품과 우리에게 딴짓을 유발하는 방해 요소를 논할 수 없다.

딴짓과의 싸움에서 상당 부분은
외부 계기와의 싸움이다.

데이비드 피어스David Pierce는 《와이어드Wired》 기사에서 "2003년 블랙베리가 이메일 푸시 기능을 선보였을 때 사용자들은 열광했다. 혹시라도 중요한 메시지를 놓칠까 수시로 메일함을 확인할 필요가 없어졌기 때문이다. 블랙베리 측은 메일이 도착하면 폰이 알려줄 것이라고 발표했다"라고 썼다.[5] 곧 애플과 구글도 뒤따라 폰 운영체제에 알림 기능을 추가했다. "갑자기 누구든 우리의 관심을 끌고 싶을 때 우리의 폰으로 뛰어들 길이 열렸다. 푸시 알림은 마케터들이 꿈꾸던 것이었다. 자세히 보기 전에는 문자메시지나 이메일과 구별할 수 없기 때문에 사용자가 그냥 무시하지 못하고 일단 한번 볼 수밖에 없기 때문이다."

이런 알림을 확인하는 데는 큰 대가가 따른다. 외부 계기는 우리를 계획된 일에서 멀어지게 할 수 있다. 연구에 따르면 일반적으로 사람들은 어떤 작업을 수행하다가 방해를 받으면 그로 인해 낭비된 시간을 만회하기 위해 작업 속도를 더 올리고 그 대가로 스트레스와 불만이 커진다.[6]

외부 계기에 반응할 때마다 우리 뇌는 무한한 자극과 반응의 순환에 익숙해진다. 자극에 즉각적으로 반응하도록 길들여진다. 그러다 보면 끊임없이 외부 계기에 반응하느라 눈앞의 일에 집중하지 못해 계획을 실천하는 것이 불가능하게 느껴진다.

이에 대한 해법은 외부 계기를 그냥 무시해버리는 것일 수도 있다. 알림, 전화 같은 방해 요인에 대응하지 않으면 금세 그것을 잠재우고 할 일을 할 수 있다.

잠깐!《실험심리학저널: 인간 지각과 수행Journal of Experimental Psychology: Human Perception and Performance》에 실린 논문에는 휴대폰 알림이 왔을 때 반응하지 않는 것도 문자에 답장을 보내거나 전화를 받는 것만큼 주의를 분산시킨다고 나와 있다.[7] 텍사스대학교 오스틴캠퍼스 연구진도 "스마트폰의 존재만으로도 폰에 대한 반사적 관심을 억제하기 위해 한정된 주의력 자원이 사용돼 당면 과제에는 사용할 수 없게 되는 '두뇌 누수'가 발생할 수 있다"고 지적했다. 시야에 폰이 보이면 뇌는 폰을 무시하기 위해 노력해야 한다. 하지만 폰이 멀리 떨어져 있거나 보이지 않으면 당면 과제에 집중할 수 있다.

다행히도 외부 계기라고 해서 모두 집중을 방해하진 않으며 외부 계기를 유리하게 이용할 방법이 존재한다. 예를 들어 응원의 말을 담은 짧은 문자메시지는 금연에 도움이 된다.[8] 10개국 자료를 대상

으로 한 메타분석에서 "문자메시지 기법의 명백한 흡연 감소 효과를 보여주는 증거"가 발견됐다.[9]

문제는 아무리 잠재적 이점이 있다고 해도 외부 계기가 너무 많으면 생산성과 행복에 큰 악영향을 미칠 수 있다는 점이다. 그렇다면 좋은 외부 계기와 나쁜 외부 계기는 어떻게 구별할 수 있을까? 그 비결은 다음과 같은 결정적 질문에 답하는 것이다.

이 계기가 나를 지원하는가, 지배하는가?

포그 행동 모델에서 보듯이 모든 행동에는 동기, 능력, 계기 세 가지 요소가 요구된다. 그 말인즉 나쁜 외부 계기만 제거해도 딴짓을 잘 관리할 수 있다.

일에 집중하지 못해 고민이었던 마케팅 컨설턴트 웬디는 나의 종용에 못 이겨 위의 결정적 질문에 답한 후 나쁜 외부 계기를 알아보는 안목이 생겼다. 이제 그는 남들이 자신의 주의력을 좌우하도록 내버려두지 않고 어떤 계기가 본짓으로 이어지는지 스스로 판단할 수 있다.

이 결정적 질문이라는 렌즈로 볼 때 계기는 비로소 도구라는 본연의 모습으로 보인다. 우리가 잘만 활용하면 계기는 집중력을 발휘하는 데 도움이 된다. 좋은 계기는 우리가 일정표에 계획한 대로 본짓을 하게 만든다. 딴짓을 하게 만드는 계기는 나를 지원하는 게 아니다.

이제부터는 나쁜 외부 계기를 제거하기 위해 디지털 제품과 주변 환경을 변화시키는 현실적인 방법을 알아볼 것이다. 제작자가 의도하지 않은 방향으로 디지털 기기를 역해킹하는 것이 바로 그 핵심이다. 그렇게 함으로써 기술이 우리를 지배하지 않고 지원하게 만들 것이다.

· 기억하세요 ·

- **외부 계기는 보통 딴짓으로 이어진다.** 각종 기기에서 나오는 소리와 타인의 방해 같은 주변 요인이 우리를 계획에서 이탈시킨다.
- **외부 계기가 항상 해롭진 않다.** 우리가 본짓을 하게 만드는 외부 계기는 유익하다.
- **스스로 '이 계기가 나를 지원하는가, 지배하는가?'라고 물어봐야 한다.** 그래야 우리를 지원하지 않는 외부 계기를 역해킹할 수 있다.

14장

인적 방해 역해킹

/

병원은 아픈 사람을 치료하는 곳이다. 그런데 해마다 미국인 수십만 명이 병원에서 약물을 잘못 투약받아 오히려 건강이 나빠지는 건 어떻게 설명해야 할까? 충분히 예방 가능한 실수임에도 그로 인해 인체가 심각한 피해를 입는 건 물론이고 35억 달러의 의료비가 낭비되는 것으로 추산된다.[1] 존스홉킨스대학교 전문의 마틴 마캐리Martin Makary와 연구원 마이클 대니얼Michael Daniel에 따르면 "만일 의료 과실이 질병이라면 미국인의 사망 원인 중 3위를 차지할 것"이다.[2]

베키 리처즈Becky Richards는 카이저 퍼머넌트Kaiser Permanente 남샌프란시스코병원 투약 오류개선 TF팀의 일원이었다. 간호사인 리처즈는 의료인이 아무리 고도의 훈련을 받고 선의를 갖고 있다고 해도 인간이다 보니 외부 계기로 인해 주의가 산만해져 실수를 저지를 때가 있다는 걸 알고 있었다. 연구 결과를 보면 간호사들이 1회 투약

시 사람으로 인한 방해에 노출되는 횟수는 5~10건에 이른다.[3]

리처즈가 제시한 해법 중 하나는 동료 간호사들에게 그리 환영받지 못했다. 적어도 처음에는 그랬다. 바로 투약을 하는 간호사가 방해 금지 표시로 밝은색 조끼를 입자는 것이었다. 리처즈는 간호사 사이트(RN.com)에 올린 글에서 "간호사들은 그게 품위를 손상시킨다고 생각했다"고 썼다.[4]

이런 반발 한편으로 투약 오류율이 특히 더 높은 암 병동에서는 해법을 절실히 찾는 간호사들이 있었다. 그들은 기꺼이 조끼를 입겠다고 나섰으나 테스트 과정에서 리처즈가 예상한 것보다 많은 반대에 부딪혔다. 주황색 조끼가 '싸구려'처럼 보인다는 말이 나오는가 하면 더워서 불편하다는 간호사도 있었다. 그 조끼가 뭔지 궁금해 묻는 의사들도 방해가 됐다. 리처즈는 "간호사들의 반응이 호의적이지 않아 우리도 이 아이디어를 폐기할까 고민했다"고 한다.

하지만 넉 달 후 원무과에서 테스트 결과가 나오자 조끼의 위력이 명백해졌다. 리처즈의 실험에 자원한 병동에서 투약 오류가 47퍼센트나 감소한 것이다. 그저 조끼를 입고 방해 없는 업무 환경의 중요성을 배웠을 뿐인데 말이다.

"그때 우리는 환자의 입장에서 먼저 생각해야 한다는 것을 알았다"고 리처즈는 덧붙였다. 간호사들이 하나둘씩 조끼를 언급하면서 병원 전체를 넘어 다른 병원으로까지 조끼 착용이 전파됐다. 어떤 병원은 간호사가 투약을 준비하는 곳을 '불가침 구역'으로 만들어 눈에 잘 띄게 했다.[5] 간호사가 방해받지 않고 일할 수 있도록 특수한 방을 만들거나 창문을 검게 처리한 병원도 있었다.

이런 식으로 원치 않는 외부 계기를 차단하는 것이 오류율 감소에 얼마나 효과적인지 보여주는 데이터는 이후로도 계속 나왔다.

캘리포니아대학교 샌프란시스코캠퍼스에서

다수의 병원을 조사한 결과

3년간 오류율이 88퍼센트 감소했다.[6]

이 대학의 통합 간호사 리더십프로그램 책임자인 줄리 클리거Julie Kliger는 2009년 SF게이트닷컴SFGate.com에 기고한 글에서 이 프로그램을 확대하기로 결정한 계기가 전혀 상관없어 보이는 업계에서 나왔다고 밝혔다. 바로 항공업계였다. 항공업계는 1980년대 조종사의 집중력 저하로 여러 건의 사고가 발생한 후 통칭 '조종실 무소음 규칙'으로 불리는 일련의 규정을 확립했다.[7] 이에 따라 여객기 조종사는 고도 1만 피트 이하에서 비필수 활동을 해서는 안 된다. 특히 '중요하지 않은 대화'를 해서는 안 된다고 명시돼 있고 비행 중 가장 위험한 순간인 이착륙 시 승무원이 조종사에게 말을 거는 것도 금지된다.

클리거는 "747 항공기를 조종하는 것과 비슷했다. 조종사에게는 고도 1만 피트 이하가 [주의 분산 위험 구간]이다… 간호사에게는 환자에게 투약할 때가 그렇다"고 썼다. 리처즈는 간호사들이 조끼를 입으면 실수가 줄어들 뿐만 아니라 더욱 집중해서 일함으로써 시간이 한결 빨리 가는 느낌을 받는다고 했다. 카이저 퍼머넌트 서로스앤젤레스병원 간호사 수지 킴$^{Suzi\ Kim}$은 조끼를 입으면 "생각이 또렷해진다"고 전했다.[8]

우리 삶에서 주의 분산이 의료계만큼 치명적으로 작용하진 않는다고 해도 집중력을 요하는 일을 할 때 방해를 받으면 수행 능력이 떨어지는 건 사실이다. 그런데도 요즘의 직장 환경에서는 사람으로 인한 방해에 너무 쉽게 노출될 수 있다.

보통은 공간을 잘못 활용하는 게 큰 문제다. 미국 사무실 중 70퍼센트가 칸막이 없는 사무실이다.[9] 동료가 뭘 하는지, 휴게실에 누가 있는지, 누가 찾아왔는지 등 사실상 모든 것이 막힘없이 보인다.

칸막이 없는 사무실의 취지는 아이디어 공유와 협업을 장려하는 것이다. 하지만 2016년 300편 이상의 논문을 메타분석한 결과에 따르면 유감스럽게도 그런 사무실은 오히려 집중력을 떨어뜨리고 딴짓을 유발한다.[10] 당연히 그로 인해 직원의 전반적인 만족도가 떨어진다.[11]

딴짓이 인지력에 미치는 악영향을 감안하면 이제 우리도 리처즈처럼 해법을 모색해야 할 때다. 그렇다고 사무실에서 '방해 금지'라고 적힌 주황색 조끼를 입으라거나 사무실 구조를 전면 개편하자는 말은 아니다. 다만 동료 때문에 업무를 방해받는 일은 막을 필요가 있으니 명쾌한 해법을 제안하고자 한다.

다음에 나올 사진 속에 있는 카드를 살펴보자.(이 카드는 NirAndFar.

com/Indistractable에서 다운받아 출력하면 된다.) 카드에는 지나가는 사람에게 부탁하는 말이 큼지막하게 쓰여 있다. "지금은 집중해야 하니 잠시 후 다시 찾아주세요." 방해받고 싶지 않을 때 이 카드를 동료들이 볼 수 있도록 모니터에 꽂아두자. 그럼 헤드폰을 쓰는 것보다 확실한 메시지가 전달된다.

밝은색 조끼로 투약 오류율을 줄인 것처럼 모니터 카드도 동료에게 방해 금지 메시지를 보낸다.

모니터에 꽂힌 카드가 무슨 뜻인지 이해 못할 사람은 없겠지만 기왕이면 동료들과 그 취지에 관해 이야기하기를 권한다. 그럼 그들도 똑같은 방법을 써야겠다는 생각이 들 수 있고 집중해서 일할 수 있는 환경의 중요성을 논하는 계기가 될 수도 있다.

3부. 외부 계기를 역해킹한다

하지만 더욱 분명하게 방해 금지 메시지를 보낼 방법이 필요할 때도 있다. 특히 집에서 일할 때 그렇다. 내 아내는 원치 않는 외부 계기를 차단하기 위해 아마존에서 눈에 확 띄는 머리띠를 싸게 샀다. 이 '집중의 왕관'에 달린 LED가 머리 위에서 빛나면 무시하려야 무시할 수 없는 메시지가 전달된다. 아내가 왕관을 쓰고 있으면 딸아이(그리고 나)는 긴급 상황이 아닌 이상 방해해서는 안 된다는 걸 안다. 그야말로 효과 만점이다.

집에서 일할 때는 가족이 방해자가 될 수 있다. 내 아내는 '집중의 왕관'으로 방해 금지 메시지를 보낸다.

조끼도 좋고 모니터 카드도 좋고 왕관도 좋으니 다른 사람 때문에 생기는 외부 계기를 차단하려면 방해받기 싫다는 뜻을 확실하게 보여줘야 한다. 그러면 동료나 가족이 우리의 집중력을 해치기 '전'에 멈추고 꼭 그럴 필요가 있는지 생각해볼 것이다.

- **방해는 실수를 유발한다.** 자꾸만 집중력이 흐트러지면 실력을 다 발휘할 수 없다.
- **칸막이 없는 사무실은 집중력을 저해한다.**
- **집중력을 사수하자.** 방해받고 싶지 않을 때 모니터 카드처럼 확실한 수단을 통해 신호를 보내자.

15장

이메일 역해킹

/

이메일은 현대 노동자에게 내려진 저주다. 간단히 계산해봐도 문제의 심각성을 알 수 있다. 사무직 노동자는 하루 평균 100개의 메시지를 받는다.[1] 건당 2분씩만 소요된다고 해도 다 합하면 하루 3시간 20분이다. 통상 근무시간이 9시부터 5시까지라 치고 거기서 점심시간 1시간을 빼면 이메일이 거의 근무 시간의 절반을 잡아먹는 셈이다.

그나마도 무척 보수적으로 추정한 것이다. 이 3시간 20분에는 이메일을 확인한 후 다시 업무에 집중하기 위해 소요되는 시간이 포함돼 있지 않기 때문이다. 《세계정보관리저널International Journal of Information Management》 논문에는 사무직 노동자가 이메일을 확인한 후 다시 업무를 보기 위해 정신을 가다듬기까지 평균 64초가 걸린다고 나와 있다.[2] 거기에 우리가 하루에도 골백번씩 디지털 기기를 확인하는 시간까지 더하면 수치는 더욱 늘어난다.

혹시 이메일에 쓰는 시간이 아깝지 않다고 할 사람이 있을까 봐서 하는 말인데《하버드비즈니스리뷰》기사에 따르면 상당수의 이메일이 시간만 낭비시킨다. 관리자가 이메일에 쓰는 시간 중 "25퍼센트가 애초에 그 관리자에게 오지 말았어야 할 이메일을 읽는 데 소요되고 또 25퍼센트가 답장하지 말아야 할 이메일에 답장하는 데 소요되는" 것으로 추정된다.[3] 요컨대 이메일에 쓰는 시간 중 절반이 가만히 앉아서 천장의 금을 세는 것만큼이나 비생산적이다.

그런데 왜 이메일에 자꾸 손이 갈까? 답은 우리 심리에 있다. 이메일은 모든 습관 형성 상품의 어머니라고 해도 좋을 것 같다. 이유는 세 가지다. 첫째, 이메일은 가변적 보상을 제공한다. 심리학자 B. F. 스키너B. F. Skinner의 유명한 실험에서는 가변적 시차를 두고 보상을 제공할 때 비둘기가 레버를 쪼는 빈도가 더 높았다. 이메일의 불확실성도 비슷한 원리로 우리가 자꾸 쪼게, 아니 확인하게 만든다.[4] 이메일은 좋은 소식과 나쁜 소식, 짜릿한 정보와 시시한 정보, 사랑하는 사람의 메시지와 이름도 모르는 낯선 사람의 메시지를 전달한다. 이런 불확실성 때문에 메일함에서 뭐가 나올지 확인하는 맛이 있다. 그래서 우리는 기대감에서 오는 불편을 해소하기 위해 끊임없이 새로고침 버튼을 클릭하거나 화면을 아래로 당긴다.

둘째, 우리는 받은 대로 보답하려는 심리가 강하다. 누가 "안녕하세요"라고 말하거나 악수를 하려고 손을 뻗으면 나도 똑같이 하고 싶어진다. 그렇게 안 하면 사회적 규범을 어기거나 인정머리 없는 사람으로 비친다. 이런 상호성의 원칙이 오프라인에서는 유익하지만 온라인에서는 많은 문제를 일으킬 수 있다.

셋째, 이게 가장 중요한 요인이라고 할 수 있을 텐데 이메일은 우리가 어쩔 수 없이 써야만 하는 수단이다. 대부분의 사람이 이메일 없이는 업무를 볼 수 없고 사생활에도 이메일이 깊이 침투해 있기 때문에 이메일을 안 쓰면 먹고사는 데 지장이 생긴다.

하지만 필요 이상으로 시간과 관심을 잡아먹는 다른 요인처럼 이메일도 우리가 마음만 먹으면 충분히 휘어잡을 수 있다. 이메일의 불건전한 자성을 무력화하기 위해 우리가 업무 중에 쓸 수 있는 기법이 존재한다. 여기서는 최소 노력으로 최대 효과를 얻을 수 있는 기법 몇 가지만 알아보기로 하자.

우리가 이메일에 쓰는 시간은 간단한 등식으로 나타낼 수 있다. 하루 중 이메일에 소비하는 시간의 총량(T)은 우리가 받는 메시지 수(n)를 각 메시지에 쓰는 평균 시간(t)으로 곱한 값이다. 즉, $T = n \times t$다. 나는 이 공식을 TNT라고 외운다. 이메일이 잘 계획된 하루를 마치 TNT 폭탄처럼 날려버릴 수 있기 때문이다.

하루 중 이메일에 쓰는 시간을 줄이려면 n과 t를 줄여야 한다. 먼저 n, 즉 하루 동안 받는 메시지 수를 줄이는 방법부터 알아보자.

내가 메시지를 보내면 상대방은 상호성의 심리 때문에 즉각 답장을 보낼 확률이 높고 그럼 나도 또 답장을 보내면서 끊임없이 답장이 오갈 확률이 높다.

나한테 오는 이메일을 줄이려면
내가 보내는 이메일을 줄여야 한다.

당연한 말 같지만 대부분의 사람이 이 기본 원칙을 지키지 않는다. 받았으면 보답하고 싶은 심리가 워낙 강하다 보니 메시지를 받으면 밤이고 주말이고 휴일이고 할 것 없이 즉각 답장을 보낸다.

우리가 주고받는 이메일은 대부분 긴급성이 없다. 그런데도 우리 뇌는 가변적 보상을 좋아하는 약점이 있기 때문에 어떤 유형의 메시지든 분초를 다투는 것처럼 취급한다. 그래서 수시로 메일함을 확인하고 바로 답신하며 필요한 게 생각나면 즉시 메시지를 보낸다. 다 잘못된 행동이다.

면담 시간을 정하자

나는 내 책이나 글에 관해 이야기하고 싶다는 메일을 하루에 수십 통씩 받는다. 독자와의 대화는 언제나 환영이지만 일일이 다 답장을 하자면 다른 일을 할 시간이 남아나지 않을 것이다. 그래서 나는 보내고 받는 메일 수를 줄이기 위해 '면담 시간'을 정해놓는다. 독자는 NirAndFar.com/schedule-time-with-me에서 15분 면담을 예약할 수 있다.

다음번에 이메일로 긴급하지 않은 질문을 받으면 이렇게 답해보

자. "화요일과 목요일 오후 4~5시에 시간을 비워뒀습니다. 그때까지도 문제가 해결되지 않으면 이쪽으로 오셔서 같이 이야기하시죠." 나처럼 온라인 예약 시스템을 만들어도 좋다.

사람들에게 잠깐 숨 돌릴 틈을 주면
얼마나 많은 문제가 저절로 해소되는지 모른다.

상대방에게 기다려달라고 하면 스스로 해답을 찾을 기회가 생긴다. 혹은 다른 중요한 일에 밀려 문제가 그냥 사라져버리기도 한다.

그래도 상대방이 스스로 문제를 해결하지 못하고 계속 대화를 원한다면? 오히려 잘됐다! 어려운 문제는 오해가 생기기 쉬운 이메일이 아니라 직접 만나거나 전화로 이야기할 때 더 잘 풀리기 때문이다. 이렇게 정기적인 면담 시간을 정해놓고 복잡한 문제는 그때 논의하자고 하면 의사소통은 더 잘되고 이메일은 줄어든다.

전송을 늦춘다

말했다시피 가는 메일이 적어야 오는 메일이 적다. 그렇다면 사이좋게 메일을 주고받는 속도를 늦추기 위해 메일을 작성한 후 어느 정도 시차를 두고 전송하는 것도 좋은 방법이다. 메일을 무조건 쓰자마자 보내야 한다는 법도 없지 않은가?

고맙게도 우리를 도와줄 기술이 존재한다. 서둘러 답장을 써서 보낼 게 아니라 마이크로소프트 오피스[5]나 지메일용 믹스맥스 Mixmax[6] 같은 프로그램을 이용해 전송 시간을 늦출 수 있다. 나는 답장을 쓸 때 상대방이 언제까지만 답장을 받으면 될지 생각한다. 답장을 보내기 전에 버튼 하나만 더 누르면 내가 지정한 시간까지 메일이 전송 대기 상태에 들어간다. 그렇게 하루 동안 보내는 메일이 줄어들면 받는 메일도 줄어든다.

전송 시간을 늦추면 다른 방법으로 문제가 해결될 여유가 생길 뿐만 아니라 내가 원하지 않을 때 메일을 받을 확률이 감소한다. 예를 들어 금요일 오후에 메일함을 싹 정리하고 싶은 마음이 들어도 월요일까지 메일을 전송하지 않고 기다리면 상대방이 주말을 앞두고 스트레스를 받지 않아도 되고 나도 주말에 답장을 주고받는다고 편히 쉬지 못하는 사태를 예방할 수 있다.

원치 않는 메시지를 제거한다

받는 메일을 줄이는 비법이 아직 하나 더 남았다. 우리는 매일 스팸, 홍보 메일, 뉴스레터의 집중포화를 받는다. 개중에는 유익한 것도 있지만 대부분은 아니다.

어떻게 하면 보기 싫은 메일을 끊을 수 있을까? 만일 그 메일이 과거에 구독을 신청했지만 이제는 읽을 필요가 없는 뉴스레터라면

하단의 수신 거부 버튼을 누르는 게 제일 좋다. 나처럼 뉴스레터를 발행하는 사람들은 관심이 없는 독자가 차라리 수신을 거부해주길 바란다. 수신자가 많을수록 업체에 내는 이용료가 늘어나기 때문에 읽고 싶은 사람만 받아보는 게 낫다.

하지만 일부 스팸 마케터는 수신 거부 버튼을 찾기 어렵게 만들거나 수신을 거부했는데도 끈질기게 메일을 보낸다. 그런 메일은 '블랙홀'로 보내버리자. 나는 메일 사용 시 백그라운드에서 돌아가는 세인박스^{SaneBox}라는 간단한 프로그램을 이용한다.[9] 다시는 받고 싶지 않은 메일이 있을 때 버튼을 누르면 그 발신자의 메일은 모두 블랙홀 폴더로 들어가 두 번 다시 메일함에 얼씬거리지 못한다.

물론 원치 않는 메일을 정리하자면 시간이 좀 걸리겠지만 그런 메일을 받을 확률을 줄이면 강물처럼 밀려들던 메일이 시냇물 수준으로 감소할 것이다.

들어오는 메일 수(방정식의 n)를 줄이는 방법을 알았으니 이제 두 번째 변수인 t, 즉 메일을 작성하는 데 걸리는 시간으로 넘어가자.

메일을 일괄 처리하는 것이 뻔질나게 메일함을 들락거리는 것보다 훨씬 효율적이고 스트레스도 적다는 증거가 많다.[8] 그럴 수밖에 없는 것이 우리 뇌는 작업을 전환하는 데 시간이 걸리기 때문이다. 그러니까 답장을 쓰려면 한꺼번에 쓰는 게 낫다. 이렇게 말하면 어떻게 하루 종일 메일을 확인하지 않고 기다릴 수 있냐고 반문할 사람도 있을 것이다. 그 심정 이해한다. 나도 정말로 급한 메일이 없는지 종종 메일함을 확인하니까.

메일을 확인하는 건 큰 문제가 아니다.
진짜 문제는 습관적으로 재확인하는 것이다.

지금부터 하는 이야기가 혹시 익숙하지 않은지 생각해보자. 메일이 왔다는 아이콘을 보고 메일함에 들어간다. 메일을 하나씩 읽으면서 즉시 답장해야 할 메일이 있는지 확인하고 급하지 않은 메일은 그대로 남겨둔다. 몇 시간 후 다시 메일함에 들어간다. 아까 읽었던 메일 내용이 정확히 기억나지 않아 다시 하나하나 열어본다. 하지만 지금 다 답장할 시간은 없다. 저녁에 메일함에 들어가서 또 똑같은 메일들을 읽는다. 예전의 내가 그랬다. 똑같은 메일을 도대체 몇 번씩 읽었는지 모른다. 시간 아깝게!

태그 플레이

흔히 이메일에서 제일 중요한 요소는 본문 내용이라고 생각하지만 사실은 아니다. 시간 관리 관점에서 보자면 메일에서 제일 중요한 요소는 회신의 시급성이다. 우리는 발신자에게 언제까지 답장해야 하는지 금세 잊어버리고 다시 메일을 읽느라 시간을 낭비한다.

이런 한심한 짓을 멈추는 법은 간단하다. 각각의 메일을 두 번씩

　　　　　　　　　　　　　　　　3부. 외부 계기를 역해킹한다

만 여는 것이다. 메일을 처음 열었을 때 이렇게 물어보자. 이 메일에는 언제까지 회신해야 할까? 그래서 각 메일에 '금일' 혹은 '금주'라는 태그를 붙이자. 이게 가장 중요한 정보다. 두 번째로(즉, 마지막으로) 메일을 열 때를 위한 것이다. 물론 초긴급 상황이니 당장 답장을 달라고 호소하는 메일에는 즉각 답장해야 한다. 그리고 답장을 안 해도 되는 메일은 곧장 지우거나 보관 처리를 하자.

메일 주제나 범주를 태그로 입력하라는 말이 아니라 그저 답장을 해야 하는 시점만 태그로 달면 된다. 그럼 타임박스형 일정표에 배정해놓은 답장 시간에 답장을 쓰면 돼서 나머지 시간에는 메일 때문에 주의가 분산되는 걸 피할 수 있다.

내 경우에는 아침에 커피를 마시기 전 메일함을 쭉 훑어본다. 새로 온 메일마다 답장할 시점을 태그로 붙이는 건 길어야 10분이면 충분하다. 그러고 나면 혹시 깜빡하고 답장을 못하는 메일이 있으면 어쩌나 하는 걱정이 사라져 마음이 든든하다. 이후로는 메일에 신경 쓰지 않고 다른 일에 집중하다가 정해진 시간에 답장을 쓴다.

내 일정표에는 날마다 '금일' 태그가 붙은 메일에 답장하는 시간이 배정돼 있다. 이렇게 하면 오늘 중 답장해야 할 긴급한 메일을 찾으려고 메일함을 들쑤시지 않아도 돼서 훨씬 효율적이다. 그리고 매주 3시간을 배정해 '금주' 태그가 붙은 덜 긴급한 메일에 답장한다. 끝으로 한 주를 마감하는 시점에서 일정표를 보고 메일 처리에 충분히 시간을 배정했는지 검토한 후 다음 주 일정표를 조정한다.

처음 열었을 때 조속히 답장을 쓰면 왜 안 될까? 폰으로 답장을 쓰는 데 2분밖에 안 걸린다고 하면 별것 아닌 것 같지만 하루에 받는 메일이 수백 통이면 그 2분이 걷잡을 수 없이 불어난다. 금방 10분이 되고 15분, 60분이 되어 정신없이 답장을 쓰느라 정말로 해야 할 일에 집중하지 못한다.

집요하게 주의를 분산시키는 메일 몬스터를 처치하려면 많은 역해킹 무기가 필요하지만 이처럼 검증된 기법을 동원해 우리를 탈선시키는 계기를 장악할 수 있다.

· 기억하세요 ·

- **문제를 해부하자.** 메일에 쓰는 시간(T)은 받는 메일 수(n)를 각 메일에 쓰는 평균 시간(t)으로 곱한 값이다. $T = n \times t$.
- **받는 메일 수를 줄이자.** 면담 시간을 정하고 메일 전송을 늦추고 시간을 낭비시키는 메일이 메일함에 접근하지 못하게 하자.
- **각 메일에 쓰는 시간을 줄이자.** 각 메일에 답장이 필요한 시점을 태그로 입력하자. 그리고 일정표의 정해진 시간에 답장을 쓰자.

16장

그룹 채팅 역해킹

/

       제이슨 프라이드Jason Fried는 그룹 채팅이 "정해진 안건 없이 아무나 들락거리는 회의에 종일 참석하는 것이나 마찬가지"라고 말한다.[1] 이 말이 인상적인 이유는 그가 설립한 베이스캠프Basecamp가 유명한 그룹 채팅 앱의 개발사기 때문이다. 하지만 프라이드는 고객이 과로로 쓰러지면 베이스캠프도 손해라는 걸 잘 안다. 그래서 베이스캠프, 슬랙, 왓츠앱 등 그룹 채팅 앱을 이용하는 조직에 여러 가지 조언을 한다.

  "그룹 채팅을 특정한 상황에서 단편적으로 사용하는 것은 합리적이다. 하지만 채팅을 조직의 기본적이고 1차적인 커뮤니케이션 수단으로 쓰는 것은 말이 안 된다. 채팅이 한 축이 되는 것은 괜찮지만 채팅이 전부면 곤란하다. 모든 불상사는 회사가 한 번에 한 줄씩 생각하는 버릇이 들었을 때 발생한다." 프라이드가 온라인에 쓴 글의 일부다.

프라이드는 우리가 어떤 도구를 사용하느냐에 따라 직장에서 받는 느낌이 달라질 수 있다고 보고 그룹 채팅을 단편적으로만 사용하라고 권한다. "찌뿌둥하고 피곤하고 불안한가? 아니면 개운하고 맑고 평온한가? 그건 그냥 기분 탓이 아니라 우리가 사용하는 도구의 종류 그리고 그 도구가 유도하는 행동의 종류에 의해 만들어지는 상태다." 그는 아무리 실시간성이 그룹 채팅의 특징이라 해도 "'지금 당장'은 규범이 아니라 예외가 돼야 한다"고 믿는다.[2]

그럼 그룹 채팅을 효과적으로 이용하기 위한 4대 원칙을 알아보자.

원칙 1: 사우나처럼 이용할 것

그룹 채팅은 다른 동시 커뮤니케이션 수단과 똑같은 방식으로 써야 한다. 그룹 통화를 종일 하지 않듯이 그룹 채팅도 종일 하면 안 된다. 프라이드는 "채팅을 사우나처럼 이용하라"며 "잠깐 있다가 나가야지… 너무 오래 있으면 건강에 안 좋다"고 조언한다.

혹은 팀 전체 회의를 그룹 채팅 일정으로 잡아 모든 사람이 동시에 참여하게 하는 것도 좋다. 이렇게 하면 오프라인 회의를 줄일 수 있다.

그룹 채팅 앱 개발사 CEO가 자사 제품의 사용 시간을 줄이라고 조언하다니 의외다. 하지만 그룹 채팅을 이용하는 많은 조직이 직원에게 종일 그 사우나 속에 웅크리고 있으라고 종용한다. 분명 해로운 행위지만 개개인이 쉽사리 바꿀 수 있는 문제는 아니다. 불량한 조직 문화는 뒤에서 자세히 다룰 것이다.

원칙 2: 일정을 잡을 것

그룹 채팅에 흔히 올라오는 단문 메시지, 움짤, 이모티콘은 외부 계기가 되어 우리를 자꾸만 본짓에서 멀어지게 한다. 이를 역해킹하려면 다른 일과 마찬가지로 타임박스형 일정표에 시간을 정해놓고 채팅방에 들어가 지나간 대화 내용을 확인해야 한다.

채팅에 참여하지 않기로 했으면 다른 사람들이 오해하지 않도록 미리 알려주는 게 중요하다. 나중에 정해진 시간에 참여하겠다고 말해두면 사람들도 이해할 것이다. 그러고 나서는 그 시간이 될 때까지 '방해 금지' 기능을 켜놓고 일에 집중하는 데 죄책감을 느끼지 말아야 한다.

원칙 3: 가려 받을 것

그룹 채팅 참가자를 잘 선정해야 한다. 프라이드는 "아무나 다 들어오라고 하면 안 된다. 채팅은 규모가 작을수록 효과적이다"라며 다시 그룹 통화에 비유해 "그룹 통화는 세 명이 할 때 최고다. 6~7명이 하면 정신없고 효율성이 최악이다. 그룹 채팅도 다르지 않다. 몇 사람만 부르면 되는데 전원을 부르지 않도록 주의하자"라고 썼다. 관건은 채팅 참가자가 모두 대화에 기여하고 거기서 유의미한 것을 얻게 하는 것이다.

원칙 4: 선별적으로 사용할 것

민감한 사안을 다룰 때 그룹 채팅은 삼가는 게 좋다. 타인의 기분, 말투, 비언어적 신호를 직접 보고 감지할 수 있어야 하기 때문이다. 프라이드는 "채팅의 특징은 신속성과 단기성"인 반면 "중대 사안은 잡담과 분리하고 시간을 들여 심도 있게 논해야" 한다고 썼다.

생각나는 대로 말하기를 좋아하는 사람들이 있다는 것도 문제가 된다. 그들은 주장이나 아이디어를 설명하기 위해 단문 메시지를 난사한다. 하지만 그룹 채팅은 사람들이 이모티콘으로 대답하는 등 여러모로 주의가 분산될 수 있다 보니 누군가의 생각을 실시간으로 따라가기가 어렵다. 그럴 때는 그룹 채팅으로 길게 논의하고 성급하게 결정을 내릴 게 아니라 각자 생각을 문서로 정리해 보내달라고 하는 편이 낫다.

그룹 채팅은 이메일이나 문자메시지와 크게 다르지 않은 또 하나의 커뮤니케이션 수단일 뿐이다. 잘 사용하면 이점이 많지만 과하게 사용하거나 잘못 사용하면 원치 않는 외부 계기가 잔뜩 생긴다. 그룹 채팅을 잘 사용하는 비결은 결정적 질문에 답하는 것이다. 이 계기가 나를 지원하는가, 지배하는가? 그룹 채팅은 본짓에 도움이 되는 선에서 사용해야지 안 그러면 딴짓을 유발하는 외부 계기가 잡초처럼 올라온다.

・ **기억하세요** ・ ────────────────────────

- **실시간 커뮤니케이션 수단은 단편적으로 사용해야 한다.** 커뮤니케이션 시간이 집중 시간을 갉아먹으면 안 된다.
- **조직 문화가 중요하다.** 그룹 채팅 실태를 바꾸려면 조직 규범에 이의를 제기해야 할 수도 있다. 이에 관해서는 5부에서 논할 것이다.
- **커뮤니케이션 수단별로 용도가 다르다.** 모든 커뮤니케이션 수단을 상시로 사용하지 말고 그때그때 최적의 수단을 사용하자.
- **들어갔으면 나와야 한다.** 그룹 채팅은 오프라인 회의를 줄이는 효과가 있지만 종일 그 안에 들어가 있으면 곤란하다.

17장

회의 역해킹

/

요즘 회의실 풍경을 보면 건성으로 들으면서 지겹다고 메시지를 주고받는 사람이 대다수다.[1] 이렇게 되는 이유 중 하나는 사람들이 스스로 문제를 해결하기 싫어서 회의를 소집할 때가 많기 때문이다. 혼자 고민하는 것보다 여럿이 상의하는 게 편하다는 것이다. 물론 서로 머리를 맞대는 것도 중요하지만 머리를 쓰는 게 싫어 회의를 도피 수단으로 이용해서는 안 된다. 그럼 어떻게 해야 회의의 가치를 키울 수 있을까?

회의 목적은 주관자의 의견을 앵무새처럼 따라 말하는 게 아니라 다수의 합의로 결정을 내리는 것이 돼야 한다. 쓸데없는 회의를 쉽게 없애는 방법 중 하나는 회의 소집자에게 두 가지를 요구하는 것이다. 첫째, 회의의 안건을 정리해 배포하게 한다. 구체적인 안건이 없으면 회의도 열 수 없다. 둘째, 자신이 고심해서 찾은 해법을 발제문으로 간략히 정리하게 한다. 발제문에는 문제가 무엇이고 어떤 논리를 거쳐 어떤 해법이 나왔는지 기술돼야 하며 그 분량이 2페이지를 넘어서는 안 된다.

두 조건을 충족하려면 회의 소집자에게 더 많은 노력이 요구되는데 그게 바로 핵심이다. 안건과 발제문 작성을 의무화하면 회의 때 한층 신속하게 답을 찾을 수 있어 참석자들의 시간이 절약될 뿐 아니라 소집자가 사전에 더 많은 노력을 기울여야 하므로 불필요한 회의가 줄어든다.

그럼 의견 교환과 브레인스토밍을 하지 말라는 뜻인가? 아니다. 다만 꼭 두 명 이상이 모이는 회의 형태로 할 필요는 없다는 말이다. 긴급하게 회의를 소집하거나 직원들의 우려를 솔직히 듣기 위한 목적으로 회의를 소집하는 게 아니라면(여기에 대해서는 5부에서 이야기하기로 하자) 업무상 문제에 관한 관계자들의 의견은 이메일을 통해서도 교환할 수 있다. 브레인스토밍 역시 회의 전에 할 수 있고 원래 브레인스토밍은 개인적으로 혹은 소규모로 할 때 가장 효과적이다. 예전에 스탠퍼드 디자인스쿨에서 강의하면서 보니 팀원들이 먼저 개인적으로 브레인스토밍을 하고 모일 때 더 좋은 아이디어가 도출됐다. 그뿐만 아니라 목소리가 큰 팀원에게 휘둘리지 않아 더 다양한 의견이 나왔다.

다음으로 만일 회의가 소집된다면 앞 장의 그룹 채팅 역해킹에서 말한 동시 커뮤니케이션 원칙을 똑같이 적용해야 한다. 온라인에서든 오프라인에서든 참석자를 가려 받고 신속하게 모였다가 흩어져야 한다.

회의가 시작되면 또 다른 문제가 발생한다. 참석자들이 이메일을 확인하거나 폰을 만지작거리면서 딴청을 피우는 것이다. 이미 많은 연구로 입증됐다시피 우리 뇌는 집중하지 않으면 정보 습득력이 떨어진다.[2] 더욱이 회의 중에 누군가 휴대 기기를 조작하고 있으면 그걸 보는 사람은 생산성에 대한 걱정이 커진다. 다른 사람은 지금 자기 업무를 보고 있는데 나는 아니라는 생각이 들면서 스트레스가 증가한다. 메일함에 넘쳐나는 메일을 생각하면 집중력이 떨어지고 그러면 회의의 생산성, 의미, 흥미도가 저하된다.

회의를 할 때 초집중 상태가 되려면 스크린을 싹 없애버려야 한다. 나도 워크숍을 많이 진행해봤는데 휴대 기기 사용이 허용되는 회의와 허용되지 않는 회의는 아주 큰 차이가 있다. 스크린이 배제된 회의에서 훨씬 열띤 토론이 벌어지고 훨씬 좋은 결과가 나온다. 회의가 시간만 낭비하는 일이 되지 않으려면 새로운 규칙을 도입할 필요가 있다.

기왕 회의에 시간을 쓰기로 했다면
몸뿐 아니라 마음도 그 자리에 붙어 있게 해야 한다.

우선 회의실마다 충전기를 설치하되 누구의 손도 닿지 않게 하자. 회의 시작 전 사람들이 모이면 폰을 무음 모드로 바꾸고 충전기에 꽂아 회의에 방해가 되지 않게 해야 한다. 업무 성격에 따라 예외가 있을 수는 있지만 회의 참석자에게 꼭 필요한 건 종이와 펜, 경우에 따라서는 접착 메모지가 전부다.

스크린에 슬라이드를 표시해야 하는 경우에는 팀원 한 명을 지정해 노트북을 지참하게 하거나 회의실 전용 노트북을 두자. 그러면 회의 중에 폰이나 노트북을 이용하려 해도 눈총을 받기 때문에 그럴 마음이 쏙 들어간다.

회의 때 휴대 기기를 이용할 수 없게 하면 집중도가 높아지는데도 한편에서는 무슨 소리냐며 메모를 하거나 파일을 보기 위해 휴대 기기가 필요하다는 말이 나올 수 있다. 하지만 가슴에 손을 얹고 생각해보면 그게 반드시 타당한 이유는 아니다. 우리가 회의 때 휴대 기기를 이용하는 '진짜' 이유는 무엇인가? 몸만 회의실에 있고 마음은 딴 데 가 있을 수 있기 때문이다. 회의 때 폰, 태블릿, 노트북을 쓰려고 하는 이유는 생산성 향상이 아니라 심리적 도피를 위해서라는 게 불편한 진실이다. 때때로 회의는 살벌하고 껄끄럽고 못 견디게 지루하다. 이때 휴대 기기는 불편한 내부 계기를 다스릴 길을 터준다.

소집자에게 더 많은 노력을 요구함으로써 불필요한 회의를 줄이고 동시 커뮤니케이션 원칙을 준수하고 참석자가 휴대 기기가 아닌 회의에 집중하게 만들면 회의에 대한 불만이 크게 감소한다.

현대의 업무 환경에 딴짓을 하게 만드는 요인이 아무리 많다고 해도 우리는 집중력을 유지하기 위해 끊임없이 새로운 방법을 시도하면서 자신을 다스릴 책임이 있다. 여기서 소개한 기법 중 몇 개를 선택해 직접 써보고 동료 두어 명에게도 같이 한번 써보자고 하자.

사무실에서든 휴대 기기에서든 외부 계기를 역해킹하면 딴짓을 효과적으로 예방해 업무 효율을 높이고 더 나은 삶을 살 수 있다.

· 기억하세요 · ────────────────────────────────

- **회의를 소집하기 어렵게 만들자.** 회의를 소집하려면 안건과 발제문을 배포하게 하자.
- **회의 목적은 합의 도출이다.** 예외야 있을 수 있겠지만 창의적인 해법을 고민하는 건 회의 전에 개인적으로 혹은 소규모로 해야 할 일이다.
- **온전히 집중하자.** 회의 중 따분함을 못 참고 휴대 기기를 쓰면 회의의 의미가 더 퇴색한다.
- **노트북은 한 대만 허용하자.** 저마다 휴대 기기를 갖고 있으면 회의 목적을 달성하기가 더 어려워진다. 정보를 표시하고 메모를 작성하는 용도로 쓰는 노트북 한 대만 제외하고 나머지 기기는 소지할 수 없게 하자.

3부. 외부 계기를 역해킹한다

18장

스마트폰 역해킹

／

나를 포함해 많은 사람이 스마트폰에 의존한다. 주머니에 쏙 들어가는 이 기적의 신기술을 통해 가족과 연락하고 길을 찾고 오디오북을 듣다 보니 이제는 스마트폰 없이는 못 살 지경이다. 하지만 그런 편의성 때문에 스마트폰이 딴짓을 유발하는 원흉이 되기도 한다.

다행이라면 의존이 곧 중독은 아니라는 점이다.[1] 우리는 기술에 휘둘리지 않고 기술을 선용할 수 있다. 폰을 역해킹함으로써 해로운 행동을 유발하는 외부 계기를 차단할 수 있다.

여기서는 무심코 스마트폰에 쓰는 시간을 대폭 절약할 수 있도록 총 4단계에 걸친 역해킹법을 소개하고자 한다. 이 기법의 최대 장점은 처음부터 끝까지 1시간이 채 안 걸린다는 것이다. 그래서 다시는 스마트폰 때문에 딴짓한다는 핑계를 댈 수 없게 된다.

1단계: 삭제

폰으로 딴짓하는 것을 방지하기 위한 첫 번째 단계는 필요 없어진 앱을 삭제하는 것이다. 이를 위해서 나는 폰에서 발생하는 외부 계기 중 나를 지원하는 건 무엇이고 지배하는 건 무엇인가 하는 결정적 질문을 던졌다. 그 대답을 기준으로 가치관에 위배되는 앱을 삭제했다. 뭔가를 배울 수 있는 앱이나 건강을 유지하기 위한 앱은 남기고 수시로 알림을 보내며 스트레스성 헤드라인을 뿌려대는 뉴스 앱은 없앴다.

게임도 모두 지웠다. 물론 꼭 나처럼 해야 한다는 말은 아니다. 요즘은 인디 개발사에서 나오는 게임을 중심으로 제작자의 장인 정신이 돋보이고 좋은 책이나 영화를 뺨칠 만큼 재밌거나 의미 있는 수작 게임도 많다. 하지만 나는 게임이 내가 폰으로 시간을 쓰고 싶은 방식과 어울리지 않는다고 판단했다.

나는 신기술에 환장하는 사람이라 최신 앱이 나오면 꼭 써봐야 직성이 풀렸다. 하지만 그렇게 몇 년이 지나고 보니 설치만 해두고 손도 안 대는 앱이 이 화면 저 화면을 꽉꽉 채우고 있었다. 나처럼 안 쓰는 앱을 잔뜩 깔아놓은 사람이 적지 않을 것이다. 그런 앱은 폰의 용량을 잡아먹고 자동 업데이트를 하면서 인터넷 사용량을 증가시킨다. 제일 큰 문제는 그런 좀비 앱이 시야를 어지럽힌다는 것이다.

2단계: 변경

안 쓰는 앱은 헤어져도 아쉬울 게 없으니 정리하기 쉬웠다. 하지만 다음은 좋아하는 앱을 없앨 차례였다.

나는 딸과 시간을 보내기로 해놓고 폰으로 유튜브, 페이스북, 트위터를 확인할 때가 많았다. 조금이라도 지루하다 싶으면 짧은 동영상을 보거나 SNS를 잽싸게 당겨 새로고침했다. 그러면 몸은 딸과 함께 있지만 마음은 나도 모르게 다른 곳으로 슬그머니 빠져나왔다. 그렇다고 그런 서비스를 아예 안 쓸 수는 없었다. 친구들과 이야기하고 재밌는 동영상을 보려면 필요했다.

내가 찾은 해법은 문제가 되는 서비스를 이용하는 시간과 장소를 바꾸는 것이었다. SNS를 이용하는 시간을 타임박스형 일정표에 정해놓으니 굳이 폰에 앱을 설치해둘 필요가 없었다. 잠깐 망설이긴 했지만 그 앱들을 폰에서 지워버리자 숨통이 트이는 것 같았다. 어차피 폰이 아니라도 컴퓨터로 이용할 수 있고 이제부터는 앱이 신호를 보낼 때가 아니라 내가 정한 시간에 이용하겠다고 생각하니 마음이 놓였다.

휴대폰 사용 방식을 바꿔 가장 큰 효과를 본 건 시간을 확인하는 방식을 바꿨을 때였다. 나는 시간을 어기는 게 싫어서 수시로 폰을 봤고 그러다 보니 잠금 화면에 뜬 알림에 혹할 때가 너무 많았다. 하지만 다시 손목시계를 차 버릇했더니 폰을 보는 횟수가 급격히 줄었다. 시계를 쓱 보면 딱 내게 필요한 것만 보였다.*

요는 진짜로 하고 싶은 일을 하기 위한 최적의 시간과 장소를 찾자는 것이다. 폰으로 이것저것 다 할 수 있을 것 같다고 해서 꼭 다 해야 하는 건 아니다.

3단계: 정돈

이제 꼭 필요한 앱만 남았으니 어수선한 폰 상태가 딴짓을 유발하지 않도록 정돈할 차례다. 목표는 잠금을 해제했을 때 그 무엇도 우리를 본짓에서 유인할 수 없게 만드는 것이다.

미듐Medium에서 운영하는 인기 웹진 《베터 휴먼스Better Humans》 편집장 토니 스터블바인Tony Stubblebine은 '군더더기 없는 첫 화면'을 추구한다. 트위터의 여섯 번째 직원이었던 그는 트위터가 인간 심리를 고려해 설계됐다는 사실을 잘 안다.

스터블바인은 앱을 '핵심 도구', '희망', '슬롯머신'의 세 범주로 분류하라고 권한다.[2] 핵심 도구는 "교통수단 탑승하기, 위치 찾기, 일정 입력하기 등 평소에 수시로 수행하는 명확한 작업에 도움을 주는 앱으로 5~6개 이하여야" 한다. 희망은 "명상, 요가, 운동, 독서,

---

* 처음에는 애플워치를 샀지만 이제는 안 쓴다. 요즘 내가 차고 다니는 노키아 스틸HR(Steel HR)은 가격이 훨씬 저렴하고 굳이 손목을 돌리지 않아도 항상 시간이 표시된다.

팟캐스트 청취 등 시간을 들여 하고 싶은 일"을 뜻한다. 슬롯머신은
"이메일, 트위터, 페이스북, 인스타그램, 스냅챗처럼 일단 열면 정신
없이 빠져드는 앱"이다. 그는 폰의 첫 화면에 핵심 도구와 희망만 두
라고 한다. "첫 화면은 자신이 관리할 수 있는 앱의 집합소라고 생각
하자. 무심코 확인하게 되는 앱은 다른 화면으로 보내자."

첫 화면에 있을 필요가 없는 외부 계기를 없애기 위해
앱을 정돈하는 데 단 몇 분밖에 걸리지 않았다.

　　그리고 필요한 앱을 찾기 위해 화면을 넘기지 말고 폰 자체의 검
색 기능을 활용하기를 추천한다. 그러면 화면과 앱 폴더를 뒤지다
가 딴짓을 유발하는 앱과 조우할 확률이 줄어든다.

4단계: 교정

2013년 애플은 자사 서버에서 전송된 푸시 알림이 총 7.4조 건이라고 발표했다.[3] 유감스럽게도 그런 외부 계기를 피하기 위해 손을 쓰는 사람은 거의 없다. 모바일 마케팅 기업 카후나Kahuna의 CEO 애덤 마식Adam Marchick에 따르면 스마트폰 사용자 중 알림 설정을 바꾸는 사람은 15퍼센트가 채 안 된다.[4] 나머지 85퍼센트는 앱 개발자가 아무 때나 침범하도록 허용한다는 뜻이다.

　필요에 맞춰 설정을 조정하는 건 우리 몫이다. 앱 개발자가 대신 해주지 않는다. 그럼 어떤 알림을 해제해야 하고 그 방법은 무엇일까? 폰에 설치된 앱을 줄였으니 이제 알림 설정을 바꿀 차례다. 나는 30분 만에 끝내고 인생이 확 달라졌다. 애플 아이폰 사용자는 설정에서 '알림' 메뉴로, 안드로이드 사용자는 설정에서 '애플리케이션' 메뉴로 들어가면 각 앱의 알림 허용 여부를 정할 수 있다. 내 경험에 비춰보면 두 가지 유형의 알림을 수정할 필요가 있다.

　1. 청각 알림: 가장 침입성이 강하다. 가족과 함께 있거나 회의 중일 때 불쑥 끼어들어도 되는 앱이 무엇인지 생각해보자. 나는 문자메시지와 전화에만 그런 자격을 부여한다. 일정을 잘 지킬 수 있도록 매시 정각에 종소리를 울려주는 앱도 예외적으로 허용한다.*

---

* Chime, https://itunes.apple.com/us/app/chime/id414830146?mt=8.

2. 시각 알림: 청각 다음으로 침입성이 강하다. 나는 시각 알림 중에서 앱 아이콘 모서리에 빨간 점이 생기는 것만 허용하고 그나마도 이메일 앱, 왓츠앱, 슬랙, 메신저 같은 메시지 앱에 국한한다. 이런 앱은 비상용이 아니기 때문에 시간이 날 때까지 기다렸다가 열어도 된다.

이렇게 해도 한 가지 문제가 있는데, 뭔가에 열중할 때나 밤에 잠을 잘 때 청각 알림이 울릴 수 있다는 점이다. 나는 비상시에만 외부 계기에 노출되기를 원한다. 다행히 내가 쓰는 아이폰은 유용한 방해 금지 기능을 두 가지 제공한다(안드로이드에도 비슷한 기능이 있다).

첫 번째는 일반적인 방해 금지 모드로 전화와 문자를 포함해 모든 알림이 차단된다. 하지만 똑같은 사람이 3분 내에 두 번 전화를 걸거나 문자에 '긴급'이라는 말을 쓰면 알림이 허용된다.[5]

두 번째는 운전 중 방해 금지 모드로 전화와 문자가 차단되지만 발신자에게 현재 폰을 이용할 수 없다는 메시지가 전송된다. 메시지 내용을 변경하는 것도 가능해서 현재 초집중 상태라고 알려줄 수도 있다.

참고로 폰에서 발생하는 외부 계기를 교정하려면 손이 좀 간다. 예를 들어 새로운 앱을 설치할 때마다 알림 설정을 바꿀 필요가 있다. 다행히 애플 iOS와 안드로이드 모두 향후 업데이트를 통해 알림 조정의 편의성이 향상될 예정이다.

"안녕하세요! 이건 자동 응답 메시지입니다. 저는 지금 초집중 상태입니다. 지금은 메시지를 확인할 수 없지만 조속히 연락드리겠습니다."

"(현재 알림을 차단해놓았습니다. 긴급 상황일 경우 "긴급"이라고 써주시면 알림이 뜹니다.)"

  Text Message

애플의 운전 중 방해 금지 모드에서
초집중 상태를 알리는 메시지가 자동으로 전송되게 했다.

폰에서 원치 않는 외부 계기를 없앨 방법은 많다. 앱 개발자가 아무리 교묘한 술수를 써도 나를 지원하지 않는 앱을 삭제, 변경, 정돈, 교정하면 내가 이긴다. 폰 때문에 딴짓을 하는 시간 중 극히 일부만 투자해도 쓸데없는 외부 계기를 없앨 수 있다. 마음만 먹으면 폰이 딴짓을 유발하지 못하게 막을 수 있다. 역해킹을 하지 못할 이유가 없다.

3부. 외부 계기를 역해킹한다

- **4단계로 폰의 외부 계기를 역해킹하는 데 1시간도 안 걸린다.**

- **삭제:** 불필요한 앱을 삭제하자.

- **변경:** SNS와 유튜브처럼 딴짓을 유발할 수 있는 앱을 사용하는 시간과 장소를 바꾸자. 꼭 폰이 아니라 컴퓨터를 이용해도 된다. 시간을 확인하기 위해 폰을 볼 필요가 없도록 손목시계를 구입하자.

- **정돈:** 첫 화면에서 무심코 확인하게 되는 앱을 다른 화면으로 옮기자.

- **교정:** 각 앱의 알림 설정을 바꾸자. 청각과 시각 신호를 보낼 수 있는 앱을 엄선하자. 방해 금지 기능 사용법을 익히자.

19장

바탕화면 역해킹

/

　　　로베르트 판 엘스Robbert van Els는 노트북만 보면 첩보원 같다. 긴급을 요하는 파일이 빽빽하게 들어찬 화면은 기밀 공작의 지휘 통제소를 방불케 한다. 워드와 JPEG 파일의 폭격지를 달리는 스포츠카는 수수께끼의 남자라는 이미지를 더욱 강화한다. 바탕화면을 보는 것만으로도 혈압이 오른다.

　　하지만 판 엘스는 첩보원이 아니다. 그저 정리불능자일 뿐이다.

　　물론 첩보원처럼 파란만장한 삶을 살아야만 컴퓨터가 난장판이 되는 건 아니다. 요란한 바탕화면은 누구에게나 일어날 수 있는 재앙이다. 디지털 쓰레기는 시간을 낭비시키고 성과를 떨어뜨리고 집중력을 해친다.

　　내가 판 엘스를 처음 만난 건 한 행사에서 디지털 주의 분산에 관한 강연을 했을 때다. 당시 그는 사업을 키우려면 집중력을 회복해야 한다고 생각했다. 그는 내게 "딴짓만 덜해도 집중하는 시간이 늘어날 겁니다"라고 말했다. 나중에 나는 그가 내 강연을 마음에 새기고 과감한 시도를 했다는 걸 알게 됐다. 그가 페이스북에 올린 새로운 바탕화면의 스크린샷을 봤을 때였다. 거기에는 이렇게 쓰여 있었다. "새로운 바탕화면 테스트에 돌입한 지 한 달째, 그 결과는 놀랍다!"

로베르트 판 엘스의 바탕화면

판 엘스는 어수선한 바탕화면이 보기에 안 좋을 뿐 아니라 해롭기까지 하다는 걸 깨달았다. 바탕화면이 어지러우면 일단 인지력이 낭비된다. 인지력을 요하는 작업을 할 때 시야의 사물이 어질러져 있으면 잘 정돈돼 있을 때보다 수행 능력이 떨어진다는 프린스턴대학교 연구 결과가 있다.[1] 학술지 《행동과 정보 기술Behaviour & Information Technology》의 논문에 따르면 디지털 환경에서도 마찬가지다.[2]

당연한 말이지만 우리 뇌는 산만한 환경에서 사물을 쉽게 찾지 못한다. 어지러운 아이콘, 잔뜩 열려 있는 탭, 불필요한 북마크를 보면 아직 끝내지 않은 일이나 탐색하지 않은 콘텐츠가 떠올라 정신이 흐트러진다. 그런 외부 계기가 산재해 있으면 자기도 모르게 당장 해야 할 일과 무관한 것을 클릭하게 된다. 미네소타대학교 소피 리로이Sophie Leroy는 우리가 작업을 전환할 때 이전 작업에 대한 생각, 그의 표현을 빌리자면 '주의력 잔여물'이 남아서 새로운 작업에 집중하기가 어려워진다고 한다.[3]

요즘 판 엘스의 바탕화면은 그보다 더 깔끔할 수가 없다. 그는 요란한 스포츠카와 수백 개의 아이콘을 없애고 검은 바탕에 흰 글씨로 "우리가 가장 두려워하는 것은 대개 우리에게 가장 필요한 일이다"라고 써놓았다.

시야에서 불필요한 외부 계기를 없애면
작업 환경과 정신에 여백이 생겨
진짜 중요한 일에 집중할 수 있다.

나도 느끼는 바가 있어 판 엘스처럼 바탕화면을 청소하기로 했다. 이제는 그 주에 작업할 파일 1~2개만 남기고 예전 같으면 바탕화면을 어지럽히고 있었을 파일을 모조리 한 폴더에 넣어버린다. 폴더명은 '모든 파일'(참 창의적이죠?). 굳이 파일을 여러 폴더로 분류하지 않아도 된다. 필요한 파일이 있으면 검색 기능을 이용해 찾으면 되니까. 덕분에 매일 깨끗한 화면으로 하루를 열 수 있다.

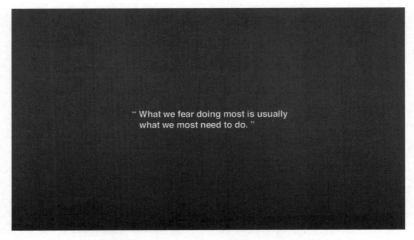

" What we fear doing most is usually what we most need to do. "

현재 로베르트 판 엘스의 바탕화면. 딴짓이 아닌 의욕을 유발한다.

(NirAndFar.com/Indistractable에서 초집중용 배경화면을 다운받을 수 있다.)

대청소는 여기서 끝나지 않았다. 쓸데없는 외부 계기가 방해하지 못하도록 모든 알림을 꺼버렸다. 맥에서 시스템 환경 설정을 열고 '알림' 메뉴로 들어가 목록에 있는 앱의 알림을 모두 해제했다. 그리고 방해 금지 모드가 오전 7시에 시작돼 오전 6시 59분에 종료되도록 설정해 하루 종일 작동하게 했다. 이런 노력 끝에 비로소 수많은 알림이 잠잠해졌다. 윈도우에서는 집중 지원 기능을 이용하면 되고 이때 선택된 사람(예: 상사)에게만 방해를 허용할 수도 있다.

판 엘스와 나처럼 바탕화면을 깨끗이 정리하면 컴퓨터를 켰을 때 바로 본짓에 돌입하기가 한결 쉬워진다. 진짜로 하고 싶은 일에서 주의를 분산시키는 외부 계기가 디지털 공간에서 사라지면 당연히 업무에 유익하다.

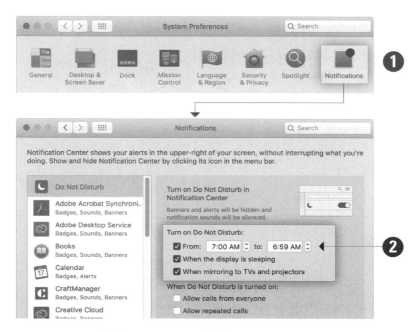

알림을 모두 끄고 노트북을 상시 방해 금지 모드로 만들었다.

· 기억하세요 ·

- **바탕화면이 어수선하면 집중력을 해친다.** 디지털 작업 환경에서 외부 계기를 없애면 집중력이 향상된다.

- **알림을 끄자.** 컴퓨터에서 알림을 해제하면 외부 계기로 인해 주의가 분산되지 않고 집중해서 일할 수 있다.

3부. 외부 계기를 역해킹한다

20장

온라인 글 역해킹

/

인터넷에 목소리가 있다면 왠지 영화 <2001 스페이스 오디세이>에 나오는 HAL 9000과 비슷할 것 같다.

인터넷은 특유의 단조로운 저음으로 내게 말할 것이다. "안녕하세요, 니르. 다시 만나서 반갑습니다."

"인터넷, 내가 지금 쓰고 있는 글 때문에 잠깐 찾아볼 게 있어. 그러고 나서는 바로 글 쓸 거야. 이번에는 딴짓하게 하지 마."

"네, 알겠습니다. 그런데 기왕 접속하셨으니 뉴스 헤드라인 보여드릴까요?"

"안 돼, 인터넷. 찾아야 할 것만 찾고 나갈 거야. 딴짓은 안 돼."

"네, 알겠습니다. 그런데 '10가지 생산성 향상 기술'이라는 글을 읽어보시면 도움이 될 것 같아요. 한번 클릭해보세요."

"음, 솔깃한데… 얼른 읽고 다시 일해야지."

3시간 후 이 글, 저 글을 클릭하느라 시간을 낭비한 나는 나를 또 다시 콘텐츠의 소용돌이에 빠뜨린 인터넷을 저주한다.

예전의 나는 너무 많은 글을 읽느라 브라우저에 수십, 수백 개의 탭을 줄줄이 열어놓고 시간을 낭비했다. 그런 외부 계기는 이후에 딴짓을 할 가능성을 키울 뿐만 아니라 브라우저나 컴퓨터를 다운시켜 모든 탭은 물론이고 내가 작업하고 있던 것까지 다 날아가는 불상사를 일으킬 수 있었다.

다행히도 나는 간단한 원칙을 세움으로써 탭 문제를 해결하고 생각 없이 웹을 누비는 짓을 그만둘 수 있었다.

이제 나는 절대로 웹브라우저에서 글을 읽지 않는다.

짐작하다시피 나는 글을 쓰는 사람이라 매일 웹에서 자료를 조사한다. 하지만 이제는 새로운 글을 찾아도 바로 브라우저에서 읽지 않는다. 온라인에서 글을 읽는 '시간'과 '방식'을 바꿨기 때문에 의도한 것보다 오래 글을 읽고 싶은 유혹을 떨쳐버릴 수 있다. 그 방법은 이렇다.

먼저 폰에 포켓Pocket이라는 앱을 설치하고 노트북 브라우저에 포켓 확장 기능을 설치했다.[1] 읽고 싶은 글이 있으면 '브라우저로 읽지 않기' 원칙을 지키기 위해 브라우저에서 포켓 버튼을 클릭한다. 그러면 웹페이지의 본문이 폰의 포켓 앱에 저장된다(광고와 불필요한 콘텐츠는 자동으로 제거된다).

온라인에서 즉시 콘텐츠를 읽거나 브라우저가 꽉 차게 탭을 열어놓던 과거 습관을 버리고 나중에 읽을 수 있도록 저장하는 습관이 생겼다. 그런다고 콘텐츠를 닥치는 대로 읽고 싶은 유혹이 싹 사라지진 않았지만 콘텐츠가 안전하게 저장된 채 나를 기다리고 있다고 생각하니 안심이 됐다.

그런데 잔뜩 저장해놓은 글을 언제 읽을 수 있을까? 혹시 문제를 그냥 브라우저에서 폰으로 이전한 것에 불과하진 않을까? 이 대목에서 외부 계기 역해킹과 타임박스 일정표가 시너지를 일으킨다.

흔히 다중 작업은 생산성을 해친다고들 한다. 우리가 동시에 두 가지 일을 수행할 수 없다는 건 이미 연구 결과를 통해 밝혀진 사실 아닌가? 반만 맞다. 인간은 분명 두 가지 복잡한 일을 동시에 처리하는 능력이 형편없다. 일반적으로 한꺼번에 여러 작업을 수행하면 실수를 더 많이 저지르고 각 작업을 완료하기까지 걸리는 시간도 늘어난다(경우에 따라서는 시간이 배는 더 걸린다).[2] 학계에서는 이렇게 시간이 낭비되고 역량이 저하되는 이유가 우리 뇌가 다시 집중하기 위해 노력해야 하기 때문이라고 본다.

하지만 다중 작업을 효과적으로 사용한다면 굳이 더 애쓰지 않아도 같은 시간에 더 많은 성과를 낼 수 있다. 나는 이를 '다중 경로 작업'이라고 부르는데 하루를 한층 효과적으로 쓸 수 있는 좋은 방법이다. 다중 작업을 제대로 하려면 먼저 우리 뇌가 왜 동시에 여러 가지 일을 하기 어려운지 알아야 한다. 첫째, 뇌의 처리력은 유한하다. 집중력을 요하는 작업일수록 다른 작업을 하기 위한 여분의 처리력이 줄어든다. 그래서 우리는 동시에 두 개의 수학 문제를 풀 수 없다.

둘째, 뇌는 주의 집중에 쓰는 경로가 제한돼 있고 한 번에 하나의 감각 신호만 해석할 수 있다. 양쪽 귀로 각각 다른 팟캐스트를 들어보자. 당연한 말이지만 머릿속에서 한쪽 소리를 차단하지 않으면 도대체 무슨 말을 하는지 알아들을 수 없을 것이다.

하지만 우리가 비록 한 번에 하나의 시각 혹은 청각 정보만 수용할 수 있다고 해도 두 개 이상의 경로에서 들어오는 신호를 처리하는 일이 아주 불가능하진 않다. 학계에서 말하는 '다중 양식 주의 집중'을 통해 우리 뇌는 하나의 정신 작용을 자동화하고 다른 것을 생각할 수 있다.[3]

하나의 경로에 고도로 집중해야 할 필요가 없으면
동시에 두 개 이상의 일을 처리할 수 있다.

연구에 따르면 다중적으로 감각 신호를 받아들일 때 더 잘할 수 있는 일도 있다. 예를 들어 경우에 따라서는 청각, 시각, 촉각을 모두 동원할 때 학습 효과가 더 커진다. 최근 연구 결과를 보면 가만히 앉아 있을 때보다 천천히 러닝머신 위라도 걸었을 때 창의력 테스트에서 더 좋은 성적이 나왔다.[4]

특히 효과가 좋은 다중 경로 작업 조합이 있다. 친구들과 건강에 좋은 음식을 만들어 먹으면 몸에도 좋고 우정에도 좋다. 회사 밖을 걸으면서 통화하거나 동료와 걸으면서 회의를 하면 동시에 긍정적

3부. 외부 계기를 역해킹한다

인 일을 두 가지 하는 것이다. 출근길에 비소설 오디오북을 들으면 자기계발을 하면서 출근 시간을 효과적으로 보낼 수 있다. 요리나 청소를 하면서 오디오북을 들으면 귀찮은 일이 더 빨리 끝나는 느낌이 든다.

운동을 도와주는 다중 경로 작업 조합도 있다. 펜실베이니아대학교 와튼스쿨의 캐서린 밀크먼Katherine Milkman은 '하고 싶은' 행동을 지렛대 삼아 '해야 하는' 일을 더 잘할 수 있음을 증명했다. 밀크먼은 실험 참가자들에게 오디오북이 저장된 아이팟을 나눠주고 헬스장에서만 들을 수 있게 했다.[5] 그가 선정한 오디오북은 《헝거 게임》, 《트와일라잇》처럼 뒷이야기가 궁금해지는 책이었다. 결과는 놀라웠다. "헬스장에서만 오디오북을 들을 수 있었던 집단의 헬스장 방문율이 그렇지 않은 집단보다 51퍼센트 높았다."[6]

'유혹 결합'이라고 부르는 이 기법은 어떤 행동의 보상을 다른 행동의 유인으로 만든다. 내 경우에는 포켓에 저장한 글이 운동 유인이 된다.

나는 헬스장에 가거나 오래 걸을 때 포켓 앱의 읽어주기 기능을 이용해 글을 듣는다. 정말 마음에 쏙 드는 기능이다. 덕분에 인터넷의 목소리가 HAL 9000에서 쾌활한 영국 남자로 바뀌었다. 그 친구는 내가 선택한 글을 광고는 쏙 빼고 읽어준다.

글을 듣는 것이 작은 보상으로 느껴져 운동이나 산책을 하러 가게 되고 그럼으로써 지적 자극 욕구가 충족되며 책상에서 읽고 싶은 유혹을 떨쳐낼 수 있다. 딴짓과의 전투에서 3연승을 거둔달까!

이렇게 하루를 더 알차게 보낼 수 있는데도 아직 다중 경로 작업은 많이 사용되지 않는다. 다중 경로 작업을 일정표에 넣으면 본짓을 위한 시간을 더 많이 확보할 수 있고 유혹 결합을 통해 운동 같은 활동에 재미를 더할 수 있다.

이로써 나는 '한 편만 더 읽자'나 '나중에 보게 탭을 하나만 더 열자' 같은 유혹을 이겨낼 수 있었다. 새로운 원칙과 도구의 힘을 빌려 나쁜 습관을 극복하자 생산성이 증가하고 HAL의 현혹하는 목소리가 희미해졌다. 요즘 나는 온라인 글이 빨리 클릭하라고 꼬실 때마다 로봇처럼 대답한다. "미안하지만 그건 안 될 것 같다, 인터넷."

◦ 기억하세요 ◦

- **온라인 글에는 딴짓을 유발할 만한 외부 계기가 많다.** 탭이 많이 열려 있으면 해야 할 일을 안 하고 콘텐츠의 소용돌이에 빠져 시간을 낭비하기 쉽다.
- **원칙을 세우자.** 흥미로운 콘텐츠는 포켓 같은 앱에 저장해놓고 나중에 보겠다고 자신과 약속하자.
- **다중 작업이 가능했다니!** 운동을 하면서 글을 듣거나 걸으면서 회의를 하는 것처럼 다중 경로 작업을 시도해보자.

21장

피드 역해킹

/

　　뉴욕 지하철에는 목적지에 도착하기 전 뉴스피드의 마지막 줄이라는 '상상' 속 줄에 닿겠다는 일념으로 고개를 푹 숙이고 SNS만 스크롤하는 사람이 수두룩하다. SNS는 그야말로 딴짓의 사악한 원천이다. 트위터, 인스타그램, 레딧Reddit 같은 사이트는 뉴스, 업데이트, 알림 같은 형태로 외부 계기를 대량 살포하도록 설계됐다.

　페이스북 뉴스피드의 무한 스크롤 기능은 기발한 행동 설계의 한 예이자 끊임없이 새로운 것을 찾는 인간 욕망에 대한 페이스북의 대답이다. 하지만 페이스북이 복잡한 알고리듬을 이용해 자꾸만 탭을 유도한다고 해서 역해킹이 불가능한 건 아니다. 내가 해보고 하는 얘기지만 SNS에 대한 지배력을 다시 찾으려면 뉴스피드를 아예 없애버리는 게 제일 좋다. 그게 가능하냐고? 물론이다. 이렇게 해보자.

웹브라우저에 '뉴스피드 이래디케이터 포 페이스북News Feed Eradicator for Facebook'이라는 무료 확장 기능을 설치하면 외부 계기의 온 상인 뉴스피드가 사라지고 대신 그 자리에 명언이 나타난다.[1] 이 기 능이 별로 내키지 않는다면 역시 무료인 투두북Todobook 확장 기능을 이용해 뉴스피드를 할 일 목록으로 교체하는 방법도 있다.[2] 뉴스피 드 대신 오늘 하기로 계획한 일이 표시되고 모든 항목을 완료해야 뉴스피드가 열린다. 투두북 제작자인 이언 매크리스털Ian McCrystal은 《매셔블Mashable》에 "뉴스피드를 사랑하지만 뉴스피드와 더 건전한 관계를 맺고 싶어… 페이스북에서 주의를 덜 분산시키는 요소는 사 용하되 생산성을 유지할 방법이 필요했다"고 전했다. (NirAndFar.com/ Indistractable에 내가 딴짓 역해킹용으로 애용하는 도구 링크를 모아놓았다.)

뉴스피드를 제거하는 것으로 페이스북을 역해킹할 수 있다.

3부. 외부 계기를 역해킹한다

나는 여전히 페이스북을 이용하지만 이제는 페이스북의 의도가 아니라 내 의도대로 이용한다. 어떤 친구의 상태 업데이트를 보고 싶거나 특정한 페이스북 그룹의 대화에 참여하고 싶을 때는 공연히 뉴스피드의 늪에서 허우적대지 않고 바로 내가 원하는 페이지에 접속한다. 거의 매일 페이스북을 확인하기 위한 시간이 배정돼 있지만 뉴스피드에서 쓸데없는 짓을 하게끔 유혹하는 외부 계기가 없으니 15분 안에 빠져나온다.

투두북 같은 확장 기능은 레딧과 트위터 등 다른 SNS에서도 작동하지만 이런 피드 기반 SNS에서 딴짓을 피하는 또 다른 방법이 존재한다. 즐겨찾기를 영리하게 이용해 피드를 우회하면 된다.

예를 들어 주소창에 'LinkedIn.com'이라고 치면 링크드인 피드가 나와 스크롤과 클릭 삼매경에 빠질 수 있다. 링크드인 피드를 제거해주는 뉴스피드 버너Newsfeed Burner라는 확장 기능을 설치할 수도 있지만[3] 나는 피드에 올라오는 업계 정보를 요긴하게 이용하기 때문에 완전히 없애고 싶진 않다. 그래서 피드를 제거하지 않고 구체적인 URL을 통해 곧장 목적지로 이동함으로써 딴짓을 유발하는 외부 계기를 회피한다.

방법은 이렇다. 일정표에 정해놓은 SNS 시간이 되면 브라우저에서 '오픈 멀티 웹사이츠Open Multiple Websites' 확장 기능의 작동 버튼을 누른다.[4] 그러면 미리 지정해놓은 웹사이트가 일제히 열린다. 링크드인에서 끊임없이 딴짓을 유발하는 피드의 마수에 걸리지 않으려고 LinkedIn.com이 아니라 메시지를 읽고 답장을 보낼 수 있는

LinkedIn.com/messaging을 지정해놓았다. 같이 열리는 Twitter.com/NirEyal에서는 악명 높고 선동적인 트위터 피드를 안 보고 댓글과 질문에 응답할 수 있다.

**피드를 우회함으로써 다른 사람들과 적극적으로
교류할 시간을 확보하면서도 SNS를 계획적으로 사용할 수 있다.**

페이스북과 링크드인이 행동 설계를 통해 지속적인 스크롤을 유도하는 것처럼 유튜브도 비슷한 심리를 이용해 계속 동영상을 보도록 유도하는 강력한 외부 계기를 만든다. 우리가 동영상을 시청할 때 유튜브 알고리듬은 현재 동영상 주제와 그간의 시청 이력을 토대로 우리가 어떤 동영상을 이어서 보고 싶어 할지 예측하면서 콧노래를 부른다.[5] 유튜브는 웹페이지 오른편에 추천 영상의 섬네일을 나열하는데 그 위에는 보통 사용자를 정조준한 광고 영상이 붙어 있다. 뉴스피드처럼 섬네일도 유튜브 첫 화면에 접속하자마자 나타나 우리가 더 많은 디지털 보물을 찾아 나서게 한다. 영상을 끊임없이 보게 하는 외부 계기다.

물론 유튜브에서 시간을 보내는 것 자체가 나쁜 건 아니다. 나도 타임박스형 일정표에 유튜브 영상을 마음껏 보는 시간을 따로 넣어놨을 정도로 좋아한다! 하지만 넋 놓고 다음 추천 영상을 보거나 솔깃한 제안을 클릭하고 또 클릭하는 게 아니라 내가 보려고 했던 영상만 보는 요령이 있다.

나는 DF튜브^{DF Tube}라는 무료 확장 기능을 애용한다.[6] DF튜브는 외부 계기를 싹 제거해 마음 편히 영상에 집중할 수 있게 해준다. 화면 한쪽 편에 나오던 추천 영상과 광고가 안 보이니까 훨씬 좋다.

딴짓을 유발하는 섬네일과 광고를 없애는 것으로 유튜브를 역해킹할 수 있다.

뉴스피드와 추천 영상을 비롯해 SNS상의 수많은 외부 계기를 제압하면 초집중을 향해 훌쩍 도약할 수 있다. 어떤 도구를 선택하든 핵심은 SNS에 시간과 집중력을 빼앗기지 않고 지배력을 되찾는 것이다.

- **우리가 SNS에서 스크롤하는 피드는 계속 관심을 유도하도록 만들어졌다.** 피드에는 딴짓을 유발할 수 있는 외부 계기가 수두룩하게 존재한다.
- **역해킹으로 피드를 지배하자.** 뉴스피드 이래디케이터 포 페이스북, 뉴스피드 버너, 오픈 멀티플 웹사이츠, DF튜브 같은 무료 확장 기능을 이용해 딴짓을 유발하는 외부 계기를 제거하자. (NirAndFar.com/Indistractable에 이 확장 기능들을 포함해 여러 도구의 링크를 모아놓았다.)

4부
......
계약으로 딴짓을 방지한다

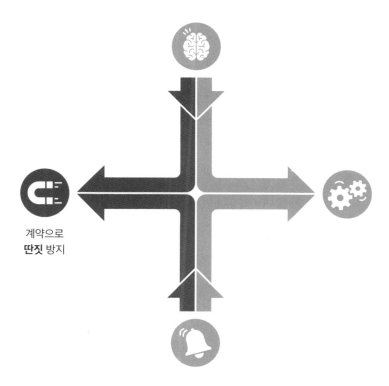

indistractable

. . . .

계약으로
딴짓 방지

. . . .

Prevent Distraction with Pacts

22장

사전 조치의 힘

/

《타임》이 '위대한 미국 소설가'로 명명한 조너선 프랜즈Jonathan Franzen도 우리처럼 딴짓의 유혹에 시달린다. 하지만 그가 우리와 다른 점은 집중력을 유지하기 위해 과격한 방법도 마다하지 않는다는 것이다. 2010년 《타임》 기사에서 발췌했다.

그가 쓰는 육중한 구형 델 노트북에는 운영체제에서 기본으로 제공하는 하트와 솔리테르 게임의 흔적조차 남아 있지 않다. 인터넷에 연결된 컴퓨터로는 진지한 소설을 쓸 수 없다고 믿는 프랜즌은 델의 무선 인터넷 카드를 제거한 것은 물론 유선 인터넷 포트도 다시는 못 쓰게 막아버렸다. "초강력 접착제를 바른 인터넷 선을 끼우고 그 대가리를 잘라버리면 됩니다."[1]

심하다고 생각할 수도 있지만 극단적인 상황에는 극단적인 수단이 필요한 법이다. 프랜즌만 그런 게 아니다. 유명한 영화감독 쿠엔틴 타란티노는 각본을 쓸 때 절대로 컴퓨터를 이용하지 않고 손으로 노트에 쓴다.[2] 퓰리처상을 수상한 작가 줌파 라히리Jhumpa Lahiri도 종이에 펜으로 원고를 쓴 다음 인터넷이 안 되는 컴퓨터로 타이핑한다.[3]

이 창작의 귀재들은 집중력을 유지하기 위해서는 딴짓만 몰아내면 되는 게 아니라 자신을 옭아맬 필요도 있다는 사실을 잘 알고 있다. 내부 계기를 지배하고 본짓을 위한 시간을 확보하고 외부 계기를 역해킹하는 방법을 터득했다면 마지막 단계는 딴짓의 나락으로 빠지지 않도록 예방하는 것이다. 그러려면 충동을 이기기 위해 미래의 선택을 차단하는, '사전 조치'라는 강력한 기법을 배워야 한다.[4]

학계에서 여전히 그 위력의 비밀을 풀기 위한 연구가 진행 중이긴 하지만 사실 사전 조치는 오래전부터 이어져 내려오는 기법이다. 역사상 가장 유명한 사전 조치의 예는 고대 그리스 서사시 《오디세이아》에 전해지는 이야기 아닐까 싶다. 이 이야기에서 오디세우스는 부하들을 이끌고 세이렌 섬을 지나가야 한다. 세이렌은 황홀한 노래로 뱃사람을 홀리는 존재로 그 유혹에 빠져 섬에 접근했다간 배가 해안의 암석에 부딪혀 침몰하고 만다.

자신을 기다리는 위험을 잘 아는 오디세우스는 불운을 피할 묘안을 짜낸다. 그는 부하들에게 세이렌의 노래가 들리지 않도록 밀랍으로 귀를 막으라고 명한다. 모두 오디세우스의 명령을 따르지만 정작 오디세우스 자신은 그 아름다운 노래를 직접 듣고 싶었다. 하지만 그랬다가는 자신이 세이렌에게 다가가기 위해 배를 해안으로 몰거나 바다로 뛰어들리란 것도 잘 알고 있다. 그래서 부하들에게 그의 몸을 돛대에 묶고 배가 무사히 해역을 통과할 때까지 무슨 소리를 하든 절대로 풀어주지도, 진로를 바꾸지도 말라고 당부한다. 배가 세이렌 섬에 가까워지자 그는 노랫소리로 인해 일시적 광기에 휩싸인다. 그가 불같은 노성으로 결박을 풀라고 명령하지만 부하들은 세이렌의 노래도, 대장의 음성도 들을 수 없다. 그렇게 배는 무사히 위험을 모면한다.

호메로스의 《오디세이아》에서 오디세우스는 사전 조치를 통해
자신을 본짓에서 멀어지게 하는 세이렌의 노래에 저항한다.

'오디세우스의 계약'은 '미래의 자신을 속박하기 위한 목적으로 자유의지에 의해 내린 결정'을 뜻하며 오늘날에도 우리는 그런 사전 조치를 이용한다.[6] 예를 들어 향후 현명한 판단을 할 수 없게 됐을 때 의료인과 가족이 자신의 의사를 알 수 있도록 사전 치료 명령서를 작성한다. 노후에 필요한 자산을 미리 쓰지 않도록 조기 인출 시 큰 손해가 생기는 퇴직연금에 돈을 납부한다. 평생 서로에게 신의를 지키도록 혼인계약서를 작성한다.

사전 조치가 강력한 힘을 발휘하는 이유는 맑은 정신일 때 확실히 의사를 밝혀 차후 최선에 위배되는 행동을 할 확률을 줄일 수 있기 때문이다. 사전 조치는 딴짓을 반격할 때도 이용할 수 있다.

**사전 조치를 도입하기 가장 좋은 시점은
초집중 모델의 앞선 세 단계를 모두 실행한 후다.**

1부에서 배운 대로 우리를 딴짓으로 몰고 가는 내부 계기를 근본적으로 처리하지 못하면 사전 조치는 어차피 실패한다. 2부에서 배운 대로 본짓을 위한 시간을 만들지 않으면 역시 사전 조치는 무용지물이 된다. 그리고 우리를 지원하지 않는 외부 계기를 제거하지 않으면 사전 조치를 써봤자 통하지 않는다. 사전 조치는 딴짓의 공격을 막는 최종 방어선이다. 이어지는 장에서는 본짓에서 이탈하지 않기 위해 사용할 수 있는 세 가지 유형의 사전 조치를 알아볼 것이다.

· **초집중을 위해서는 딴짓을 몰아내는 것만으로는 부족하다.** 자신을 옭아맬 필요도 있다.

· **사전 조치는 딴짓을 할 확률을 낮춘다.** 사전 조치는 미리 내린 결정을 고수할 수 있게 한다.

· **사전 조치는 초집중 전략의 나머지 세 단계를 모두 실행한 후 사용해야 한다.** 앞선 단계들을 하나라도 건너뛰어선 안 된다.

23장

노력 계약으로
딴짓을 방지한다

/

발명가 데이비드 크리펜도프[David Krippendorf]와 라이언 쳉 [Ryan Tseng]은 야식 먹는 습관을 고칠 방안을 고심했다. 그 결과 케이세 이프[kSafe](원래 이름은 키친 세이프였다)라는, 뚜껑에 타이머와 잠금장치 가 달린 플라스틱 통이 탄생했다.

자꾸 손이 가는 간식(예를 들면 내가 제일 좋아하는 오레오 쿠키)을 그 통 에 넣고 타이머를 맞추면 시간이 다 될 때까지 뚜껑이 열리지 않는 다. 물론 망치로 때려 부수거나 나가서 간식을 사 와도 되긴 하지만 그 고생을 하느니 차라리 안 먹고 만다. 크리펜도프와 쳉은 이 기발 한 아이디어로 투자 리얼리티쇼 〈샤크 탱크[Shark Tank]〉에서 투자를 유치했고 현재 케이세이프는 아마존에서 5점 만점 후기가 500건이 넘는다.[1]

케이세이프는 사전 조치의 좋은 예다. 특히 노력 계약의 실효성 을 잘 보여준다. 노력 계약이란 바람직하지 않은 행동을 하기 위해 요구되는 노력의 분량을 증가시키는 사전 조치다. 이를 통해 초집중에 더 가까이 다가갈 수 있다.

노력 계약은 원치 않는 행동을 하기 어렵게 해
딴짓을 방지한다.

요즘 디지털 기기와 노력 계약을 체결할 수 있게 해주는 상품과 서비스가 쏟아져 나오고 있다. 일례로 나는 노트북으로 글을 쓸 때 페이스북, 레딧처럼 딴짓을 하게 만드는 각종 웹사이트와 메일함의 접속을 차단하는 셀프컨트롤SelfControl 앱을 작동한다.[2] 차단 시간은 내가 원하는 대로 설정할 수 있는데 보통은 45분~1시간 단위로 맞춘다. 좀 더 발전된 형태인 프리덤Freedom이라는 앱은 컴퓨터뿐 아니라 휴대 기기에서도 딴짓 유발원을 차단한다.[3]

포레스트Forest는 거의 매일 쓸 만큼 좋아하는 딴짓 방지용 앱이다.[4] 폰으로 딴짓하는 것을 방지하기 위해 나 자신과 노력 계약을 맺고 싶을 때마다 포레스트를 켜고 얼마 동안 폰을 안 쓸지 정한다. 시작 버튼을 누르면 화면에 새싹이 표시되고 타이머가 작동한다. 타이머가 종료되기 전에 다른 작업으로 전환하려 하면 가상의 나무가 죽는다. 그 작은 나무가 죽는다고 생각하면 앱을 빠져나가려던 마음이 쏙 들어간다. 나와 맺은 계약을 상기시키는 시각 장치라고 할 수 있다.

애플과 구글도 자사 운영체제에 노력 계약 기능을 추가하면서 디지털 딴짓과의 싸움에 참전했다. 애플 iOS 12 이상에서는 다운타임 기능을 이용해 특정한 앱의 사용 금지 시간을 정할 수 있다.[5] 그 시간에 해당 앱을 사용하려면 추가 절차를 통해 계약 파기 의사를 밝혀야 한다. 구글 안드로이드 최신판의 디지털 웰빙도 비슷한 기능이다.

요구되는 노력의 분량을 조금만 늘려도 우리는 딴짓에 과연 그럴 만한 가치가 있는지 묻게 된다. 케이세이프 같은 제품을 쓰느냐 포레스트 같은 앱을 쓰느냐를 떠나 노력 계약을 꼭 자기 자신과 맺어야 하는 건 아니다. 타인과의 계약 역시 효과적이다.

포레스트를 이용하면 폰과의 노력 계약을 쉽게 맺을 수 있다.

4부. 계약으로 딴짓을 방지한다

예전에는 사회적 압력 때문에 딴짓이 어느 정도 방지됐다. 개인용 컴퓨터가 나오기 전에는 자리에서 게으름을 피우면 사무실 전체가 알 수 있었다. 잡지를 읽거나 전화로 친구와 주말 계획을 세우고 있으면 농땡이 치고 있는 게 다 티가 났다.

반면 요즘은 우리가 자리에서 무엇을 스크롤하고 클릭하는지 볼 수 있는 사람이 거의 없다. 근무시간에 노트북 앞에 웅크리고 앉아서 종일 스포츠 경기 결과, 뉴스피드, 연예 기사를 봐도 지나가는 사람에게는 경쟁사를 조사하거나 잠재 고객을 발굴하는 것으로 보인다. 스크린 속 사생활 보호라는 명목으로 딴짓을 막는 사회적 압력이 사라지고 있다.

특히 원격 근무를 할 때 문제는 심각해진다. 주로 집에서 일하는 나는 분명히 글을 써야 한다는 걸 알면서도 까딱하면 샛길로 새기 십상이다. 혹시 집중하기 어려울 때 일부러 사회적 압력을 좀 받으면 낫지 않을까?

이런 생각으로 나처럼 글을 쓰는 친구인 테일러에게 같이 일하자고 제안했다. 거의 매일 아침 테일러가 우리 집에 와서 작업실에 같이 앉아 45분 단위로 집중을 시도했다. 테일러가 열심히 일하는 모습을 보면서 테일러도 나를 볼 수 있다고 생각하면 내가 해야 할 일을 계속할 수 있었고 특히 열의가 식을 때 도움이 됐다. 친구와 같이 집중해서 일할 시간을 정해놓으니 과연 중요한 일에 몰입하기가 한결 쉬워졌다.

하지만 시간이 맞는 친구를 찾을 수 없다면? 테일러가 어떤 행사에 연사로 초청돼 일주일간 자리를 비웠을 때 나는 또 다른 사람과 노력 계약을 맺고 싶었다. 찾아보니 포커스메이트Focusmate라는 서비스가 존재했다. 포커스메이트는 전 세계인의 집중력 향상을 도모한다는 목표 아래 1대 1 화상 통화 형태로 노력 계약을 성사시킨다.

테일러가 없는 사이 포커스메이트에 가입해 체코에서 의대를 다니는 마틴과 파트너가 됐다. 나는 정해진 시간에 나를 기다리고 있을 마틴을 실망시키고 싶지 않았다. 마틴이 열심히 인체해부학 지식을 암기하는 동안 나는 글쓰기에 집중했다. 포커스메이트는 같이 일하기로 해놓고 바람맞히는 걸 방지하기 위해 파트너에 대한 후기를 남기라고 권장한다.*

노력 계약을 맺으면 지금 해야 할 일을 포기할 확률이 낮아진다. 친구나 동료와 계약을 맺든 포레스트, 셀프컨트롤, 포커스메이트, 케이세이프 같은 도구를 사용하든 노력 계약은 간단하면서도 효과적으로 딴짓을 방지하는 수단이다.

---

* 나는 포커스메이트가 마음에 쏙 들어 투자자가 됐다.

- **노력 계약은 원치 않는 행동을 하기 어렵게 만들어 딴짓을 방지한다.**

- **개인용 컴퓨터 시대가 도래한 후 딴짓을 못하게 하는 사회적 압력이 많이 사라졌다.** 남들이 뭘 하는지 볼 수 없으니 농땡이 치기가 더 쉬워졌다. 정해진 시간 동안 동료나 친구와 함께 일하면 노력 계약을 효과적으로 사용할 수 있다.

- **기술로 기술을 차단할 수 있다.** 셀프컨트롤, 포레스트, 포커스메이트 같은 앱으로 노력 계약을 맺을 수 있다.

24장

가격 계약으로
딴짓을 방지한다

/

가격 계약은 하겠다고 한 일을 하기 위해 돈을 거는 사전 조치다. 의도했던 행위를 하면 돈을 지킬 수 있지만 딴짓을 하면 돈을 잃는다. 과격한 것 같아도 놀랄 만큼 효과가 좋다.

《뉴잉글랜드 의학저널The New England Journal of Medicine》에 가격 계약의 위력을 보여주는 논문이 실렸다.[1] 연구진은 담배를 끊으려 하는 흡연자를 세 집단으로 나누고 '통제 집단'에는 금연에 유익한 정보와 함께 무료 니코틴 패치처럼 흔히 사용되는 수단을 제공했다. 6개월 후 통제 집단 중 6퍼센트가 담배를 끊었다. 한편 '보상 집단'에는 6개월 내에 담배를 끊으면 800달러를 지급하겠다고 했더니 17퍼센트가 금연에 성공했다.

가장 흥미로운 결과는 세 번째 집단에서 나왔다. 이들 '보증금' 집단은 6개월 내에 담배를 끊겠다고 서약하면서 사전 조치로 자기 돈 150달러를 보증금으로 맡겨야 했다. 이 150달러는 목표를 달성한 경우에만 돌려받을 수 있었다. 여기에 더해 직장에서 650달러의 포상금도 지급됐다(말했다시피 '보상 집단'은 포상금이 800달러였다).

결과는 어땠을까? 보증금이 걸린 도전을 받아들인 사람 중 무려 52퍼센트가 목표를 달성했다! 언뜻 생각하기엔 보상이 클수록 성공을 위한 동기도 커질 것 같은데 어째서 자기 돈 150달러에 추가로 650달러를 보상으로 받는 것이 800달러를 보상으로 받는 것보다 효과가 '더' 좋았을까? 혹시 보증금 집단에 있던 사람들이 원래부터 금연 의지가 더 강했던 건 아닐까? 이런 편향이 존재할 가능성을 없애기 위해 연구진은 자발적으로 각 집단에 들어간 흡연자들의 데이터만 이용했다.

논문 저자 중 한 명은 연구 결과를 설명하면서 "일반적으로 사람들은 이익을 얻는 것보다 손실을 회피하려는 동기가 더 강하다"고 썼다. 손해를 볼 때 느끼는 고통이 이익에서 오는 기쁨보다 크다. 이 비합리적인 경향성이 행동경제학의 초석인 '손실 회피'다.

나는 손실 회피의 힘을 긍정적으로 사용하는 요령을 습득했다. 몇 년 전 내가 규칙적으로 운동하지 않으면서 핑계만 많다는 걸 알고 실망했을 때였다. 사실 그때만큼 헬스장에 가기 쉬웠던 적도 없었다. 아파트 단지에 각종 기구가 완비된 헬스장이 있었으니까. 차가 밀려서 못 간다고 하면 말이 안 됐고 입주민은 무료니까 회비 탓을 할 수도 없었다. 그냥 걸어갔다만 와도 아무것도 안 하는 것보다 나았다. 하지만 나는 어떻게든 운동을 빼먹을 이유를 찾아냈다.

그래서 나 자신과 가격 계약을 맺기로 했다. 타임박스형 일정표에 운동 시간을 배정한 후 벽에 걸린 달력의 다음번 운동일 옆에 빳빳한 100달러짜리 지폐를 붙였다. 그리고 99센트짜리 라이터를 사서 옆에 뒀다. 날마다 나는 결단해야 했다. 운동으로 칼로리를 태울 것인가, 라이터로 100달러를 태울 것인가. 진단서를 뗄 수 있을 만큼 아프지 않은 이상 그 외의 선택은 허락되지 않았다.

그렇게 분명한 외부 계기가 있으니 구차한 변명을 늘어놓으려다가도 내가 건강을 위해 취한 사전 조치가 생각났다. '그렇다고 돈을 태우다니 너무 극단적이잖아!' 하고 생각할지도 모르겠다. 그런데 그게 바로 내가 노린 점이었다. 나는 '칼로리냐 돈이냐' 기법을 3년 넘게 사용한 덕분에 근육이 5킬로쯤 더 붙었고 그동안 100달러는 단 한 번도 태우지 않았다.

아침에 일어나면 제일 먼저 눈에 띄는 '칼로리냐 돈이냐' 달력.
볼 때마다 100달러 지폐를 살리려면 칼로리를 태워야 한다는 생각이 든다.*

---

* 참고로 R은 달리기, L은 웨이트트레이닝, S는 전력 질주, W는 걷기를 나타내고 체크 표시는 그날 글을 썼다는 뜻이다.

4부. 계약으로 딴짓을 방지한다

'칼로리냐 돈이냐' 기법이 보여주듯이 가격 계약은 딴짓에 가격을 매김으로써 우리가 해야 할 일을 하게 만든다. 가격 계약을 금연, 다이어트, 운동에만 쓸 수 있는 건 아니다. 나는 직업적 포부를 이루는 데도 요긴하게 썼다. 이 책에 쓸 자료를 조사한 지 5년쯤 됐을 때 나는 마침내 집필을 시작해야 할 때임을 알았지만 매일 글을 쓰겠다고 앉아도 글은 안 쓰고 온라인과 오프라인으로 또 자료를 조사하고 있는 경우가 많았다. 게다가 클릭 몇 번이면 글쓰기 목표와 전혀 상관없는 콘텐츠를 소비할 수 있었다. 확실히 딴짓을 많이 했다.

그러다가 매일 그렇게 쓰는 둥 마는 둥 하면서 개요도 챕터도 완성하지 못하는 현실에 염증이 났다. 특단의 조치가 필요했고 이 책의 집필을 완료한다는 중대한 목표를 달성하기 위해 가격 계약을 맺기로 했다.

친구인 마크에게 가격 계약의 감독이 돼달라고 부탁했다. 나는 정해진 날짜까지 초고를 완성하지 못하면 그에게 1만 달러를 주기로 했다. 생각만 해도 속이 울렁거렸다. 그 돈을 몰수당하면 마흔 살 생일 기념으로 떼어놨던 휴가비가 날아가고 높이 조절 책상을 새로 장만하는 작은 사치를 위해 모아놓은 용돈이 날아가고 무엇보다 내가 그토록 이루고 싶었던 목표인 이 책의 집필이 날아갔다.

가격 계약은 손실의 고통을 먼 미래에서 현재로 당겨 와 효력을 발휘한다. 금액은 얼마가 됐든 손해로 느껴져 속이 쓰릴 정도면 된다. 내 경우에는 가격 계약이 명약이었다. 그렇게 많은 걸 잃게 된다고 생각하자 정신이 번쩍 들었다. 집중해서 글을 쓰는 시간을 주

6일간 최소 2시간씩 타임박스형 일정표에 배정하고 날마다 글을 썼다. 그렇게 해서 내 돈(그리고 휴가와 책상)을 지킬 수 있었고 그 결과물로 지금 이 책이 나올 수 있었다.

이쯤 되면 가격 계약이 딴짓을 막는 난공불락의 요새처럼 느껴질지도 모르겠다. 그렇다면 딴짓의 대가를 초고가로 정하면 항상 집중할 수 있지 않을까? 하지만 가격 계약이 모든 사람, 모든 상황에 통하진 않는다. 효과가 좋긴 해도 몇 가지 제약이 있다. 가격 계약으로 최선의 결과를 얻으려면 가격 계약의 허점을 알고 대비해야 한다.

허점 1: 외부 계기를 피할 수 없는 행동은 가격 계약으로 바꾸기 어렵다

가격 계약으로 잘 바뀌지 않는 행동이 존재한다. 행동과 연관된 외부 계기를 제거할 수 없을 때는 가격 계약을 권하지 않는다. 예를 들어 손톱을 물어뜯는 버릇은 어지간해서는 끊기 어렵다. 손을 의식할 때마다 물어뜯고 싶은 충동이 일어나기 때문이다. 이렇게 신체 일부분과 관련해 반복적으로 일어나는 행동은 가격 계약의 목표물로 적절치 않다. 또 옆자리 동료가 자꾸만 '귀여워서 깨물어주고 싶은' 반려견 사진을 보여주려고 하는 상황에서 고도의 집중력이 요구되는 중대한 프로젝트를 완수하려고 하는 것도 비합리적이다. 가격 계약은 외부 계기를 무시하거나 잠재울 수 있을 때만 유효하다.

허점 2: 가격 계약은 단기적인 일에만 사용해야 한다

내 '칼로리냐 돈이냐' 기법 같은 가격 계약이 잘 통하는 이유는 단기적인 동기 유발로 충분하기 때문이다. 집 근처 헬스장에 가고 2시간 집중해 글을 쓰고 담배를 피우고 싶은 '충동을 타는 것'은 오래 걸리지 않는 일이다. 하지만 계약에 너무 오래 얽매이면 처벌을 받는다는 느낌이 들면서 과업이나 목표에 대한 원망이 생기는 등 생산성에 역효과가 난다.

허점 3: 가격 계약은 무섭다

가격 계약이 효과적인 건 알아도 웬만한 사람은 실제로 가격 계약을 맺으려면 겁부터 난다. 나도 처음에는 그랬다! '칼로리냐 돈이냐' 기법을 실행하려고 하자 이제부터 꼼짝없이 헬스장에 다녀야 한다는 생각에 자꾸만 망설여졌다. 마크와 악수하며 원고를 완성하겠다고 서약할 때는 손바닥에 땀이 맺혔다. 지나고 나니 그렇게 성공률을 높여주는 목표 설정법을 거부하는 게 얼마나 비합리적인지 알수 있었다.

**가격 계약을 맺을 때 두려운 마음이 드는 건
당연하지만 그렇다고 물러서진 말자.**

허점 4: 가격 계약은 자책을 잘하는 사람에게는 적합하지 않다

앞서 언급한 연구가 금연 연구 중에서는 성공률이 최상위권에 속하지만 그럼에도 보증금 집단 중 48퍼센트 정도가 목표를 달성하지 못했다. 원래 행동을 변화시키기란 어려운 일이라 실패하는 사람이 생긴다. 장기적인 행동 교정을 도모하는 프로그램은 실패에 연연하지 않는 사람을 참가자로 받아야 한다. 우리는 실패를 딛고 일어서는 법을 알아야 한다. 8장에서 배웠듯이 상황이 뜻대로 풀리지 않을 때 자기를 책망하지 않고 위로해야 다시 궤도에 오를 수 있다. 가격 계약을 시도하려면 자신을 다정하게 대할 수 있어야 하고 계획이 좌초돼도 보완해 다시 도전하면 된다는 걸 알아야 한다.

물론 허점이 있다고 해서 가격 계약의 유익함이 사라지진 않는다. 오히려 이런 허점을 알면 과연 어떤 상황에서 가격 계약이 적합한 도구인지 판단할 수 있다. 가격 계약은 잘만 활용하면 딴짓에 가격을 책정해 어려운 일에 집중할 수 있게 하는 좋은 수단이 된다.

- **가격 계약은 딴짓의 대가를 만든다.** 동기 유발 효과가 크다고 증명됐다.
- **가격 계약은 딴짓을 유발하는 외부 계기를 제거할 수 있을 때 가장 효과적이다.**
- **가격 계약은 딴짓이 일시적일 때 제일 잘 통한다.**
- **가격 계약은 망설여질 수 있다.** 가격 계약을 맺으면 안 하고 싶은 일을 해야만 한다는 걸 알기 때문이다.
- **가격 계약을 맺기 전에 자기를 위로하는 법을 배우자.**

25장

정체성 계약으로
딴짓을 방지한다

/

행동을 바꾸는 데 가장 효과적인 방법은 정체성을 바꾸는 것이다. 아니, 그렇다고 증인보호 프로그램을 신청하거나 CIA에 들어가라는 말은 아니다. 하지만 우리가 자신을 보는 시각을 조금만 바꿔도 미래 행동에 극적인 영향을 미칠 수 있다는 것이 현대 심리학의 정설이다.

2011년 스탠퍼드대 심리학자들이 수행한 실험이 있다.[1] 크리스토퍼 브라이언Christopher Bryan이라는 젊은 심리학자가 사람들의 자기 인식에 미묘한 차이를 만들면 어떤 효과가 나타나는지 알아보는 실험을 고안했다. 그는 유권자를 두 집단으로 나눠 곧 있을 선거에 관한 질문지에 답하게 했다. 한 집단의 질문지에는 "투표하는 게 얼마나 중요하다고 생각하십니까?"처럼 '투표하다'라는 동사가 들어갔다. 다른 집단의 질문지도 내용은 비슷했지만 "투표자가 되는 게 얼마나 중요하다고 생각하십니까?"처럼 '투표자'라는 명사가 들어갔다.[2] 표현의 차이는 별것 아닌 것 같았지만 결과는 엄청나게 차이 났다.

미세한 표현의 차이가 내는 효과를 측정하기 위해 연구진은 참가자들에게 투표 의향을 묻고 공개된 투표 기록을 참고해 그들이 실제로 투표했는지 확인했다. 그 결과는 브라이언 등이 《미국국립과학원회보》에 발표한 논문의 표현을 빌리자면 "객관적으로 측정된 투표율에 실험이 미친 영향 중 역대 최고 수준"이었다.[3] '투표자' 질문지를 받은 사람이 '투표하다' 질문지를 받은 사람보다 실제로 투표한 비율이 훨씬 높았다.

연구진도 결과에 놀라 연구의 타당성을 확인하기 위해 다른 선거 때 똑같은 실험을 진행했다. 결과는 동일했다. '투표자' 집단이 '투표하다' 집단보다 월등한 투표율을 보였다.

브라이언은 "사람들에게 투표가 단순히 행동으로 제시되지 않고 자기표현, 즉 자신의 됨됨이를 보여주는 상징으로 제시될 때 투표할 확률이 더 높아진다고 볼 여지가 있다"고 결론 내렸다.

자기 인식은 행동에 상당한 영향을 미치고 그 범위가 기표소에 국한되지 않는다. 정체성은 장래에 우리 뇌가 어려워할 법한 선택을 미리 내리게 함으로써 의사결정의 효율을 높이는 인지적 지름길이라 할 수 있다.

'나는 어떤 사람이다'라는 인식이 내 행동을 바꾼다.

자기 자신에 대한 생각은 딴짓과 의도치 않은 행동을 처리하는 방식에도 지대한 영향을 미친다. 《소비자조사저널Journal of Consumer Research》에 사람들이 유혹에 직면했을 때 사용하는 표현에 관한 연구 결과가 게재됐다.[4] 사람들을 두 집단으로 나눠 한쪽은 건강에 안 좋은 음식을 먹을지 말지 고민하는 상황에서 '못 한다'라는 표현을, 다른 쪽은 '안 한다'라는 표현을 쓰라고 지시했다. 그리고 실험 막바지에 감사의 뜻으로 초콜릿 바와 그래놀라 바 중 하나를 선택하게 했다. 건강에 더 좋은 그래놀라 바를 들고 나간 사람은 '안 한다' 집단에서 2배 정도 많았다.

논문 저자들은 그 차이가 '못 한다'고 말할 때보다 '안 한다'고 말할 때 더 강해지는 '심리적 유능감'에서 기인한다고 봤다. 이 결과는 투표 연구와 유사하다. '못 한다'는 행동과 관련이 있지만 '안 한다'는 나라는 사람을 말해준다.

정체성의 힘으로 딴짓을 방지하려면 진짜로 원하는 것을 추구하도록 자기 인식에 사전 조치를 취할 필요가 있다. 이를 '정체성 계약'이라 한다.

이런 농담이 있다.

"어떤 사람이 채식주의자인지 어떻게 알지?"

"뭘 걱정해, 어차피 자기가 먼저 말할 텐데."

여기서 '채식주의자'를 마라토너, 해병대 등 다른 명칭으로 바꿔도 농담은 유효하다.

나는 5년간 채식주의자였던 적이 있다. 고기 없는 삶에 도전해본 사람이라면 알 테지만 고기를 안 먹는다고 하면 다들 "고기 맛 안 그리워? 그 맛을 어떻게 잊어!"라고 묻는다. 물론 나도 고기 맛이 그리웠다! 하지만 나 자신을 채식주의자라고 부르기 시작하자 어쩐 일인지 예전에는 군침이 돌았던 음식이 갑자기 다르게 느껴졌다. 나 자신을 다르게 정의하자 한때 즐겨 먹던 음식이 입에 안 당겼다. 나는 고기를 '못' 먹는 게 아니었다. 나는 채식주의자고 채식주의자는 고기를 '안' 먹을 뿐이다.

이 같은 정체성 계약을 맺음으로써 미래에 선택할 수 있는 것이 줄어들자 이제는 고기를 거부하는 일이 어렵지 않았다. 고기를 억지로 거부하는 게 아니라 그냥 안 먹으니까 안 먹는 게 됐다. 마치 독실한 이슬람교도가 술을 마시지 않고 독실한 유대교도가 돼지고기를 먹지 않는 것처럼 말이다. 그들도 그냥 안 마시고 안 먹을 뿐이다.

우리는 정체성과 행동을 일치시키려 하기 때문에
자기 인식을 토대로 선택을 내린다.

그렇다면 딴짓에 맞서기 위해 어떤 정체성을 취해야 할까? 이쯤 되면 이 책의 제목이 왜 《초집중》인지 확실히 이해가 될 것이다. 이제 새로운 명칭이 생겼다! 자신을 초집중자라고 생각하면 새로운 힘이 생긴다. 그리고 사람들에게 왜 그렇게 꼼꼼하게 시간 계획을 세우고 모든 알림에 즉각 반응하기를 거부하고 스크린에 방해금지 카드를 꽂는 '이상한' 짓을 하느냐는 질문을 받았을 때 이 정체성을 그 이유로 제시할 수 있다. 그런 행동이 특이하다고 해봤자 정체성의 표현으로서 종교적인 의복을 입거나 특정한 식단을 유지하는 것과 비슷한 수준이다. 그러니 이제 초집중자로서 당당해져도 된다!

사람들에게 새로운 정체성을 말하는 건 계약을 공고히 하는 훌륭한 수단이다. 혹시 얼마나 많은 종교가 신자들에게 신앙을 전파하라고 하는지 아는가? 포교는 신자를 늘리기 위한 수단이기도 하지만 심리적 차원에서 보자면 단순히 비신자를 공동체로 끌어들이는 것 이상의 의미가 있다. 최근 여러 연구 결과에 따르면 타인에게 뭔가를 가르치는 행위는 가르치는 사람의 동기와 열성에 큰 영향을 미칠 수 있다. 로런 에스크레이스-윙클러Lauren Eskreis-Winkler와 아옐렛 피시바흐Ayelet Fishbach는 구직 중인 실업자, 학교생활에 적응하지 못한 아이 등 다양한 집단을 대상으로 실험을 진행했다. 그러자 전문가에게 배울 때보다 다른 사람을 가르칠 때 본인의 행동을 바꾸려는 동기가 더 강하게 유발된다는 결과가 일관성 있게 나왔다.[5]

하지만 아직 나도 다 알지 못하는 걸 다른 사람에게 가르칠 자격이 있을까? 완벽함과 거리가 먼 상태에서 가르치려 들어도 될까? 연구 결과를 보면 자신의 한계를 인정하면서 타인을 가르칠 때 미래의 행동을 바꾸는 효과가 더욱 크게 나타날 수 있다.[6] 에스크레이스-윙클러와 피시바흐는《MIT 슬론 매니지먼트 리뷰MIT Sloan Management Review》에서 과거 실수를 고백할 때 우리는 부정적인 자기인식을 만들지 않으면서도 자기가 무엇을 잘못했는지 인정할 수 있다고 썼다.[7] 그리고 다른 사람을 가르칠 때 우리는 타인이 나와 같은 실수를 저지르지 않게 도와주는 것으로 이전의 나와 다른 정체성을 만들 수 있다.

정체성은 의례를 통해서도 강화된다. 다시 종교를 생각해보자. 많은 종교 의례가 쉽게 준수할 수 있는 수준이 아니다. 적어도 외부인이 보기에는 그렇다. 메카를 향해 하루 다섯 번씩 절하며 기도하거나 식사 때마다 기도문을 암송하려면 노력이 요구된다. 하지만 독실한 신자들에게 이런 의례는 예외도 이의도 없이 그냥 하는 일이다. 만일 우리가 다른 일을 할 때 그런 열심을 조금이라도 본받을 수 있다면 어떨까? 내가 하려는 일에 열성적인 종교인처럼 집중한다고 생각해보자.

최근에 직장과 일상에서 행하는 비종교적 의례도 강력한 효과를 낼 수 있다는 연구 결과가 나왔다. 하버드경영대학원 프란체스카 지노Francesca Gino 교수팀은 의례가 자제력에 미치는 영향을 알아보기 위해 다이어트하는 사람들을 연구했다.[8] 한 집단에는 5일 동안 먹는 것에 신경 쓰라고 했다. 다른 집단에는 3단계의 식전 의례를 가르쳤다. 첫째, 음식을 썬다. 둘째, 썬 음식을 그릇 위에 대칭을 맞춰 올려놓는다. 셋째, 수저나 포크로 음식을 세 번 건드린 후 먹는다. 뭐 하는 짓인가 싶겠지만 그 효과는 놀라웠다. 식전 의례를 행한 집단이 먹는 것에 신경 쓴 집단보다 평균적인 칼로리, 지방, 당 섭취량이 적었다.

지노 교수는 의례가 "시간 낭비로 여겨질 수 있지만 이 연구로 그 위력이 드러났다"면서 "설령 오랜 전통으로 전해진 것이 아니라고 해도 단순한 의례가 자제력을 기르는 데 도움이 될 수 있다"고 썼다.*

흔히 신념이 행동을 만든다고 하지만
그 반대도 성립한다.[8]

이 같은 의례의 위력을 알면 2부에서 설명한 대로 규칙적인 일정 관리가 얼마나 중요한지 새삼 깨닫게 된다. 계획을 잘 지킬수록 정체성이 강화되는 것이다. 정체성을 의식하는 데 도움이 되는 의례를 더 많이 만들어도 좋다. 내 경우에는 매일 아침 일을 시작하기 전에 여러 해에 걸쳐 모은 명언을 소리 내서 읽는 의례를 행한다. "현명함의 비결은 무엇을 무시해야 하는지 아는 것이다"라는 윌리엄 제임스William James의 명언을 포함해 초집중의 지혜를 담은 짧은 문장을 빠르게 읽는 동안 정체성이 강화된다.[9]

나를 초집중자라고 부를 기회도 모색한다. 예를 들어 집에서 일정표에 정해진 집중 업무 시간을 시작하기 전에 아내와 딸에게 이제부터 내가 초집중 모드라고 말한다. 18장에서 말했듯이 폰의 방해 금지 모드를 이용해 혹시 그 시간에 연락하는 사람이 있으면 내가 초집중 모드라는 메시지가 자동으로 전송되게 한다. 심지어는

---

* 의례는 자제력 함양에 도움이 될 수 있지만 모든 사람에게 통하진 않는다. 식이장애가 있는 사람에게는 음식과 관련된 의례가 권장되지 않는다.

가슴팍에 초집중이라고 인쇄한 티셔츠도 있다. 그 티셔츠를 입고 거울을 보거나 누가 티셔츠에 대해 물으면 내 정체성이 강화된다.

우리는 정체성 계약을 통해 자신이 원하는 자기 인식을 형성할 수 있다. 그러면 음식을 먹을 때든, 타인을 대할 때든, 딴짓을 다스릴 때든 가치관을 반영하는 행동이 더 쉽게 나온다. 흔히 정체성은 변하지 않는다고 생각하지만 자기 인식은 고정된 게 아니라 마음속 생각에 불과하다. 그건 습관적인 생각이고, 배웠다시피 습관은 얼마든지 개선 가능하다.

이렇게 초집중 모델의 4대 구성 요소를 알아봤으니 이제 초집중 전략을 실행할 준비가 끝났다. 언제든 이 모델을 타인에게 알려줄 수 있도록 그리고 딴짓 때문에 애를 먹을 때 손쉽게 대응할 수 있도록 이 4대 구성 요소(본짓/딴짓, 내부 계기/외부 계기)를 잘 숙지해두자.

지금까지는 우리가 초집중자가 되는 방법을 주로 이야기했다. 하지만 우리는 다른 사람들과 같이 살고 같이 일해야 한다. 그래서 5부에서는 조직 문화가 딴짓에 끼치는 영향을 살펴볼 것이다. 그다음에는 왜 아이들이 딴짓 유발원을 많이 사용하는지 그리고 그들이 '심리적 영양소'를 필요로 하는 데서 무엇을 배울 수 있는지 알아본다. 끝으로 친구와 사랑하는 사람들과 함께 초집중자가 되는 방법을 배울 것이다.

- **정체성은 행동에 큰 영향을 미친다.** 우리는 자신에 대한 인식과 행동을 되도록 일치시키려 한다.
- **정체성 계약은 자기 인식에 대한 사전 조치다.** 정체성에 부합하는 행동을 함으로써 딴짓을 방지할 수 있다.
- **명사가 되자.** 자신에게 어떤 명칭을 부여하면 그에 걸맞게 행동할 가능성이 커진다. 자신을 '초집중자'라고 부르자.
- **다른 사람에게 전파하자.** 무엇의 달인이 아니더라도 다른 사람에게 가르쳐주다 보면 자신도 그것에 더욱 열심을 내게 된다. 초집중자가 되려면 주변 사람들에게 이 책에서 무엇을 배웠고 지금 인생에서 어떤 변화를 일으키고 있는지 알려주는 것이 좋은 방법이다.
- **의례를 만들자.** 매일 명언을 읽거나 타임박스형 일정표를 만드는 것처럼 의례를 행하면 정체성이 강화되고 미래의 행동에 영향을 미친다.

5부

초집중 직장을 만드는 법

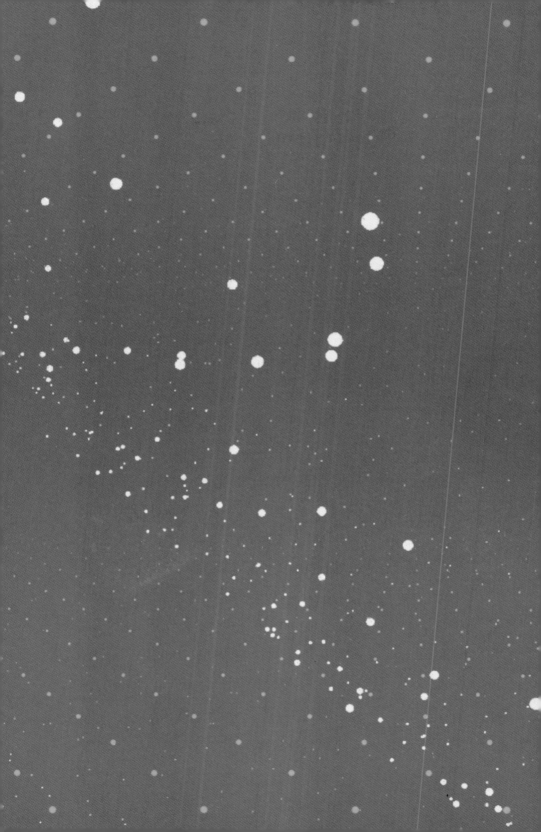

26장

딴짓은 불량한
문화의 방증이다

/

오늘날의 직장은 끊임없이 주의를 분산시킨다. 중요한 업무에 온 정신을 집중해야 하는데 상사의 지시로 주의가 분산된다. 1시간 동안 집중해서 일할 계획을 세웠는데 갑자기 '긴급한' 회의가 끼어든다. 퇴근 후 일부러 가족이나 친구와 시간을 보내려 했는데 저녁에 화상회의에 참석하라는 호출이 온다.

앞에서 타임박스형 일정표 만들기, 일정 공유와 조율, 직장 내 외부 계기 역해킹 등 여러 가지 기법을 알아봤지만 나만 잘한다고 문제가 다 해결되진 않는 경우도 있다. 딴짓을 다스리는 요령을 터득하는 게 중요하다고 해도 직장에서 의지와 무관하게 자꾸만 계획에 차질이 생긴다면 어떻게 할까? 자꾸만 집중력이 흐트러지는 상황에서 어떻게 하면 회사는 물론이고 내 커리어에도 가장 도움이 되는 방향으로 업무를 처리할 수 있을까? 온라인 연결이 상시화된 업무 환경은 이제 피할 수 없는 표준이 된 걸까, 더 나은 길이 있을까?

이런 문제의 원인이 다양한 기술의 도입인 것처럼 보이기도 한다. 아닌 게 아니라 이메일, 스마트폰, 그룹 채팅 같은 기술이 기업에 광범위하게 도입되면서 직원이 이를 이용해 상사가 원하는 바를 상사가 원하는 때 제공하는 일이 당연시되고 있다. 하지만 우리가 직장에서 집중하지 못하는 이유의 최신 연구 결과를 보면 더욱 근본적인 이유를 알 수 있다.

1부에서도 말했지만 딴짓은 대개 심리적 불편에서 도피하려는 욕구에서 비롯된다. 그럼 무엇이 현대 직장인을 그렇게 불편하게 만드는가? 일부 조직이 직원들에게 큰 고통을 유발한다는 증거는 수두룩하다. 2006년 유니버시티 칼리지 런던의 스티븐 스탠스펠드 Stephen Stansfeld와 브리짓 캔디Bridget Candy가 수행한 메타분석에서는 특정한 유형의 업무 환경이 우울증을 유발할 수 있다고 밝혀졌다.[1]

스탠스펠드와 캔디는 직장에서 우울증을 유발할 만한 요인들을 분석했는데 예를 들면 부실한 팀워크, 동료 간 불화, 직업 불안정성 등이었다. 이런 요인은 직장인들이 휴식 시간에 흔히 거론하는 문제지만 실제로 확인해보니 정신 건강과 연관성이 거의 없었다.

직장에서 진짜로 우울증을 유발할 가능성이 큰 요인은 두 가지였다. 스탠스펠드는 내게 "무슨 일을 하느냐보다 어떤 환경에서 일하느냐가 훨씬 중요합니다"라고 말했다.[2]

첫째 요인은 '업무 중압감'이다. 업무 중압감은 직원이 충족해야 할 기대치는 높은데 결과에 대한 지배력은 약한 환경에서 발생한다. 스탠스펠드는 화이트칼라와 블루칼라 노동자 모두 업무 중압감을 느낄 수 있다면서 쉽게 말하면 공장의 생산 라인에서 문제가 발생하는데도 생산 속도를 조절할 수 없을 때 느끼는 기분이라고 했다. 고전 시트콤 〈왈가닥 루시I Love Lucy〉에는 초콜릿 공장에 취직한 주인공이 초콜릿을 포장하다가 점점 빨라지는 컨베이어 속도에 당황하는 장면이 나오는데 사무직 노동자도 밀려드는 이메일이나 업무 때문에 중압감을 느낄 수 있다.

직장 우울증과 관련된 둘째 요인은 '노력/보상 불균형'이다. 열심히 일해도 급여가 인상되거나 인정받는 것 같은 보상이 별로 따르지 않는 경우를 말한다. 스탠스펠드에 따르면 업무 중압감과 노력/보상 불균형의 중심에는 모두 상황에 대한 지배력 부족이라는 문제가 도사리고 있다.

미국정신건강협회Mental Health America는 우울증이 상습적인 결근을 유발해 미국 경제에 연간 510억 달러의 손실을 끼친다고 본다.[3] 하지만 여기에는 우울증 진단만 안 받았지 직장에서 힘들어하는 수많은 미국인이 잠재력을 발휘하지 못해 발생하는 손실은 포함되지 않는다. 더욱이 불건전한 업무 환경이 유발하는 경미한 유사 우울증 증상으로 인해 생기는 바람직하지 않은 현상도 계산에 들어가지 않았다. 대표적인 예가 딴짓이다. 우리는 불편함을 느낄 때 디지털 기기로 도피하는 경향이 있고 그래서 자신의 지배력이 부족하다는 느낌이 들 때 디지털 기기를 통해 기분을 전환하려 한다. 사실은 딱히 도움이 되지 않는다고 해도 이메일을 확인하거나 그룹 채팅에 참여하면 왠지 생산적인 일을 하고 있는 기분이 든다.

기술은 직장에서 하는 딴짓의 근본 원인이 아니다.

진짜 원인은 훨씬 깊은 곳에 있다.

하버드경영대학원 교수로 컨설턴트 출신인 레슬리 퍼로^{Leslie Perlow}는 4년간 수행한 광범위한 연구 결과를 정리해 《스마트폰과 동침하기^{Sleeping with Your Smartphone}》를 출간했다.[4] 이 책에서 그는 전략컨설팅계의 선두 주자인 보스턴 컨설팅 그룹^{BCG} 관리자들이 어떻게 고기 대치/저지배력이 특징인 조직 문화, 즉 직원들의 정신 건강을 해치는 문화를 조장했는지 설명한다.

일례로 업무 스타일이 정반대인 파트너 두 명이 공동으로 지휘한 프로젝트가 나온다. 한 명은 아침형 인간, 다른 한 명은 올빼미족이었다. 이 둘은 마치 구질구질한 이혼소송을 하는 부부처럼 서로 붙어 있을 때가 거의 없고 주로 팀원들을 통해 커뮤니케이션했다. 당시 이 팀에 속했던 한 컨설턴트는 이렇게 회고했다.

두 분 중 하급 파트너가 계속해서 이걸 키우자, 저걸 더하자 하니까 우리는 매주 회의용 슬라이드를 40~60페이지쯤 만들어야 했어요.[5] 상급 파트너는 우리한테 왜 적색 지대[주 65시간 이상 일하는 것]에 있냐며 의아해했죠… 한 분은 늦게까지 일하는 스타일이라 밤 11시에 변동 사항을 보내고 다른 분은 아침 6시부터 메일을 보내는 겁니다… 우리는 아침도 없고 밤도 없었죠.

좀 특이한 사례라고 생각할 수도 있지만 그 속에 담긴 문제는 그렇지 않다. 평소 성실한 성격이고 관리자에게 잘 보이고 싶은 직원은 대개 자신이 조직의 업무 방식을 함부로 바꿀 수 없다고 생각한다. 퍼로가 인터뷰했던 한 컨설턴트는 "파트너들이 '아니요'보다는 '예'라는 말을 더 많이 듣고 싶어 하니까 듣고 싶은 말을 해주려고 노력해야죠"라고 말했다.

평범한 사람이라면 가족과 함께 있거나 잠을 잘 시간에 관리자가 메일을 보내면 팀원들은 그 시간에 메일을 읽고 답한다. 관리자가 다른 시급한 문제를 제쳐놓고 긴히 논할 문제가 있다고 회의를 소집하면 팀원들은 만사를 제쳐놓고 회의에 참석한다. 관리자가 야근이 필요하다고 생각하면(팀원들의 개인 일정과 상관없이) 어떤 일이 벌어질지 굳이 말하지 않아도 될 것이다.

가뜩이나 정신을 피폐하게 하는 문화에 디지털 기술까지 더해지면 사태는 더욱 심각해진다. 퍼로는 '응답의 악순환'으로 직원들이 항시 대기 중이어야 한다는 압박감을 더 크게 느낀다고 본다. 그는 "이런 압박감은 이를테면 시간대가 다른 지역에 거주하는 의뢰인, 고객, 팀원의 요청에 조속히 응할 수 있어야 한다는 등 언뜻 타당해 보이는 이유로 발생하는 게 보통"이라면서 직원들은 "그런 요구에 맞춰 자신이 사용하는 기술을 조정하고 일정과 업무 방식을 변경하는 것은 물론 생활 방식과 가족이나 친구와 시간을 보내는 방식까지 변경함으로써 자신의 시간에 대한 수요 증가에 더 효과적으로 대응하려 한다"고 썼다.

응답이 가능한 시간이 확대되면 그만큼 비싼 대가를 치러야 한다. 아이의 축구 경기를 보던 중에 메일에 답해 버릇하면 동료들이 예전 같았으면 답장을 기대하지 않았을 시간에도 빠른 답장을 기대하게 되고 그 결과 업무와 관련된 요청이 수시로 들어오면서 개인 시간이나 가족과 함께 보내는 시간이 업무 시간으로 돌변한다.

메일함이 포화 상태가 되고 슬랙 메시지가 밀려들어 오는 등 요청이 늘어나면 그만큼 응답에 대한 압박감도 커진다. 그러다 보면 BCG가 그랬듯이 얼마 지나지 않아 항시 대기 상태에 있다가 즉각 응답하는 것이 조직 문화로 확립된다.

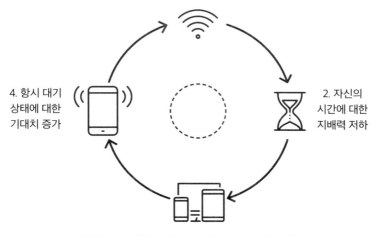

1. "여기 사람들은 항상 온라인에 접속해 있어."

4. 항시 대기 상태에 대한 기대치 증가

2. 자신의 시간에 대한 지배력 저하

3. "여기서 출세하려면 언제든 연락 가능한 사람이 돼야 해."

'응답의 악순환'을 고착시키는 건 기술이지만 근본적인 문제는 불량한 문화다.
(출처: 레슬리 퍼로의 《스마트폰과 동침하기》에서 착안)

응답의 악순환은 여러 요인으로 인해 발생한다. 휴대폰과 슬랙 같은 디지털 기술이 악순환을 고착시킨다고 해도 그게 문제의 근원은 아니다. 기술 남용은 원인이 아니라 증상이다.

문제의 뿌리는 불량한 조직 문화다.

퍼로는 문제의 근원을 규명한 후 BCG 문화를 쇄신하는 데 일조했다. 그 과정에서 기업이 기술 남용 같은 문제를 바로잡지 못하면 그보다 심층적인 문제도 은폐될 위험이 크다는 걸 알게 됐다. 지금부터 퍼로가 BCG에서 어떻게 활약했는지 그리고 직장에서 주의를 분산시키고 딴짓을 유발하는 문화를 바꾸기 위해 무엇을 할 수 있는지 더 자세히 알아보자.

· 기억하세요 ·

· 직원이 만족시켜야 할 기대치는 높은데 일에 대한 지배력은 약한 상황에 처하면 우울증 증상이 나타난다는 것이 입증됐다.
· 유사 우울증도 고통을 유발한다. 사람들은 기분이 나쁘면 그 고통을 피하고 지배감을 회복하기 위해 딴짓에 빠진다.
· 직장 내 기술 남용은 불량한 조직 문화의 증상이다.
· 디지털 기술 사용량이 늘어나면 근본적인 문제가 더 심각해지면서 '응답의 악순환'이 고착된다.

27장

딴짓 문제를 해결해야
조직 문화가 바로 선다

/

BCG에서 연구를 시작할 때 퍼로는 밤낮없이 일하기로 유명한 회사의 명성을 익히 알고 있었다. 그는 BCG 직원들을 인터 뷰하면서 왜 BCG의 이직률이 높은지 금방 알 수 있었다.* 자신의 일정에 대한 지배력이 부족하고 언제든 연락 가능해야 하는 것이 당연시되는 환경이 퇴사의 주원인이었다.

문제를 해결하기 위해 퍼로는 간단한 아이디어를 제안했다. BCG 컨설턴트들이 하나같이 항시 대기 문화를 싫어한다면 최소한 "일주일 중 하루쯤은 저녁의 휴식이 당연시되는 날"을 주면 좋지 않을까? 그럼 전화 통화와 메일 알림에서 해방되는 시간이 생겨 그때만큼은 어차피 또 업무에 복귀해야 할지도 모른다고 걱정하지 않고 자기

---

* 대학 졸업 후 내 첫 직장도 BCG였는데 당시는 퍼로의 연구가 시작되기 훨씬 전이었다. 나도 그 회사를 오래 다니진 않았다.

나름의 계획을 세울 수 있을 것 같았다.[1]

　퍼로가 보스턴사무소의 매니징파트너 조지 마틴^{George Martin}에게 이런 생각을 말하자 그는 대뜸 자기 조직을 건드리지 말라고 대답했다. 하지만 이 호기심 많은 연구자를 쫓아버리기 위해서였는지 그에게 "회사를 돌아다니면서" 혹시 "관심을 보이는 파트너가 있는지" 찾아볼 권한을 허락했다. 퍼로는 덕이라는 젊은 파트너를 찾아냈다. 덕은 어린 자녀가 둘 있고 이제 곧 셋째가 태어날 예정이었다. 일과 생활 사이에서 균형을 잡느라 애를 먹고 있던 그는 자신의 팀이 퍼로의 실험 대상이 되는 데 동의했다. 퍼로는 덕과 팀원들에게 아이디어를 설명하고 그들이 항시 대기 상태에서 풀려날 방법을 찾는 과정을 관찰했다.

　먼저 그는 일주일 중 하루 저녁을 쉬는 것이 모든 팀원이 원하는 목표임을 확인했다. 이어서 그들에게 어떤 식으로 일과를 조정하면 그 목표를 달성할 수 있을지 논의해보라고 했다. 덕의 팀은 정기적으로 회의를 열어 '하루 저녁의 휴가' 임무 수행의 걸림돌이 무엇인지 토론하고 임무 완수를 위한 아이디어를 도출했다.

　BCG 컨설턴트들은 이미 오래전부터 자신들이 항시 대기 중이어야 하는 이유를 수도 없이 들었다. "우리는 서비스업에 종사하고 있으니까", "서로 다른 시간대에 일하니까", "고객에게 갑자기 우리가 필요해지면 어떡해?"가 더 나은 업무 방식을 찾으려는 노력을 가장 많이 좌절시키는 대답이었다. 하지만 덕의 팀은 솔직하게 문제를 논할 기회가 생기자 간단한 해법을 많이 찾아냈다.

몇 시간 동안 폰과 컴퓨터를 꺼두고 싶다고 말해도 '게으르다'는 지적을 받을 위험 없이 마음 편히 이야기할 기회가 생기자 그간 번번이 "원래 그런 거야"라는 말로 개선 의지가 묵살되기 일쑤였던 문제가 해결될 기미가 보였다.

그들의 회의는 단순히 기술을 차단하는 문제뿐 아니라 더 폭넓은 주제를 다루면서 퍼로의 예상보다 훨씬 좋은 성과를 냈다. 퍼로의 표현을 빌리자면 휴식이 당연시되는 날을 논의하면서 "사람들이 솔직하게 말할 수 있는 분위기가 조성되는 쾌거"가 있었다.

팀원들은 그 밖에도 회사에서 표준으로 여겨지는 것에 자연스럽게 의문을 제기했다. "왜 꼭 이렇게 해야 되지?"라고 물을 수 있는 자리가 마련되자 새로운 아이디어를 창출하는 토론의 장이 생겼다. 한 컨설턴트는 "그 시간에는 금기가 없었어요. 무슨 얘기든 할 수 있었죠"라고 말했다. 팀의 고참이 "모든 의견에 동의하진 않았지만" "무슨 말이든 꺼내도 괜찮았다"고 한다.

기술 차단을 논의하던 자리가
공개 토론장으로 발전한 것이다.

관리자들 입장에서도 이전에는 바빠서 설명하지 못하고 넘어갔던 더 큰 목표와 전략을 설명할 기회가 생겼다. 팀원들은 자신이 하는 일이 더 큰 비전을 성취하는 데 어떻게 기여하는지 한층 분명히 알게 되면서 프로젝트 결과에 영향을 미칠 수 있다는 자신감이 커졌다. 아이디어가 자유롭게 오가는 회의 시간은 서로의 공로를 인정하고 우려되는 점을 언급하고 예전에는 어디서도 다뤄지지 않았던 문제에 목소리를 내는 시간으로 자연스럽게 나아갔다.

퍼로의 아이디어를 수용함으로써 덕의 팀에서 응답의 악순환이 끊겼다. 그들은 기술을 문제의 원인으로 지목하지 않고 기술 남용 이면에 있는 이유를 생각했다. 해로운 항시 대기 문화는 더는 당연하게 받아들여지지 않았고 오히려 사람들에게 솔직하게 대화할 기회를 주면서 극복 가능한 문제의 하나로 여겨졌다.

한 팀의 구성원들이 일주일에 하루 저녁만이라도 기술에서 해방될 방법을 찾기 위해 시작한 움직임은 BCG의 업무 문화를 완전히 바꿨다. 스탠스펠드와 캔디의 연구에서 우울증 발병률을 높인다고 지적된 업무 환경의 대명사였던 BCG가 전사적 환골탈태에 돌입한 것이다.

이제 BCG 팀들(조지 마틴의 보스턴사무소 포함)에는 정기 회의를 통해 모든 사람이 기술에서 해방되는 시간을 누릴 방법을 모색하는 일이 표준으로 자리 잡았다. 더 나아가 각종 문제에 관해 솔직하게 말할 수 있는 공론의 장이 생기면서 직원들이 느끼는 지배력이 커졌고 그에 따라 직원 만족도와 근속률이 향상되는 예상외의 결과가 나타났다. 건전하게 성장하는 데 필요한 조건이 갖춰지자 직원들이 그동안 자신과 회사의 발전을 저해했던 진짜 문제들을 해결할 방법을 발견한 것이다.

많은 기업이 나쁜 문화라는 질병을 기술 남용,

높은 이직률 같은 증상과 혼동한다.

퍼로가 BCG에서 규명한 문제는 규모와 업종을 막론하고 많은 조직을 병들게 한다. 최근 검색 대기업 구글은 직원의 근속률을 높이고 팀의 결과물을 향상하는 요인에 관한 연구를 진행했다. 그리고 '구글에서 우수한 팀을 만드는 요인은 무엇인가?'라는 질문의 완전한 답을 찾겠다는 목표로 2년간 진행된 연구 결과를 발표했다.[2]

연구에 돌입할 때만 해도 연구진은 탁월한 사람들로 구성된 팀이 가장 우수하다는 결과가 나오리라고 확신했다. 연구자로 참여한 줄리아 로조브스키Julia Rozovsky는 이렇게 썼다.

옥스퍼드 장학생, 분위기 메이커 2인, 앵귤러JS 고수, 척척박사 학위 소지자로 구성된 팀이 있다고 해보자. 그야말로 드림팀 아닌가? 우리의 예상은 완전히 빗나갔다. 팀원이 누구냐보다 중요한 것은 팀원들이 어떻게 협력하고 어떻게 일의 질서를 잡으며 자신들의 공로를 어떻게 인식하느냐였다.

연구진은 성공하는 팀과 그렇지 않은 팀을 가르는 5대 요인을 발견했다. 처음 네 개는 신뢰성, 질서와 명확성, 일의 의미, 일의 영향력이었다. 하지만 가장 중요한 건 나머지 네 요인을 받쳐주는 다섯째 요인, 바로 심리적 안정감이었다. 로조브스키는 이렇게 설명했다.

심리적 안정감이 큰 팀의 구성원은 그렇지 않은 팀의 구성원보다 구글을 떠날 확률이 낮고 동료들의 다양한 아이디어를 활용할 가능성이 크며 수익 창출력이 더 우수하고 경영진에게 유능하다는 평가를 받을 확률이 2배 높다.

'심리적 안정감'이란 말을 처음으로 쓴 사람은 하버드대학교 조직행동학자 에이미 에드먼슨Amy Edmondson이다. 에드먼슨은 TEDx 강연에서 심리적 안정감을 "아이디어, 질문, 우려, 실수를 공개적으로 말해도 처벌받거나 망신당하지 않을 것이라는 믿음"으로 정의했다.[3] 심리적 안정감이 없으면 우려와 아이디어를 마음속에만 담아두게 된다. 로조브스키의 설명을 계속 들어보자.

우리는 모두 자신의 역량, 인식, 긍정성에 대한 타인의 평가에 부정적인 영향을 미칠 수 있는 행동을 꺼린다. 이런 형태의 자기 보호는 업무 현장에서 자연스러운 전략이긴 하지만 팀워크를 저해한다. 반대로 팀원들이 함께 있을 때 느끼는 안정감이 클수록 실수를 인정하고 협력하고 새로운 역할을 기꺼이 맡을 가능성이 크다.

심리적 안정감은 스탠스펠드와 캔디의 연구에서 밝혀진 우울증을 유발하는 업무 환경의 해독제다. 그리고 BCG 팀들이 휴식이 당연시되는 시간을 마련하기 위해 정기 회의를 시작했을 때 발견한 마법의 묘약이기도 하다.

자신의 목소리가 중요하다는 사실과

지금 자신이 무정하고 변화가 불가능한 기계 속에

갇혀 있는 게 아니라는 사실을 알면

직원 만족도에 긍정적 변화가 일어난다.

그럼 팀 혹은 기업에서 어떻게 심리적 안정감을 만들 수 있을까? 에드먼슨은 강연에서 3단계를 제시했다.

1단계: "일을 실행의 문제가 아니라 학습의 문제로 정의하라." 미래는 불확실하니까 "이 게임에는 모든 사람의 두뇌와 목소리가 필요하다"는 점을 강조하자.

2단계: "자신이 틀릴 수 있다는 것을 인정하라." 관리자가 직원들에게 모든 문제의 해답을 아는 사람은 아무도 없다는 것을, 누구나 틀릴 수 있다는 것을 알려줘야 한다.

3단계: 리더가 "호기심 많은 사람의 본을 보이고 질문을 많이 해야" 한다.[4]

에드먼슨은 특히 사업의 불확실성이 크고 팀원 간 상호의존성이 강한 환경인 조직일수록 구성원들의 동기와 심리적 안정감이 강해야 한다고 주장하며 그런 상태를 '학습 영역'이라고 불렀다.

조직이 학습 영역에 있을 때 직원들이 최고 기량을 발휘하고 비난이나 해고를 걱정하지 않고 우려를 솔직하게 말할 수 있다. 조직이 학습 영역에 있을 때 직원들이 요령을 피운다고 손가락질받지 않고 기술 남용과 딴짓 같은 문제를 해결할 수 있다. 조직이 학습 영역에 있을 때 바람직한 조직 문화가 확립돼 직원들이 지배력이 부족하다고 느낄 경우 생기는 불편한 내적 계기에서 해방된다.

기업이 직원들에게 심리적 안정감을 제공해 그들이 서로 우려를 이야기하고 함께 문제를 해결할 수 있을 때 업무 환경에 내재한 굵직굵직한 문제도 해결된다. 직원들이 딴짓을 하지 않고 최고 기량을 발휘할 수 있는 환경을 만들 수 있느냐 없느냐가 조직 문화의 수준을 가늠하는 시금석이다. 그럼 다음 장에서는 자랑할 만한 조직 문화를 가진 기업의 사례를 살펴보자.

· 기억하세요 ·

- **침묵은 답이 아니다.** 기술 남용에 대해 솔직히 말할 수 없는 업무 환경에서는 사람들이 다른 중요한 문제(그리고 아이디어)도 마음속에만 담아두게 된다.
- **목소리가 중요하다.** 팀원들이 심리적 안정감을 느끼고 우려스러운 점을 정기적으로, 공개적으로 이야기하는 팀은 주의 분산과 관련된 문제가 적고 팀원과 고객의 만족도가 높다.

28장

초집중 업무 환경

/

오늘날 수많은 기업에서 볼 수 있는 비합리적 항시 대기 문화를 대표하는 기술을 하나만 꼽으라면 바로 슬랙이다. 이 그룹 채팅 앱은 사용자가 디지털 기기에 매여 더 중요한 일을 못하게 할 때가 많다.

매일 1,000만 명 이상이 슬랙에 접속한다.[1] 슬랙의 직원들도 당연히 슬랙을 이용한다. 그것도 아주 많이. 만일 딴짓의 원인이 기술에 있다면 다른 누구보다도 그들이 큰 피해를 입고 있을 것이다. 그런데 언론 보도를 봐도 그렇고 내가 직접 직원들과 이야기해봐도 그렇고 슬랙에는 그런 문제가 없다.

샌프란시스코에 있는 슬랙 본사에 가면 복도 벽에 특이한 슬로건이 보인다. 강렬한 분홍색 배경에 흰색 글씨로 "열심히 일하고 집에 가자"라고 적혀 있다. 집에서도 회사에 있는 것 같은 기분이 들게 하는 기술 제품을 개발하는 실리콘밸리 기업에 이런 슬로건이 존재할 줄이야.

하지만 슬랙 직원들은 언제 접속을 끊어야 하는지 알고 있다. 2015년 슬랙을 '올해의 기업'으로 꼽은 《Inc.》 보도에 따르면 이 슬로건은 빈말이 아니다.[2] 오후 6시 30분이 되자 "슬랙 사무실은 텅텅 비었고… 그게 바로 [슬랙의 CEO] 버터필드가 원하는 것"이다.

그래도 집에 가서 다시 접속하겠지? 땡. 오히려 회사 측에서 퇴근 후에는 슬랙을 쓰지 못하게 한다. 슬랙의 개발자 관리팀장으로 일했던 아미르 셔밧Amir Shevat은 슬랙에서는 접속을 끊어야 할 때를 아는 게 당연시된다며 "퇴근 후나 주말에 메시지를 보내는 건 예의에 어긋난다"고 말했다.

**슬랙의 기업 문화는 현재 수많은 조직의 고질병인
응답의 악순환에 무릎 꿇지 않는 업무 환경을 보여주는
대표적인 예다.**

슬랙은 단순히 슬로건만으로 직원의 집중력 향상을 꾀하지 않는다. 관리자들이 먼저 접속을 끊는 본을 보여준다. 슬랙의 최고매출책임자와 최고마케팅책임자를 지낸 빌 매카이티스Bill Macaitis는 '오픈뷰 랩스OpenView Labs' 인터뷰에서 "방해받지 않고 일할 수 있는 시간이 있어야 합니다… 그래서 나는 슬랙을 사용할 때든 이메일을 확인할 때든 시간을 정해놓고 들어가서 메시지를 확인한 후 다시 나와 집중해서 일해요"라고 밝혔다.[3] 매카이티스 같은 고위직이 방해받지 않고 일하는 것을 우선순위로 삼고 이메일과 슬랙을 이용하는 시간을 미리 정해놓을 정도라니 2부에서 이야기한 '본짓을 위한 시간 확보하기' 원칙의 훌륭한 본보기다.

서밧도 매카이티스와 같은 생각이다. 그는 슬랙에서는 "오프라인이어도 괜찮다"고 말한다. 동료를 만날 때는 상대방에게 온전히 집중하는 것을 철칙으로 여긴다. "기왕 시간을 내서 만났는데 100퍼센트 집중해야지, 도중에 폰을 켜거나 하지 않아요. 나한테는 진짜 중요한 문제입니다." 요즘 회의에서 난무하는 벨 소리와 진동 소리를 일부러 차단함으로써 그는 우리가 3부에서 논한 '외부 계기 역해킹'을 실천한다.

서밧을 통해 슬랙 직원들이 근무시간 외에는 오프라인 상태를 유지하기 위해 4부에서 말한 사전 조치 계약을 어떻게 활용하는지도 알 수 있었다. 슬랙은 방해 금지 기능이 기본으로 탑재돼 있어 사용자가 일에 열중하거나 친구나 가족과 시간을 보내고 싶을 때처럼 뭔가에 집중하고 싶을 때 사용 가능하다. 서밧은 만약 직원이 메시지를 보내면 안 되는 시간에 메시지를 보내려고 하면 "방해 금지 기능에 막혀요"라면서 "퇴근 후에는 자동으로 방해 금지 기능이 켜지기 때문에 다시 출근하기 전에는 메시지가 안 옵니다"라고 덧붙였다.

슬랙의 문화에서 제일 중요하게 살펴볼 부분은 직원들이 건의 사항을 논하기 위한 토론장이 마련돼 있다는 점이다. 퍼로가 BCG에서 본 대로 정기 회의는 직원들이 문제를 제기하기 위해 꼭 필요하다. 문제를 이야기할 수 있는 시간이 존재할 때 직원들은 심리적 안정감이 커지고 마음에 걸리는 일들을 속에 담아두지 않고 말하게 된다.

1부에서 배운 대로 딴짓을 극복하는 과정은 내 안에서 무슨 일이 일어나고 있는지 아는 데서 출발한다. 직원들의 내부 계기가 마음의 안정에 대한 열망이라면 어떤 식으로든 그것을 해소할 방법을 찾게 돼 있고 그건 불건전한 방법이 될 수도 있다. 슬랙에서는 직원들이 리더들에게 문제를 말할 수 있는 공론장이 존재하기 때문에 스탠스펠드와 캔디가 해로운 업무 환경의 특징이라고 지적한 심리적 중압감이 누그러진다.

그런데 슬랙처럼 큰 기업이 어떻게 모든 사람의 목소리를 수렴할 수 있을까? 이 대목에서 슬랙의 기술이 진가를 발휘한다. 심리적 안정감을 증진하기 위해 필요한 정기 토론은 그룹 채팅을 통해 가능해지고 거기서 신속한 합의가 도출된다. 비결이 뭐냐고? 설마 싶겠지만 서밧은 이모티콘의 힘이라고 말했다.

서밧에 따르면 슬랙에는 없는 채널이 없다. "같이 점심 먹을 사람을 찾는 채널도 있고 반려동물 사진을 공유하는 채널도 있고 심지어는 스타워즈 채널도 있습니다." 우리가 이메일을 주고받거나 회의를 할 때 짜증 나는 이유가 주제에서 벗어난 대화 때문인데 이렇게 채널이 여러 개로 나뉘어 있으면 주제에 맞는 대화만 하게 된다. 더군다나 이런 채널은 마음 편히 피드백을 보내는 경로가 된다.

슬랙에 있는 수많은 채널 중 리더들이 제일 중요하게 보는 건 피드백 채널이다. 피드백 채널은 단순히 제품의 최신 업데이트에 관한 의견만 나누는 창구가 아니라 회사의 발전 방안을 논하는 공간이기도 하다. #slack-culture 채널에서는 조직 문화를 이야기하고 #exec-ama는 경영진이 직원들을 초대하는 '무엇이든 물어보세요' 채널이다. 셔밧은 "사람들이 각종 건의 사항을 올리는 게 당연시되고 권장된다"고 했다. 회사 제품에 대한 쓴소리beef를 하는 #beef-tweets라는 채널도 존재한다. "진짜 독한 말이 나올 때도 있어요." 중요한 건 그런 속내를 솔직히 말하고 듣는 것이다.

여기서 이모티콘이 톡톡히 한몫을 한다. "경영진이 피드백을 읽었다는 표시로 눈 모양 이모티콘을 보냅니다. 어떤 문제가 해결됐으면 체크 표시를 보내기도 하고요." 경영진이 직원의 목소리를 들었고 행동에 나섰음을 알릴 방법을 찾은 것이다.

물론 모든 기업에서 모든 대화가 그룹 채팅 형태여야 하는 건 아니다. 슬랙도 그룹 채팅에만 의존하지 않고 정기적인 전원회의를 통해 직원들이 중역에게 직접 질문할 수 있게 한다.

형식이야 어떻든 직원이 피드백을 보낼 수 있고 누가 됐든 도와줄 수 있는 사람이 들었다는 것을 알 수 있다면 직원은 자신의 목소리가 중요하다고 느낀다. BCG에서 퍼로가 도입한 것처럼 소규모 회의를 통해 직원의 피드백을 접수하든 슬랙처럼 그룹 채팅 채널을 이용하든 중요한 건 경영진이 관심을 갖고 사용하면서 응답을 보내는 창구가 존재하는 것이다. 그래야만 기업이 건전해지고 직원이 행복해진다.

어떤 기업을 모범으로 소개할 때는 항상 위험이 따른다. 짐 콜린스Jim Collins의 베스트셀러《좋은 기업을 넘어 위대한 기업으로》와 《성공하는 기업들의 8가지 습관》에 소개된 기업 중에는 이후 성공을 오래 유지하지 못한 기업과 위대함을 잃은 기업이 존재한다.[4]

물론 슬랙과 BCG가 완벽한 기업은 아니다. 내게 사람을 막 부리는 상사 때문에 고생했다고 말한 직원들도 있었다. 슬랙 출신인 어떤 사람은 "회사가 심리적 안정감을 주려고 노력을 많이 하긴 했어요. 근데 모든 사람이 그런 취지를 살릴 수 있을 만큼 섬세하진 않았죠"라고 토로했다. 직원이 해고당할 걱정 없이 편하게 우려를 말할 수 있는 회사를 만들려면 노력과 민감성이 요구된다.

지금으로서는 BCG와 슬랙의 전략이 성공을 거두고 있는 것으로 보인다. 두 회사 모두 직원과 고객에게 사랑 받고 있다. 글래스도어닷컴Glassdoor.com에서 BCG는 지난 9년 중 8년 동안 '일하기 좋은 회사 베스트 10'에 이름을 올렸고[5], 슬랙은 익명 평가 점수가 5점 만점에 4.8점이며 직원 중 95퍼센트가 친구에게 회사를 추천하겠다고, 99퍼센트가 CEO의 능력을 인정한다고 답했다.[6]

두 회사가 장래에 얼마만큼 이윤을 창출하거나 투자자에게 얼마나 이익을 줄지는 알 수 없지만 이 글을 쓰는 현재 직원들이 초집중력을 발휘할 수 있는 자유를 선사함으로써 그들이 성장하고 성공할 수 있도록 관심과 노력을 기울이고 있다는 점은 특기할 만하다.

· 슬랙과 BCG 같은 초집중 기업은 심리적 안정감을 고양하고 우려에 대한 공론의 장을 제공하며 무엇보다도 리더들이 집중해서 일하는 본을 보인다.

아이를 초집중자로 키우는 법

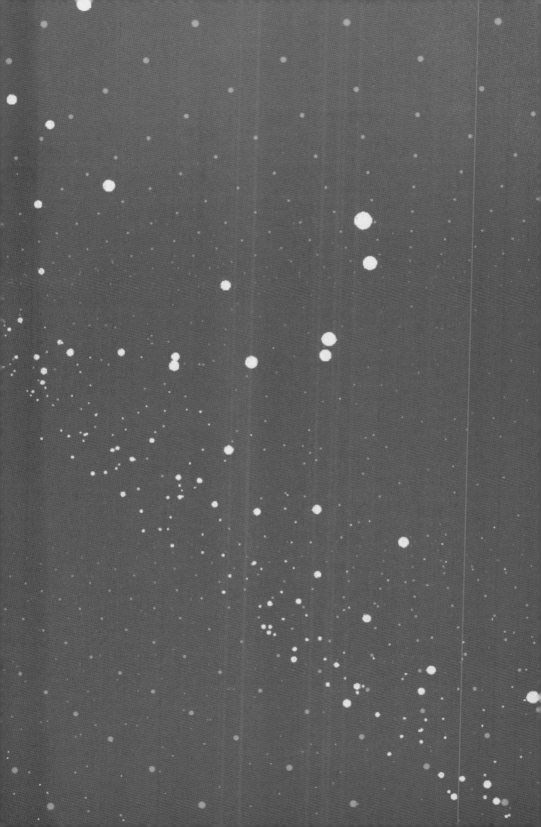

29장

편리한 평계를 삼가자

/

　　　스마트폰으로 대표되는 잠재적 딴짓 유발원이 아이들에게 끼치는 악영향에 대한 사회적 공포가 최고조에 이른 것 같다. 〈스마트폰이 파괴한 세대〉나 〈청소년 우울증과 자살, 스마트폰 연관성 밝혀져〉 같은 제목의 기사가 아이러니하게도 스마트폰을 통해 급속히 전파되고 있다.[1, 2]

　앞의 기사를 쓴 심리학자 진 트웬지Jean Twenge는 "i세대에게서 수십 년래 최악의 정신 건강 위기가 터지기 직전이라는 말은 과장이 아니다. 이처럼 상황이 악화된 원인은 그들의 폰과 밀접한 연관이 있는 것으로 보인다"라고 썼다.[3]

　수시로 디지털 기기로 딴짓을 하는 자녀의 행실에 진절머리가 난 부모는 불길한 기사 제목을 그대로 믿고 극단적인 수단을 동원하기도 한다. 유튜브를 찾아보면 부모가 자녀 방으로 쳐들어가 컴퓨터나 게임기를 박살 내는 영상이 수두룩하게 나온다.[4] 자녀에게 본때를 보여주기 위해서다. 그게 부모의 희망 사항일 뿐일 수도 있겠지만.

부모로서 답답한 심정은 충분히 이해한다. 우리 딸이 말문이 터지고서 한 말이 "아이패드 줘, 아이패드 줘!"였다. 안 주면 줄 때까지 악을 쓰니까 혈압이 오르고 인내심이 한계에 다다랐다. 시간이 흐르면서 딸과 스크린의 관계도 진화했는데 항상 좋은 방향으로 진화한 건 아니었다. 한동안 딸은 잡다한 앱을 갖고 놀고 동영상을 보느라 시간 가는 줄 몰랐다.

이제 나이가 든 아이들은 또 다른 문제로 골치를 썩인다. 친구들과 가족끼리 만나서 식사를 하는데 아이들이 시종일관 탭, 탭, 탭만 하느라 서로 남남인 것처럼 굴어 불편했던 적이 한두 번이 아니다.

그러니 자녀의 디지털 기기를 파괴하고 싶은 유혹을 느낄 수도 있겠지만 그게 좋은 방법은 아니다. 여기저기서 경각심을 부르는 기사와 부정적인 경험담이 쏟아져 나오다 보니 많은 부모가 디지털 기기를 악의 근원이라고 생각할 만도 하다. 그런데 정말 그럴까? 앞에서 우리의 일상과 직장 생활을 이야기할 때 그랬던 것처럼 자녀의 딴짓에도 근본 원인은 따로 있다.

우리 부부는 아이가 디지털 기기를 비롯해 잠재적인 딴짓 유발원과 건전한 관계를 맺도록 도와주고 싶었다. 그러려면 먼저 무엇이 행동을 촉발하는지 알아야 했다. 지금까지 배운 대로 복잡한 문제에 대한 간단한 해법은 틀린 해법일 때가 많다. 그리고 자녀가 못마땅한 행동을 할 때 부모가 자신이 아닌 다른 무언가로 책임을 돌리기 쉬운 것도 사실이다.

예를 들어 요즘 부모들은 아이가 당분을 섭취하면 활동 과잉이 된다는 걸 '당연한' 사실로 여긴다. 자녀가 생일 파티 때 건방지게 굴면 '당분 흥분sugar high' 때문이라고 말한다. 솔직히 나도 몇 번인가 그런 핑계를 댄 적이 있다. 그런데 알고 보니 '당분 흥분'은 가짜 과학이었다. 16개 논문의 메타분석에서 "당분이 아동의 행동이나 인지 수행에 영향을 미치지 않는다"고 밝혀졌다.[5]

그런데 흥미롭게도 당분 흥분이 아이가 아니라 부모에게는 유효하다. 한 연구에서는 아들이 당분을 섭취했다는 말을 들은 어머니들이 아들의 행동을 활동 과잉이라고 평가하는 경향이 더 강하게 나타났다. 하지만 실제로 아이가 먹은 음식에는 당분이 함유돼 있지 않았다. 촬영된 영상을 보면 아들이 당분 때문에 '흥분' 상태라고 믿는 어머니들이 아이를 더 많이 쫓아다니며 잔소리하는 경향을 보인다. 말했다시피 사실은 당분을 전혀 섭취하지 않았는데도 말이다.

부모들이 책임 회피 수단으로 잘 쓰는 또 다른 핑계는 청소년이 원래 반항적이라는 '상식'이다. 청소년들이 폭풍처럼 분비되는 호르몬과 미발달한 두뇌 때문에 부모 속을 썩이는 건 '당연하지' 않은가? 그렇지 않다.

연구에 따르면 모든 사회에서 청소년이 유독 반항적인 태도를 보이는 건 아니며 오히려 청소년이 "거의 모든 시간을 성인과 함께 보내는" 사회도 많고 특히 산업화 이전 사회가 그랬다.[6] 〈청소년 뇌에 대한 미신The Myth of the Teen Brain〉이라는 제목의 기사에서 로버트 엡스타인Robert Epstein은 "많은 역사가가 지적했다시피 유사 이래 대부분의 시대에 청소년기는 성인기로 가는 비교적 평화로운 전환기였다"고 썼다.[7] 그렇다면 청소년의 뇌는 문제가 없고 진짜 미발달한 건 우리의 뇌인 것 같다.

혁신과 신기술도 흔히 공격받는 대상이다. 1474년 베네치아의 수도사이자 필경사였던 필리포 디 스트라타Filippo di Strata는 당대의 휴대용 정보 기술에 독설을 날렸다. "인쇄기는 창녀다"라고. 1883년 어느 의학 학술지에는 자살률과 살인율 증가가 새로운 '교육열' 때문이라며 "교육으로 인해… 정신 이상이 증가 중"이고 교육이 "아동의 뇌와 신경계를 소진시킬" 것이라고 주장하는 논문이 실렸다.[8] 1936년 음악잡지 《그래머폰Gramophone》은 아이들이 "학교 숙제를 하는 따분한 행위와 [라디오] 스피커를 듣는 짜릿한 행위에 주의력을 나눠 쓰는 습관이 생겼다"고 썼다.[9]

그처럼 무해한 문명의 이기가 사람들을 두렵게 했다니 납득이 잘 안 되겠지만 기술의 도약은 사회적 공포를 야기하는 경우가 많다. 옥스퍼드대학교 역사학자 애비게일 윌스Abigail Wills는 《BBC 히스토리 매거진BBC History Magazine》 온라인판 기사에서 "젊은이들의 행동에 유례없는 '위기'가 닥쳤다는 맹렬한 믿음은 유사 이래 모든 시대에 존재했다. 우리만 유별난 게 아니다. 우리가 느끼는 두려움은 선조들이 느낀 것과 크게 다르지 않다"라고 썼다.[10]

오늘날 부모가 자녀의 못마땅한 행동을 다짜고짜 디지털 기기의 탓으로 돌리는 건 당분 흥분, 미발달한 뇌, 책과 라디오 같은 발명품을 탓하는 것만큼이나 타당성이 떨어진다.

많은 전문가가 기술의 유해성은 공포를 조장하는 이들의 말처럼 단순히 볼 문제가 아니라고 생각한다.

새라 로즈 캐버나Sarah Rose Cavanagh는 《사이콜로지투데이Psychology Today》에 기고한 글에서 현재 아이들에게서 수십 년래 최악의 정신건강 위기가 터지기 직전이라는 기사에 반박하며 "그 기사의 필자는 입맛에 맞는 데이터만 제시하고 있다. 다시 말해 자신의 주장을 뒷받침하는 연구만 언급하고 스크린 이용이 우울증과 외로움 같은 결과와 상관이 '없다'는 연구는 무시하고 있다"고 지적했다.[11]

그렇게 무시당한 여러 연구 중 하나가 《계간 정신의학Psychiatric Quarterly》에 발표된 크리스토퍼 퍼거슨Christopher Ferguson의 연구다. 이 연구에서는 스크린 이용 시간과 우울증 사이의 상관관계가 무시해도 되는 수준으로 나왔다. 퍼거슨은 〈사이언스데일리Science Daily〉 기사에서 "부모들과 스크린 이용 시간에 관해 이야기할 때는 '무엇이든 적당한 게 좋습니다'라는 말이 가장 생산적일 수도 있겠지만 우리의 연구 결과는 스크린 이용 시간제한을 청소년 문제성 행동의 예방책으로 강조하는 관점을 뒷받침하지 않는다"고 밝혔다.[12] 흔히 그렇듯이 이 문제도 표면만 보면 안 되고 세부적으로 살펴봐야 한다.

스크린 이용 시간과 우울증의 연관성에 관한 논문들을 자세히 보면 온라인에서 과도한 시간을 보내는 경우에만 상관관계가 확인된다. 하루 5시간 이상을 온라인에서 보내는 10대 소녀들이 우울한 생각이나 자살 생각을 더 많이 하는 경향이 있었다. 하지만 상식적으로 온라인에서 지나치게 많은 시간을 보내는 아이라면 다른 문제가 있을 가능성도 생각해봐야 한다. 어떤 매체에든 하루 5시간 이상을 쓰는 건 더 큰 문제의 증상일 수 있다.

아닌 게 아니라 같은 연구에서 하루 동안 온라인에서 보내는 시간이 2시간 이하인 아이는 통제 집단보다 우울함과 불안함을 강하게 느끼지 않았다. 옥스퍼드인터넷연구소Oxford Internet Institute 앤드루 프르지빌스키Andrew Przybylski의 연구에서는 스크린 이용 시간이 적당한 수준이면 오히려 정신 건강도가 '상승'한다고 나타났다.[13] 프르지빌스키는 "스크린 이용 시간이 예외적인 수준에서조차도 그 영향은 미미하다. 그보다는 아침을 거르거나 수면을 8시간 이하로 취하는 것이 3배 정도 더 나쁜 영향을 미친다"라고 썼다.[14]

자녀가 마음에 들지 않는 행동을 하면 부모는 세상이 무너질 것 같은 얼굴로 "우리 애가 왜 이럴까?"라고 탄식한다. 그럴 때 희생양을 찾으면 마음이 편해진다. 우리가 단순한 답에 매달리는 이유는 자신이 믿고 싶은 말을 들을 수 있기 때문이다. 바로 아이가 이상한 짓을 하는 이유는 부모의 힘으로는 어쩔 수 없는 문제 때문이라는 말이다. 그러면 그 행동은 아이(혹은 부모)의 책임이 아닌 게 된다.

물론 기술의 영향이 전혀 없진 않다. 설탕이 당연히 단맛을 내듯이 스마트폰 앱과 비디오게임은 당연히 재밌게 만들어진다. 하지만 아이의 잘못된 행동을 '당분 흥분' 탓으로 돌리는 것처럼 디지털 기기를 탓하는 건 심층적인 문제의 표면적인 답일 뿐이다. 쉬운 답을 찾아내면 아이의 행동 아래 감춰진 어둡고 복잡한 진실을 들여다보지 않아도 된다. 하지만 진정으로 문제를 해결하려면 미디어가 조장하는 미신에서 벗어나 진실을 똑똑히 보고 근본 원인을 파헤쳐야 한다.

기술이 악이라는 믿음이 없어도
자녀가 딴짓을 잘 다스리도록 도와줄 수 있다.

초집중력은 아이가 인생에서 어떤 길을 가고 어떤 형태의 딴짓 유발원을 만나든 강력한 무기가 된다. 자녀가 선택에 책임질 줄 아는 사람으로 자라게 하려면 자녀에 대해 또 우리 자신에 대해 편리한 핑계를 대는 짓을 그만둬야 한다. 이제부터는 디지털 기기를 과도하게 사용하는 아이의 심층 심리를 알아보고 아이가 딴짓을 극복하도록 돕는 요령을 배워보기로 하자.

- **책임을 전가하지 말자.** 자녀가 못마땅한 행동을 할 때 부모는 으레 책임을 전가할 수 있는 답을 찾는다.

- **기술에 대한 공포는 새로운 게 아니다.** 양육의 역사를 보면 책, 라디오, 비디오게임 등 아이들에게 이상한 행동을 유발한다고 추정되는 대상에 대한 사회적 공포가 없었던 적이 없다.

- **기술은 악이 아니다.** 아이가 기술을 너무 많이(혹은 너무 조금) 이용하면 약간 유해한 영향이 있겠지만 적절한 방식으로 적절한 시간 동안 이용하면 유익하다.

- **자녀에게 초집중법을 가르치자.** 딴짓을 다스리는 법을 가르치면 그 효과가 평생 간다.

30장

아이의 내부 계기를
이해한다

/

리처드 라이언과 에드워드 데시는 학계에서 인간 행동의 동인과 관련해 가장 많이 인용되는 연구자들이다. 이들의 '자기결정 이론'은 심리적 건강의 근간으로 널리 인정받고 있으며 1970년대 연구를 시작한 이래 지금까지 이들의 결론을 뒷받침하는 연구 결과가 수도 없이 나왔다.[1]

라이언과 데시는 인체가 바르게 기능하려면 3대 다량 영양소(단백질, 탄수화물, 지방)가 필요하듯이 정신이 건강하려면 자율성, 유능성, 관계성 세 가지가 요구된다고 주장했다. 육체가 굶주리면 공복통이 생기고 정신의 영양이 부족하면 불안감, 초조감 등 뭔가가 빠진 듯한 기분이 생긴다.

자기결정 이론은 아이에게 심리적 필수영양소가 부족할 때 스크린 앞에서 너무 많은 시간을 보내는 것처럼 불건전한 행동이 과도하게 나타날 수 있는 이유를 설명해준다. 라이언은 그 원인을 무조

건 디지털 기기에서 찾을 게 아니라 왜 어떤 아이들은 애초에 딴짓에 더 잘 넘어가는지 알아야 한다고 본다.

자율성, 유능성, 관계성이 충분치 않을 때
아이는 딴짓에서 심리적 영양소를 찾으려고 한다.

영양소 1: 아이에게는 자율성, 즉 자유로운 선택권이 필요하다

캘리포니아대학교 산타크루즈캠퍼스의 마리셀라 코레아-차베스 Maricela Correa-Chávez와 바버라 로고프Barbara Rogoff 교수가 고안한 실험이 있다.[1] 이들은 한 방에 두 명의 아이를 부르고 어른이 한 아이에게 장난감을 조립하는 법을 가르치는 동안 다른 한 아이는 기다리게 했다. 목적은 비참여 아동, 즉 관찰자가 기다리면서 무엇을 하는지 살펴보는 것이었다. 미국에서 대부분의 관찰자 아동이 어떻게 했는지 쉽게 예상할 수 있을 것이다. 의자에 앉아 시선을 아래로 깔고 몸을 꼼지락대며 관심 없다는 신호를 보냈다. 어떤 성질 급한 아이는 장난감이 폭탄인 것처럼 허공에서 폭발하는 시늉을 하며 큰 폭발음을 냈다. 이와 대조적으로 과테말라의 마야족 아이들은 얌전히 앉아서 다른 아이가 무엇을 배우는지 유심히 관찰했다.

　종합적으로 볼 때 미국 아동의 집중력 유지 시간은 마야족 아동의 절반 정도밖에 안 됐다. 더욱 흥미로운 점은 마야족 아이 중에서도 정규교육에 덜 노출된 아이들이 "서양식 학교교육에 광범위하게 참여하는 마야족 아이보다 집중과 학습의 지속성이 더 컸다"는 사실이다. 다시 말해 학교교육을 덜 받을수록 집중력이 더 좋았다. 도대체 어찌 된 일일까?

수십 년간 마야족 부락을 연구한 심리학자 수잰 개스킨스Suzanne Gaskins는 〈NPR〉 인터뷰에서 마야족 부모는 자녀에게 엄청난 자유를 허용한다고 말했다. "엄마가 대신 목표를 정하고 미끼와 보상을 통해 목표 달성을 유도하는 게 아니라 아이가 직접 목표를 정해요. 그리고 나서 부모가 어떤 식으로든 목표 달성을 도와주죠." 마야족 부모는 "아이가 무엇을 원하는지는 아이가 가장 잘 안다고 믿으며 아이가 원할 때만 목표가 달성된다고 굳게 믿는다"고 한다.[3]

반면 미국을 포함한 대부분의 선진국에서 정규교육은 아이에게 선택의 자율성을 부여하는 환경과는 정반대의 특성을 띤다. 로고프는 "항상 어른이 집중력을 대신 관리하니까 아이가 집중력에 대한 지배력을 포기해버리는 것일 수 있다"고 평했다.[4] 바꿔 말하면 아이가 집중력에 대한 '지배력 상실'에 익숙해져 딴짓에 쉽게 빠질 수 있다는 것이다.

라이언의 연구는 아이들이 정확히 어느 시점에 집중력을 잃는지 보여준다. "중학교에 입학하면서 가정 같은 교실을 떠나 경찰국가 같은 학교, 즉 종이 울리고 처벌이 행해지고 강제로 붙잡아두는 학교에 들어가는 순간을 기점으로 아이들은 그곳이 내재적 동기를 유발하는 환경이 아니란 걸 알게 됩니다."[5] 연구자 로버트 엡스타인도

《사이언티픽아메리칸Scientific American》에 기고한 〈청소년 뇌에 대한 미신〉에서 비슷한 결론을 내렸다. "내가 실시한 조사에서 미국 청소년이 받는 규제가 일반적인 성인의 10배 이상, 현역 해병대의 2배 이상, 심지어는 수감 중인 중범죄자의 2배 이상인 것으로 나타났다."[6]

모든 미국 학생이 이처럼 규제가 심한 환경을 경험하는 건 아니지만 수많은 아이가 교실에서 의욕을 느끼지 못하는 이유는 명확히 알 수 있다. 관심 분야를 자율적으로 탐색하고 싶은 욕구가 충족되지 않기 때문이다. 라이언은 "교육 환경에서 통제가 심하다 보니 아이들이 주체성과 자율성을 많이 행사할 수 있는 다른 환경으로 돌아서는 게 당연하죠. 우리는 [기술 사용]이 일종의 악이라고 생각하지만 그 악이 중력같이 끌어당기는 힘을 발휘하는 이유는 우리가 만든 대안들 때문입니다"라고 말했다.[7]

오프라인과 달리 온라인에서는 아이들이 굉장한 자유를 누린다. 자율적으로 결정을 내리고 창의적인 문제 해결 전략을 실험할 수 있다. "인터넷 공간에는 무수히 많은 선택안과 기회가 존재하고 어른의 통제와 감독은 훨씬 적죠. 그래서 온라인에서는 자유, 유능감, 연결감을 느낄 수 있어요. 이런 특성은 청소년들이 과도하게 통제당하거나 자극을 적게 느끼는 환경과 비교하면 더욱 극명해지죠."

자녀가 온라인에서 너무 많은 시간을 보내는 것 같아 걱정이 될 때 많은 부모가 더 많은 규칙을 강요하는데, 이는 역효과를 낳는 경우가 많다. 라이언은 자녀의 자율성을 제한할 방법을 더 많이 만들지 말고 디지털 딴짓을 유발하는 심층적 욕구와 내부 계기를 찾으라고 조언한다. "부모가 자녀의 자율성을 키우는 방식으로 인터넷이나 스크린 이용 시간 문제를 해결하려고 하면 자녀도 더 큰 자제력을 발휘해요. 그래서 과도하게 사용할 확률이 줄어들죠."

영양소 2: 아이는 유능성, 즉 숙달, 발전, 성취, 성장을 열망한다

청중을 휘어잡는 프레젠테이션, 군침이 돌게 하는 요리, 빡빡한 공간에 절묘하게 차를 집어넣는 평행주차 등 자신이 잘하는 일을 생각해보자. 유능성은 기분을 좋게 하고 그 기분은 실력이 향상될수록 더욱 강해진다.

안타깝게도 요즘 아이들이 교실에서 누리는 발전의 기쁨은 점점 약해지고 있다. 라이언은 "너무 많은 아이가 '넌 학교생활을 잘 못해'라는 메시지를 받고 있다"고 경고했다. 그는 표준화된 시험을 하나의 원인으로 꼽는다. "그것 때문에 교실 수업 방식이 파괴되고 수많은 아이의 자존감이 파괴되고 학습 의욕과 효과가 파괴되고 있어요."

"아이들은 저마다 달라요. 발달 속도도 천차만별이죠." 라이언은 말한다. 하지만 표준화된 시험은 그런 차이를 고려하지 않는다. 성적이 안 좋은데 자신에게 맞는 지원을 받지 못하는 아이는 유능성이란 성취 불가능한 것이라 여기고 더는 노력하지 않는다. 교실에서 유능성을 못 느끼는 아이는 다른 곳에서라도 성장하고 발전하는 기분을 느끼고 싶어 한다. 이런 박탈감을 그냥 봐 넘길 리 없는 기업이 게임, 앱 같은 잠재적 딴짓 유발원을 '심리적 영양실조'의 치료제로 판매한다.

IT업계는 소비자가 레벨 업, 좋아요, 팔로워 증가에 얼마나 열광하는지 잘 알고 있다. 그것은 단시간에 기분 좋은 성취감을 느끼는 수단이 된다. 라이언의 말을 빌리자면 아이들이 학교에서 재미도, 가치도, 발전 가능성도 못 느끼는 활동에 시간을 쏟는 현실에서 "밤이면 유능성을 강하게 느낄 수 있는 활동에 빠져드는 건 당연한 현상"이다.

영양소 3: 아이는 관계성, 즉 서로가 서로에게 중요하다는 느낌을 원한다

또래와 어울리는 건 예나 지금이나 성장 과정에서 중요한 부분이다. 아이들은 주로 친구들과 놀면서 사회성을 기른다. 그런데 요즘 청소년들은 현실에서 친구들과 놀려면 불편하거나 많은 제약이 따르기 때문에 가상 세계에서 어울리는 경향이 점점 강해지고 있다.

놀이의 성격은 급속도로 변화 중이다. 내가 어릴 때는 농구장에서 아무하고나 경기를 하고 주말이면 번화가에 가서 이 친구, 저 친구를 만나고 그것도 아니면 그냥 동네를 배회하며 같이 놀 친구를 찾았다. 유감스럽게도 요즘 아이들은 예전만큼 즉흥적으로 만나는 일이 많지 않다.

미국 사회에서 놀이가 쇠퇴하는 현상을 연구하는 피터 그레이

Peter Gray는 《미국놀이저널American Journal of Play》에서 "밖에서 무리 지어 있는 아이들을 찾기가 어렵고 설령 찾더라도 유니폼을 입고 감독의 지시를 받고 있을 확률이 높다"고 지적했다.[8]

이전 세대들은 방과 후에 신나게 놀면서 유대감을 형성할 수 있었지만 요즘은 《애틀랜틱》 기사에 따르면 "소아성애자, 자동차, 또래 괴롭힘" 때문에 많은 부모가 아이를 밖에서 오래 놀지 못하게 한다.[9] 통계적으로 보면 요즘 애들이 미국 역사상 가장 안전한 세대인데도 그런 우려의 목소리가 나온다.[10] 그러다 보니 유감스럽게도 많은 아이가 밖에 잘 나가지 않고 체계가 잡힌 프로그램에만 참여하며 디지털 기술로 친구를 찾고 어울릴 수밖에 없다.

디지털 환경에서 사람을 만나고 사귀는 것도 여러 면에서 긍정적인 효과가 있다. 예를 들어 학교에서 괴롭힘을 당하는 아이가 온라인에서 힘이 되는 친구들을 만날 수 있다. 성정체성으로 고민하는 청소년이 타지의 누군가에게 도움을 받을 수 있다. 학교에서는 앞에 나서지 못하는 아이가 게임 속에서는 전 세계 친구들의 영웅이 될 수 있다. 라이언은 "데이터를 보면 학교에서 관계성을 못 느끼는 아이, 소외감이나 고립감을 느끼는 아이일수록 다른 사람과 어울릴 수 있고 자신과 비슷한 하위집단을 만날 수 있는 미디어에 더 많이 끌려요. 그건 장점인 동시에 단점이죠"라고 말했다.[11]

그레이는 "타인과 서로 동등한 존재로 어울리고 협력하는 방법을 배우는 것이 진화적 차원에서 사회적 놀이의 핵심 기능이라고 볼 수 있다"며 그런 측면에서 아이들이 직접 만나서 노는 시간이 줄어드는 건 사회적 손실이라고 지적했다. 그의 말을 빌리자면 이는 "우리 문화에서 사회적 고립감과 외로움이 증가하는 현상의 결과이자 원인"이다. 그레이는 아직 스크린 이용 시간과 우울증 증가의 상관관계를 논하는 논문들이 나오기 전이었던 60년 전으로 거슬러 올라가는 훨씬 거대한 흐름을 발견했다.

> 1955년경을 기점으로… 아이들의 자유로운 놀이가 지속적 감소세다. 어른들이 아이들의 활동을 점점 더 강하게 통제하는 것이 감소의 전적인 이유는 아니어도 부분적인 이유는 될 수 있을 것이다… 어찌 된 영문인지 우리 사회는 아이들을 위험에서 지키고 교육하려면 아이들이 가장 행복해하는 활동을 금하고 그들이 수시로 어른의 지도와 평가를 받는 환경에 더욱더 오래 있게 해야 한다는 결론에 이르렀는데 그런 환경은 태생적으로 불안과 우울을 조장한다고 봐도 과언이 아니다.[12]

라이언은 작금의 현실을 생각하면 많은 아이가 오프라인에서 심리적 3대 필수영양소인 자율성, 유능성, 관계성을 충분히 섭취하지 못하고 있다고 본다. 그러니까 아이들이 온라인에서 대체재를 찾을 만하다. "소위 '욕구 밀도 가설'이란 거죠.[13] 현실에서 욕구가 충족되지 않으면 그만큼 가상현실에서 충족하려 하는 겁니다."[14]

라이언은 연구를 하면서 "[기술] 남용은 학교나 가정 같은 인생의 다른 영역에서 느끼는 공허감을 암시하는 증상"이라는 생각에 이르렸다. 반대로 3대 욕구가 충족되면 의욕, 성과, 끈기, 창의성이 증진된다.

라이언도 기술 사용을 제한하는 데 반대하진 않지만 제한 범위를 정할 때는 부모가 자의로 판단할 게 아니라 아이를 동참시켜야 한다고 본다. "그냥 스크린 이용 시간만 줄이면 되는 게 아니라 아이한테 그 이유를 납득시켜야죠." 디지털 기술을 너무 많이 사용할 때 생길 수 있는 문제에 관해 이야기를 나눈 후 아이를 '대신해서'가 아니라 아이와 '함께' 결정을 내리면 아이도 부모의 말을 더 잘 따른다.

그 시작은 1부에서 배운 대처법과 재해석법을 알려주는 것이 될 수 있다. 부모 자신이 딴짓을 다스리기 위해 현재 어떤 변화를 주고 있는지 아이에게 말해주고 보여주자. 부모가 자신도 아이와 같은 문제로 고민하고 있어서 그 심정을 이해한다고 진술하게 말하면 신뢰가 형성된다. 5부에서 좋은 상사는 딴짓 차단의 본보기가 된다고 했는데 부모 역시 초집중의 본보기가 돼야 한다.

아이가 현실에서 자율성, 유능성, 관계성을 누릴 기회를 마련해주는 것도 좋다. 체계가 잡힌 공부나 체육 활동을 줄이고 자유롭게 놀 수 있는 시간을 늘리면 아이가 온라인에서 찾던 관계를 오프라인에서도 찾을 수 있을 것이다.

우리는 자녀의 문제를 전부 해결해줄 수 없고 그러려고 해서도 안 된다. 하지만 심리적 욕구라는 측면에서 아이가 어떤 고민을 하고 어떤 어려움을 겪고 있는지 더 깊이 이해하려고 노력할 수는 있다. 일단 기술 남용의 진짜 원인이 뭔지 알아야 아이가 딴짓으로 붙편에서 도피하려고 하지 않고 꿋꿋이 버티는 힘을 기르게 도와줄 수 있다. 아이도 부모님에게 이해받는다는 기분이 들면 시간을 선용하기 위한 계획을 세우기 시작할 것이다.

· 기억하세요 ·

- **내부 계기가 행동을 유발한다.** 아이가 딴짓을 잘 다스리도록 도와주려면 먼저 문제의 근원을 알아야 한다.
- **아이들은 심리적 영양소가 필요하다.** 널리 인정받는 자기결정 이론에 따르면 모든 사람은 자율성, 유능성, 관계성을 느낄 때 심리적으로 건강해진다.
- **딴짓이 결핍을 채운다.** 현실에서 심리적 욕구가 충족되지 않으면 아이들은 주로 가상 환경에서 그 욕구를 채우려 한다.
- **아이들에게는 대안이 필요하다.** 아이가 온라인과 오프라인에서 균형을 유지하도록 도우려면 오프라인에서 자율성, 유능성, 관계성을 느낄 기회를 더 많이 마련해줄 필요가 있다.
- **초집중 모델의 4단계는 아이들에게도 중요하다.** 딴짓을 다스리는 요령을 가르쳐주고 무엇보다도 몸소 초집중의 본보기가 되자.

31장

본짓을 위한 시간을
함께 확보한다

/

아이가 딴짓을 잘 다스릴 수 있게 하려면 기술보다 사람에 관한 대화가 더 중요하다. 인터넷안전 출장교육 기업 사이버에듀케이션 컨설턴츠Cyber Education Consultants의 설립자인 로리 게츠Lori Getz의 말이다. 그는 어린 시절 경험으로 이 같은 대화의 중요성을 깨달았다.

게츠는 10대 때 처음으로 자신의 전화기(방에 설치된 유선전화)가 생겼다. 전화기가 생기자마자 방문을 닫고 주말 내내 친구와 통화하느라 가족은 뒷전이 됐다. 그다음 주 월요일에 학교에서 돌아왔더니 방문이 통째로 뜯겨 있었다. 아버지는 "네가 망할 X처럼 구는 게 전화기 잘못은 아니야. 문을 닫고 다른 식구들을 차단해버린 게 문제지"라고 꾸짖었다.

게츠는 그의 부친과 같은 공격적인 조치나 말투를 권장하진 않지만 아버지가 전화기 대신 그의 행동이 타인에게 끼치는 영향에 초점을 맞춘 건 분명 효과가 있었다. 그는 도구를 탓하지 말고 아이가 "주변 사람들을 어떻게 대하고 있는지에 관해 [대화]하세요"라고 조언한다.[1]

가족과 함께 보내는 시간과 관련해 본짓과 딴짓을 정의하는 것이 중요하다. 최근 게츠는 가족 휴가에서 자신의 이론을 검증했다. 각각 여섯 살과 열한 살인 딸들이 새크라멘토에서 트러키까지 가는 2시간 동안 폰을 사용해도 되는지 물었다. 게츠는 아이들도 지루함을 달랠 방법이 필요하고 자신은 남편과 조용히 대화할 기회라 생각해 그러라고 했다. 폰 사용이 허락된 덕분에 장거리 이동이 한결 수월해졌지만 그 이후 휴가지에서도 딸들이 평소보다 폰을 더 많이 찾기 시작했다.

아이들의 기술 남용이 절정에 이른 건 게츠가 조깅을 마치고 왔을 때였다. 온 가족이 바깥 구경을 나가기로 미리 약속했는데도 딸들은 준비도 하지 않고 스크린만 보고 있었다. 그때 게츠는 벌컥 화를 내며 폰 사용을 금하는 식으로 아이들을 처벌하는 대신 이 기회에 식구들이 대화를 해보면 좋겠다고 판단했다.

다 함께 둘러앉아 이야기해보니 딸들도 온 식구가 함께 좋은 시간을 보내는 것(본짓)을 원하고 있었다. 어떤 식으로 시간을 보내고 무엇을 해야 할지 합의하고 나자 그 밖의 활동은 무엇이든 계획에 방해가 되는 딴짓이라는 점이 분명해졌다. 디지털 기기는 외출 준비가 100퍼센트 완료된 후에만 사용 가능하다고 결정됐다.

게츠는 부모도 모든 답을 알진 못한다는 사실을 인정하는 것이 아이들과 함께 새로운 해법을 찾는 좋은 방법이라고 본다. "우리도 다 해보면서 알게 되는 거잖아요." 게츠는 딸들이 앞으로도 계속 스스로 질문을 던지며 자신의 행동을 관찰하고 조절하기를 바란다. 딸들에게 스스로 "지금 내 행동이 나한테 이로운 걸까? 지금 이렇게 행동하는 게 떳떳한가?"라고 생각해보라고 권한다. "청소년들과 얘기해보면 딴짓을 하기 싫은데도, 괜히 이것저것으로 시간 낭비하기 싫은데도 어떻게 멈춰야 할지 모르겠다고 하는 애들이 많아요."

아이들이 자기 행동을 조절하는 방법을 알게 하려면 본짓을 위한 시간을 확보하는 방법을 알려줘야 한다. 이때는 아이들과 주기적으로 서로의 가치관을 이야기하고 자신이 되고 싶은 사람이 되기 위한 시간을 떼어놓는 방법을 가르쳐주는 게 좋다. '어차피 애들은 남는 게 시간인데 뭐가 문제야?'라고 생각하기 쉽지만 그들도 인생의 각 영역에 우선순위가 있다는 점을 명심하자.

아이가 가치관에 맞는 일정을 짤 수 있도록 도와주면 휴식, 위생, 운동, 영양 섭취를 위한 시간, 즉 건강을 위한 시간을 충분히 확보하게 할 수 있다. 우리 부부의 경우에는 딸에게 취침 시간을 강요하지 않고 대신 청소년기에 충분한 수면이 왜 중요한지 밝힌 연구 결과를 보여줬다. 수면이 건강에 중요하다는 사실을 스스로 깨닫자 아이는 얼마 안 가 평일 오후 9시 이후에 스크린을 사용하는 것이 건강을 중시하는 가치관에 위배되는 딴짓, 해로운 행동이라고 판단했다. 그리고 짐작하다시피 타임박스형 일정표에 휴식 시간을 배정했다. 가끔 베개와의 약속을 어길 때가 있긴 하지만 일정표에 그 시간을 지정해둔 덕분에 누가 시키지 않아도 자신의 행동을 관찰하고 조절하면서 가치관을 실천하고 있다.

일반적으로 아이의 삶에서 '일' 영역은 학교생활과 집안일을 말한다. 학교는 시간표가 정해져 있지만 방과 후 일정은 그렇지 않아서 부모와 자녀의 의견이 충돌하고 불만이 생길 수 있다.

**명확한 계획이 없으면
많은 아이가 충동적인 결정을 내릴 수밖에 없고
거기에는 주로 디지털 딴짓이 수반된다.**

얼마 전 10대 쌍둥이 아들을 키우는 친구와 커피를 마셨다. 그는 아이들이 요즘 정신 못 차리고 하는 게 있어서 속상하다고 한탄했다. 그 집 아이들을 홀린 악역을 맡은 기술의 최신판은 온라인 게임 〈포트나이트Fortnite〉였다. "애들이 멈추질 못해!" 그는 그 게임이 중독성이 강하고 아이들은 이미 중독자가 됐다고 믿었다. 매일 밤 아이들이 게임을 끄고 숙제를 하게 하려고 한바탕 전쟁을 치러야 했다. 친구는 분노에 차서 내게 조언을 구했다.

나는 흔히 하는 것과는 좀 다른 방법 몇 가지를 제시했다. 첫째, 아들들과 대화를 하되 비판하지 말고 경청하라고 조언했다. 예를 들면 이런 질문을 할 수 있었다. 학교 공부를 하는 게 가치관에 부합하는가? 왜 숙제를 해야 하는지 아는가? 숙제를 하지 않으면 어떤 결과가 생기는가? 그로 인한 단기적 결과(성적이 나빠진다)와 장기적 결과(비숙련 직업을 갖게 된다)에 만족할 수 있는가?

스스로 학교 공부가 중요하다고 생각하지 않으면 아무리 공부하라고 해봤자 하기 싫은 일을 강요해 불만만 키울 뿐이었다.

"근데 내가 들들 볶지 않으면 애들이 실패할 텐데?" 친구가 반박했다.

"그게 뭐 어때서? 만약에 애들이 순전히 엄마 잔소리 듣기 싫어서 공부하는 거라면 나중에 대학이나 직장에서 엄마가 없을 때는 어떻게 할 것 같아? 실패가 뭔지 차라리 일찍 경험해보는 게 더 나을 수도 있어." 친구에게 애들이 10대면 이제 자기 시간을 어떻게 쓸지 스스로 결정할 수 있는 나이라고 말해줬다. 그렇게 해서 시험을 망치면 망치는 거다. 강요는 임시방편일 뿐 해결책이 되진 않는다.

둘째, 공부, 가족이나 친구와의 대화, 〈포트나이트〉 플레이 등 각종 활동에 얼마씩 시간을 쓰고 싶은지 물어보라고 했다. 그러면서 아이들의 대답이 마음에 들지 않더라도 그 의견을 존중해야 한다고 일러줬다. 목적은 주간 일정표에 중요한 활동을 위한 시간을 배정해 의식적으로 시간을 쓰는 법을 가르쳐주는 것이기 때문이다. 아이들 일정도 우리 일정과 마찬가지로 매주 검토하고 조정해 가치관에 맞는 방향으로 시간을 쓰게 해야 한다.

예를 들어 〈포트나이트〉를 미리 정해진 시간에 플레이하는 건 괜찮다. 타임박스형 일정표에 디지털 기기를 쓰는 시간이 배정돼 있으면 아이들도 기다리면 좋아하는 활동을 하기 위한 시간이 온다는 걸 안다. 나는 친구에게 아이들과 기술에 관해 이야기할 때 "안

돼!"라고 하지 말고 아이들이 스스로 "아직 아니야"라고 말할 수 있
게 가르치라고 했다.

자율적으로 시간을 관리할 수 있는 권한은
아이에게 큰 선물이다.
가끔 실패할 때도 있겠지만 실패도 학습 과정이다.

셋째, 아이들이 친구나 부모님과 같이 노는 시간이 많아지게 하
라고 조언했다. 그 집 아이들은 〈포트나이트〉로는 친구들과 재밌
게 놀았지만 반대로 오프라인에서는 마땅한 대안이 없으니 계속 온
라인 게임을 하려고 했다. 아이가 오프라인에서 관계성 욕구를 충
족할 수 있게 하려면 학교 밖에서 친구와 만나 어울릴 시간이 필요
하다. 그 시간은 교사, 감독, 부모에게 이래라저래라 지시를 받지 않
고 자유로워야 한다. 그런데 안타깝게도 요즘 아이들은 미리 일정
을 잡지 않으면 노는 시간이 안 생긴다.

부모에게 의식만 있으면 아이가 몇 살이든 노는 시간을 만들어줄
수 있다. 아이의 주간 일정표에 노는 시간을 넣고 자신과 마찬가지
로 비체계적인 놀이의 중요성을 아는 부모를 찾아 아이들이 주기적
으로 만나서 노는 일정을 잡으면 된다. 비체계적인 놀이가 아이의
집중력과 사회성 향상에 얼마나 중요한지는 수많은 연구로 입증됐
다. 비체계적인 놀이야말로 가장 중요한 과외활동이라고 해도 좋을
것 같다.[2]

아이가 비체계적인 놀이를 위한 시간뿐 아니라 부모와 함께하는 시간도 내도록 유도해야 한다. 예를 들면 가족 식사 시간을 잡는 것이다. 가족 식사는 어쩌면 아이와 부모에게 가장 중요한 활동일 수 있다. 연구 결과에 따르면 정기적으로 가족이 함께 식사하는 아이가 약물 중독, 우울증, 학교 문제, 식이 장애를 겪을 확률이 더 낮다.[3] 안타깝게도 많은 가정에서 그때그때 되는대로 식사를 하기 때문에 온 가족이 같이 밥을 먹지 않고 각자 일정에 맞춰 혼자 먹는 경우가 많다. 그래서 일주일에 단 하루라도 온 가족이 모여 디지털 기기를 치워놓고 같이 저녁을 먹는 시간을 정해놓는 편이 좋다. 아이가 자라면 메뉴나 대화 주제를 제안하게 하거나 같이 요리를 하는 식으로 그 시간의 적극적인 기여자가 되게 하는 것도 좋다.

가족 놀이가 식사 시간에만 국한되면 안 된다. 우리 집은 '일요놀이회'라고 해서 한 사람씩 돌아가며 일요일에 할 3시간짜리 활동을 계획한다. 내 차례가 오면 주로 다 같이 공원을 걸으며 한참 대화를 나눈다. 딸아이는 보통 보드게임을 권한다. 아내는 주로 농산물 직판장에 가서 새로운 음식을 찾아보고 시식해보자고 한다. 무슨 활동을 하든 그 취지는 가족이 함께 관계성 욕구를 충족하는 시간을 확보하는 것이다.

가족 일정을 짤 때 아이도 동참시키자. 필요하면 일정을 바꿀 수는 있겠지만 아이도 어른도 모두 책임감 있게 일정을 준수해야 한다. 아이에게 스스로 일정을 짜는 법을 가르쳐주고 가족이 함께 초집중자가 된다면 가치관이 더 잘 전수된다.

- **본짓을 가르치자.** 아이의 삶에는 잠재적 딴짓 유발원이 수두룩한 만큼 본짓을 위한 시간을 확보하는 법을 필수로 가르쳐줘야 한다.

- **아이도 타임박스형 일정표 작성법을 배우면 중요한 일을 위한 시간을 확보할 수 있다.** 미리 계획하는 법을 배우지 않으면 딴짓에 빠진다.

- **아이가 실패하도록 놔둬도 괜찮다.** 우리는 실패를 통해 배운다. 아이가 일정을 지키지 못했다면 일정표를 수정해 가치관을 실천하기 위한 시간을 확보하는 법을 가르쳐주자.

32장

외부 계기를 차단할 수 있도록 도와준다

/

아이가 딴짓을 유발하는 내부 계기의 정체를 알고 타임박스형 일정표를 만드는 요령을 배웠다면 이제 외부 계기를 탐색할 차례다.

부모 입장에서는 아이들의 관심을 빼앗는 달갑지 않은 신호가 너무 많다고 탓하기 쉽다. 시도 때도 없이 폰이 울리고 텔레비전이 번쩍거리고 이어폰이 윙윙대는데 아이들이 뭐 하나라도 제대로 처리할 수 있을지 의문스러울 것이다. 실제로 많은 아이(그리고 어른)가 여기저기에 정신을 팔면서 하루를 보낸다. 자꾸만 외부 계기에 반응하다 보니 뭔가를 깊이 생각하고 장시간 집중할 기회가 거의 없다.

미국 청소년의 디지털 기술 사용 동향에 관한 2015년 퓨리서치센터Pew Research Center 조사에서 "현재 95퍼센트의 청소년이 스마트폰을 갖고 있거나 이용 가능하다"고 나타났다.[1] 스마트폰을 가진 아이의 부모 중 72퍼센트가 스마트폰이 '딴짓을 너무 많이 유발한다'고 걱

정하는 것도 당연하다.[2]

이런 상황을 만든 건 부모와 보호자라고 볼 수도 있다. 따지고 보면 우리가 허락하고 돈을 줬으니까 아이가 지금 우리를 속 터지게 하는 딴짓 기계를 산 것 아닌가. 아이의 요구에 못 이겨 아이나 가정에 도움이 안 될 수도 있는 물건을 허용한 것이다.

많은 부모가 현재 자녀가 파괴적인 결과를 부를 수 있는 물건을 쓸 준비가 됐는지 따져보지도 않고 "딴 애들은 다 스마트폰 쓰고 인스타그램 해"라는 항변에 넘어간다.

우리는 아이의 '간절한 바람'만으로는 타당한 이유가 되지 않는다는 걸 쉽게 잊어버린다.

친구들이 물속에서 신나게 노는데 혼자 수영장 언저리에 서 있는 아이를 생각해보자. 아이는 당장 물속으로 뛰어들고 싶지만 아직 수영을 할 줄 모른다. 이럴 때 부모라면 어떻게 해야 할까?

우리는 수영장이 위험할 수 있다는 걸 알지만 그렇다고 평생 아이가 물에 못 들어가게 하진 않는다. 적당한 나이가 되면 수영을 가르친다. 다만 기초를 배웠다고 해도 안전하게 수영장에서 놀 수 있다는 확신이 들기 전까지는 눈길을 떼지 않는다.

그 외에도 아이가 준비되기 전에는 금지할 만한 활동을 얼마든지 생각해볼 수 있다. 특정한 유형의 책을 읽는 것, 폭력적인 영화를 보는 것, 운전, 음주 등이 그렇고 디지털 기기 사용도 당연히 그렇다.

모두 해도 되는 때가 있는 거지 아이가 하고 싶어 한다고 무조건 허락하면 곤란하다. 물론 세상을 탐색하며 위험을 헤쳐나가는 일이 성장 과정에서 중요하긴 하다. 그러나 아직 아이가 바르게 사용할 능력이 안 되는데 스마트폰 같은 디지털 기기를 준다면 수영을 할 줄 모르는 아이에게 다이빙을 허락하는 것만큼 무책임한 짓이다.

많은 부모가 자녀에게 스마트폰을 주면서 언제든 연락할 수 있어 다행이라고 자기합리화를 하지만 나중에 아이에게 너무 성급하게 허락했다고 후회하는 경우가 많다. 이 대목에서 또 수영장 비유가 통한다. 아이가 처음 수영을 배울 때는 얕은 물에서 놀아야 한다. 튜브나 킥보드를 이용해 물과 친해져야 한다. 그러다가 수영에 익숙해지면 비로소 혼자 자유롭게 수영할 수 있다.

아이에게 처음부터 온갖 기능이 갖춰져 있고 수시로 울리는 스마트폰을 주는 것보다는 일단은 전화와 문자만 되는 피처폰부터 주는 편이 좋다. 그런 제품은 가격이 25달러도 안 되고 외부 계기로 딴짓을 유발할 수 있는 앱을 설치할 수도 없다.[3] 혹시 위치 추적이 중요하다면 기즈모워치GizmoWatch처럼 GPS 기능이 있는 손목시계를 주면 된다. 그러면 부모의 폰에서 앱으로 위치 추적이 가능하고 아이는 미리 정해진 전화번호에 한해서만 통화할 수 있다.[4]

**아이가 어떤 기기를 사용할 준비가 됐는지 알고 싶으면
해당 기기에 기본으로 탑재된 외부 계기 차단 기능을
이해하고 사용할 수 있는지 보면 된다.**

아이가 방해 금지 모드를 사용할 줄 아는가? 일정에 따라 집중력을 요하는 일을 해야 할 때 자동으로 알림이 꺼지게 설정할 수 있는가? 가족과 함께 있거나 친구가 놀러 왔을 때 폰을 눈에 안 띄게 치우고 신경을 끌 수 있는가? 그게 아니라면 아직 준비가 안 됐으니 '수영 수업'을 좀 더 들어야 한다.

그런데 많은 부모가 현재 유행하는 최신 기술만 생각하지 그만큼 문제가 될 수 있는 구식 기술은 간과한다. 아이 방에 텔레비전이나 노트북처럼 딴짓을 유발할 수 있는 외부 계기를 두는 건 어떤 이유로든 정당화하기 어렵다. 스크린은 가족이 같이 쓰는 공간에 둬야 한다. 그런 장치를 쓰고 또 쓰고 싶은 유혹을 아이가 스스로 이겨내길 바라는 건, 특히 부모가 안 보는 곳에서 그러길 바라는 건 무리다.

아이들은 잠도 푹 자야 하는데 밤에 번쩍이거나 울리는 게 있으면 방해가 된다. 《현명한 스크린 이용법》 저자 애니아 카메네츠는 아이가 잠을 충분히 자는 게 중요하다는 건 "이론의 여지가 없는 정설"이라고 썼다.[5] 카메네츠는 "스크린과 수면이 혼합돼서는 안 된다"면서 밤에는 아이 방에서 디지털 기기를 모두 치우고 최소한 잠자기 1시간 전부터는 스크린을 끄라고 당부한다.

아이가 숙제, 집안일, 식사, 놀이를 하거나 지속적으로 집중해야 하는 취미 활동을 할 때 바람직하지 않은 외부 계기를 없앨 수 있도록 도와주는 것 역시 중요하다. 그리고 부모로서 아이가 정한 시간을 존중해야 한다. 아이가 타임박스형 일정표에 따라 숙제를 하고 있다면 당연히 방해하지 말아야 한다. 아이가 친구와 놀거나 게임을 할 때도 마찬가지다. 미리 의도를 갖고 계획을 세웠다면 그 계획을 존중하고 함부로 끼어들지 말아야 한다.

앞에서 배운 결정적인 질문을 떠올려보자. "이 외부 계기가 나를 지원하는가, 지배하는가?" 때로는 부모가 딴짓의 원인이 될 수도 있다. 개가 짖고 초인종이 울릴 때 아빠가 아이에게 누가 왔는지 보고 오라고 시키는 것도, 엄마가 야구 팀 경기 일정을 물어보는 것도, 형제자매가 같이 놀자고 하는 것도 모두 다른 어떤 일을 하기로 정해진 시간을 방해하는 행위가 될 수 있다. 별것 아닌 것 같아도 하지 말아야 할 때 하면 집중력을 떨어뜨린다. 그러니 아이가 계획한 대로 시간을 쓸 수 있도록 부모는 쓸데없는 외부 계기를 없애줘야 한다.

• 기억하세요 •

- **아이가 다이빙을 하기 전에 수영을 가르치자.** 아이가 준비도 되기 전에 위험한 행동을 허락하면 안 된다.
- **준비가 됐는지 확인하자.** 아이가 어떤 기기를 사용할 준비가 됐는지 알려면 기기에서 외부 계기를 끄고 딴짓을 다스릴 수 있는지 보면 된다.
- **아이에게는 숙면이 필요하다.** 밤에 아이 방에 텔레비전 같은 잠재적 딴짓 유발원을 두는 건 어떤 이유로든 정당화하기 어렵다. 아이가 푹 쉬는 데 방해가 되는 건 모두 치우자.
- **쓸데없는 외부 계기가 되지 말자.** 아이가 공부가 됐든 놀이가 됐든 어떤 활동에 집중하기 위한 일정을 잡아놨다면 아이의 시간을 존중하고 함부로 끼어들지 말자.

33장

스스로 계약 맺는 법을
가르쳐준다

/

다섯 살이 된 딸이 "아이패드 줘!"라고 떼를 쓰자 우리 부부는 뭔가 조치가 필요하다는 생각이 들었다. 일단 아이를 진정시키고 리처드 라이언의 권유대로 딸의 욕구를 존중하되 스크린을 너무 많이 보면 다른 걸 못 한다고 잘 알아듣게 설명했다.

당시 유치원생이었던 딸은 시간을 보는 법을 배우고 있었고 그래서 우리는 하루 동안 재밌는 걸 할 수 있는 시간이 끝없이 생기는 건 아니라고 말해줬다. 앱과 동영상에 시간을 너무 많이 쓰면 공원에서 친구들과 놀고 아파트 수영장에서 수영하고 엄마 아빠와 같이 있을 시간이 그만큼 줄어든다고 타일렀다.

그리고 아이패드의 앱과 동영상은 아주 똑똑한 사람들이 일부러 계속 빠져들도록 만들었다는 설명도 덧붙였다. 아이도 게임 회사와 SNS 회사의 동기를 알아야 한다. 그런 상품은 재미와 연결을 팔면서 우리의 시간과 집중력으로 수익을 창출한다. 다섯 살짜리에겐 너무 어려운 이야기 아닌가 싶을 수도 있지만 우리는 아이에게 아이 나름의 규칙과 판단에 따라 스크린을 이용하는 능력을 꼭 길러주고 싶었다.

앱 개발자가 이쯤 하면 됐다고 말해줄 리 없고
부모가 항상 알려줄 수도 없으니
언제 그만둬야 할지 판단하는 건 아이 몫이다.

아이에게 하루에 스크린을 얼마나 이용하는 게 좋겠냐고 물었다. 아이가 스스로 결정할 수 있도록 자율권을 주는 건 위험할 순 있어도 한번 시도해볼 만했다.

솔직히 나는 딸이 "하루 종일!"이라고 대답할 줄 알았는데 아니었다. 스크린 이용 시간을 제한하는 게 왜 중요한지 알고 직접 결정할 권한이 생기자 아이는 조심스럽게 "두 개만 볼게"라고 대답했다. 나는 넷플릭스에서 어린이용 프로그램을 두 편 보면 45분쯤 걸린다고 말해주고 "하루에 45분이면 스크린 이용 시간으로 적당할 것 같아?"라고 진심으로 물었다. 아이는 그렇다는 뜻으로 고개를 끄덕였다. 슬쩍 올라간 입꼬리를 보니 자기가 이겼다고 생각하는 것 같았다.

내가 보기에도 하루 45분이면 다른 활동을 할 시간이 많이 남으니까 괜찮을 것 같았다. "45분이 넘지 않게 하려면 어떻게 할 건데?" 내가 묻자 아이는 이기고 있는 협상에서 우위를 잃지 않으려고 자기도 맞출 줄 아는 주방 타이머를 이용하겠다고 대답했다. "좋아. 그런데 만약 네가 지금 이렇게 스스로 약속하고 엄마 아빠한테 약속한 거 못 지키면 그때는 다시 얘기하는 거다?" 아이도 동의했다.

이 사례에서 보듯이 어린아이도 사전 조치를 사용하는 법을 배울수 있다. 이제 열 살 말괄량이가 된 딸은 여전히 스크린 이용 시간을 직접 관리한다. 나이가 들면서 평일에 두 편을 안 보면 대신 주말 저녁에 영화를 보는 등 자기 나름대로 규칙을 바꿨다. 그리고 주방 타이머를 안 쓰고 아마존 알렉사에게 시간이 다 되면 알려달라고 한다. 중요한 건 이게 부모의 규칙이 아니라 아이의 규칙이고 스스로그 규칙을 지킨다는 점이다. 더군다나 시간이 다 되면 아빠가 악역이 되지 않아도 아이가 사용하는 장치가 이제 그만하라고 알려준다. 아이가 자기도 모르는 사이에 4부에서 설명한 노력 계약을 맺은것이다.

자녀에게 스크린 이용 시간을 얼마나 허용하는 게 좋은지 궁금해하는 부모가 많은데 몇 시간이 좋다고 딱 잘라 말할 수는 없다. 아이의 욕구, 아이의 온라인 활동, 스크린을 보느라 못하는 활동 등 많은요인이 개입하기 때문이다. 제일 중요한 건 아이와 대화하면서 스스로 규칙을 정하도록 도와주는 것이다. 아이의 의사를 묻지 않고부모가 일방적으로 제약을 가하면 아이는 불만을 품고 꾀를 부릴궁리만 할 것이다.

아이가 스스로 행동을 점검할 수 있을 때
비로소 초집중자가 되기 위한 역량을 기를 수 있고

그러면 부모가 없어도 초집중력을 발휘할 수 있다.

물론 이렇게 한다고 집안에 평화가 찾아온다는 보장은 없다. 많은 가정에서 디지털 기술이 가정과 아이의 생활에 어떤 역할을 하는지를 두고 열띤 논쟁을 벌이게 될 것이다. 설령 가족 간에 생각이 다를지언정 서로의 의견을 존중하며 토론하는 건 그만큼 건강한 관계라는 증거다.

6부, 아니 이 책을 통틀어 딱 한 가지만 배워야 한다면 그건 바로 딴짓이 여느 문제와 다르지 않다는 사실이다. 기업에서든 가정에서든 문제를 해결하려면 불이익을 당할까 걱정하지 않고 솔직히 의견을 말할 수 있는 그리고 그런 솔직함을 권장하는 토론 환경이 조성돼야 한다.

한 가지 분명한 건 기술이 우리 삶에 점점 더 깊이 침투해 더 큰 설득력을 발휘하고 있다는 점이다. 아이들에게 디지털 제품이 애초부터 우리의 관심을 사로잡도록 만들어졌다고 가르쳐주는 것도 중요하지만 스스로 딴짓을 극복할 수 있다는 자신감을 심어주는 것 역시 중요하다. 시간을 현명하게 쓰는 건 그들의 의무이자 권리다.

· 기억하세요 ·

- **사전 조치를 취하고 준수하는 아이의 능력을 과소평가하지 말자.** 어린아이도 스스로 규칙을 정하고 타이머처럼 구속력 있는 시스템을 이용할 수만 있다면 사전 조치를 취할 수 있다.

- **소비자에게는 건전한 의심이 필요하다.** 아이도 기업이 의도적으로 계속 동영상을 보거나 게임을 하도록 유도한다는 점을 알아야 미디어 활용 능력이 길러진다.

- **아이 스스로 관리하게 하자.** 자신의 행동을 직접 관찰하고 점검할 때 비로소 시간과 집중력을 관리하는 법을 터득할 수 있다.

7부

......

초집중 관계를 형성하는 법

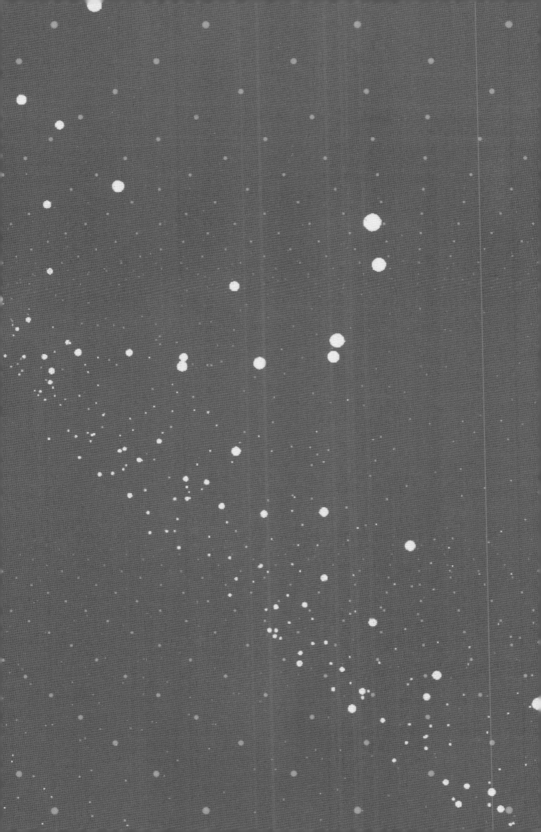

34장

주변에 사회 항체를
전파한다

/

우리가 친구를 만나러 갈 때는 우리만 가는 게 아니다. 우리의 폰도 거의 예외 없이 동석해 타이밍 안 맞는 알림으로 훼방 놓을 기회를 노린다. 친구가 대화 중에 무심코 폰을 확인하느라 주의가 산만해지는 걸 경험해보지 않은 사람이 있을까? 대부분은 그런 행동을 시대가 시대니 어쩔 수 없다고 용인한다.

유감스럽게도 딴짓은 전염성이 있다. 흡연자가 모인 자리에서 누가 담뱃갑을 꺼내면 다른 사람들도 똑같이 꺼낸다. 디지털 기기도 마찬가지로 타인에게 행동을 유발한다. 저녁 식사 중에 누가 폰을 꺼내면 그게 외부 계기가 되어 곧 다른 사람들도 스크린을 보느라 대화가 흐지부지된다.

심리학계에서 '사회 전염'이라고 부르는 이 현상은 약물 복용, 과식 같은 행동에 영향을 미치는 것으로 밝혀졌다.[1] 나는 아무리 케일 샐러드를 먹으려 해도 배우자와 자녀가 자꾸 초콜릿 도넛을 먹으면 체중을 관리하기가 어렵고 나는 디지털 기기를 덜 쓰고 싶어도 가족과 친구가 스크린을 본다고 나를 외면하면 습관이 잘 안 바뀐다.[2]

이렇게 타인이 우리의 행동에 큰 영향을 미치는 현실에서 어떻게 하면 딴짓을 다스리고 다른 사람들과 알찬 시간을 보낼 수 있을까? 주위 사람들은 그대로인데 어떻게 딴짓하는 습관을 바꿀 수 있을까?

수필가이자 발명가인 폴 그레이엄[Paul Graham]은 새로운 유해 행동이 등장하면 그에 대한 방어 수단인 '사회 항체'가 등장한다고 썼다.[3] 미국질병통제예방센터[CDC] 자료를 보면 1965년 미국 성인 중 42.4퍼센트가 흡연자였는데 2020년에는 그 비율이 12퍼센트가 될 전망이다.[4] 이렇게 흡연율이 급감한 데는 물론 법적 규제가 크게 작용했다. 하지만 집에서 담배를 피우는 건 위법이 아닌데도 이제는 그런 사람을 보기 어려워졌다.

어릴 때 우리 부모님은 흡연자가 아닌데도 집안 곳곳에 재떨이가 있었다. 당시에는 주위에 애들이 있든 없든, 집에서든 회사에서든 담배를 피우고 싶으면 피우는 분위기였다. 어머니는 사람들이 우리 집에서 담배를 못 피우게 하려고 이런저런 수단을 강구했지만 그래 봤자 뼈만 앙상하게 남은 손 모양의 재떨이를 가져다 놓는 것처럼 '흡연의 말로'를 은근슬쩍 보여주는 정도가 마음 편히 쓸 수 있는 대응책의 전부였다. 밖에 나가서 담배를 피우라는 말이 유별나고 자칫하면 무례하게 들릴 수도 있던 시절이었다.

하지만 요즘은 분위기가 완전히 달라졌다. 우리 집에는 재떨이를 둬본 적이 없다. 우리 집에서 담배를 피워도 되냐고 묻는 사람도 없었다. 이미 답을 알고 있기 때문이다. 누가 거실 소파에서 담배에 불을 붙이면 아내가 어떤 표정일지 상상만 해도 심장이 철렁한다. 아마 그 사람은 다시는 우리 집에 발을 못 붙이고 한동안은 친구 취급도 못 받을 것이다.

단 한 세대 만에 흡연 규범이 급격히 변한 이유는 무엇일까? 그레이엄의 이론에 따르면 우리 몸이 해로운 박테리아나 바이러스에 저항하는 것처럼 사람들이 자신을 보호하기 위한 사회 항체를 취했기 때문이다. 사람과 사람이 만나는 자리에서 딴짓을 하는 행위가 만연한 현실을 해결하는 방법 중 하나도 사람들 앞에서 폰을 확인하는 행위를 금기시하는 규범을 만드는 것이다.

사회규범이야 항상 변하지만
그것을 좋은 방향으로 바꾸는 건 우리 몫이다.

불건전한 행동이 더는 용인되지 않게 하려면 그 행동에 이름을 붙이고 확산을 방지하는 사회 항체를 전파하는 수밖에 없다. 흡연에도 통한 방법이니 디지털 딴짓에도 통할 것이다.

저녁 식사 모임에서 누가 폰을 꺼내 만지작거리기 시작했다고 하자. 우리야 친목을 도모하는 자리에서 디지털 기기에 시간을 쓰는게 예의에 어긋나는 줄 알지만 아직 이 새로운 사회규범을 배우지못한 사람이 적어도 한 명쯤은 있기 마련이다. 그 사람과 계속 친구로 지내고 싶다면 남들 앞에서 망신을 주는 건 현명하지 않고 넌지

시 알려줄 필요가 있다.

이럴 때 화기애애한 분위기를 유지하면서도 효과를 볼 수 있는 간단한 방법이 존재한다. 두 가지 선택지를 제시하는 질문으로 규범 위반자가 폰의 마수에서 벗어나게 하는 것이다. 그 선택지란 (1) 양해를 구하고 현재 폰에서 벌어지고 있는 위기 상황을 수습하거나 (2) 선선히 폰을 치우는 것이다. "폰 보고 있네. 무슨 문제 있어?" 같은 질문이면 된다.

단, 그 질문이 진심이어야 한다. 정말로 긴급 상황일 수도 있으니까. 하지만 보통은 우물우물 변명을 하고 폰을 집어넣은 후 다시 즐거운 대화에 참여할 것이다. 그렇다면 성공이다! 이로써 '퍼빙 phubbing'에 대한 사회 항체를 세련되게 확산시켰다. 퍼빙은 광고대행사 맥켄McCann에서 《맥쿼리 사전Macquarie Dictionary》에 싣기 위해 만든 신조어다.[5]

폰phone과 스너빙snubbing(냉대)의 합성어인 퍼빙은 "사회적 상황에서 폰이나 휴대 기기에 열중하느라 (사람이나 주변을) 무시하는 것"을 뜻한다. 《맥쿼리 사전》은 우리가 이런 문제를 지칭할 방법을 마련하기 위해 전문가들을 모아 단어를 만들었다. 이제 우리는 이 용어를 열심히 써서 이것이 사람들이 모인 자리에서 딴짓을 방지하기 위한 사회 항체로 우리의 무기고에 편입되도록 해야 한다.

사람들이 만날 때 딴짓을 유발하는 요인은
스마트폰, 태블릿, 노트북 같은 최신 기술만이 아니다.

요즘은 식당에 가보면 벽마다 텔레비전이 달린 곳이 많고 채널도 하나는 뉴스, 하나는 스포츠 하는 식으로 저마다 달라서 대화를 하다가도 그쪽으로 정신이 팔리기 쉽다. 이렇게 사람들이 모였을 때 텔레비전이 켜져 있는 게 용납되기 때문에 텔레비전 역시 관심을 사람들에게서 떼어놓는 힘이 스마트폰 못지않다.

텔레비전이 아니라 아이들 때문에도 주의가 분산될 수 있다. 최근 모임에서 한 친구가 개인적으로도 직업적으로도 힘들었던 이야기를 시작했는데 갑자기 그 집 아이 하나가 식탁으로 와서 주스를 달라고 했다. 화제는 바로 그 아이에게 필요한 것으로 바뀌었다.

이처럼 악의 없는 침입도 중요하고 민감한 대화, 친구 사이를 더욱 돈독히 하는 대화를 탈선시키는 힘이 있다. 다음번에 저녁을 먹으려고 모였을 때 우리는 간식을 포함해 아이들에게 필요할 만한 걸 모두 다른 방에 넣어뒀다. 그리고 아이들에게 누가 피나는 게 아니면 어른들 이야기에 끼어들지 말라고 확실히 일러뒀다.

폰 때문에 발생하든 아이들 때문에 발생하든 반드시 그 외부 계기가 우리를 지원하는지 지배하는지 따져봐야 한다. 아이들도 어른의 도움 없이 필요한 건 알아서 해결하는 법을 배우면 좋고 부모들이 대화에 열중하는 모습을 보면서 딴짓을 차단하고 친구에게 집중하는 태도의 중요성도 배울 수 있다. 만일 우리가 딴짓하지 않고 대화하기 위한 시간과 공간을 의도적으로 준비하지 않는다면 서로의 참모습을 볼 기회를 잃을지도 모른다.

우리는 사회 항체로 흡연을 감소시켰듯이 친구를 만날 때 딴짓하는 행위도 줄일 수 있다. 친구나 가족과 딴짓을 다스리기로 합의하고 우리를 지원하지 않는 외부 계기를 하나씩 없애나가면 소중한 사람들과 함께 있을 때 딴짓의 전염이 저지될 것이다.

· 기억하세요 ·

- **소중한 사람과 같이 있을 때 딴짓을 하면 같이 있는 게 아닐 수 있다.** 정신이 딴 데 팔리면 유대감이 형성되기 어렵다.
- **불건전한 행동의 확산을 차단하자.** '사회 항체'는 한 집단이 유해한 행동을 금기로 만들어 그 악영향을 막는 수단이다.
- **새로운 사회규범을 만들자.** 우리는 사람들이 모인 곳에서 흡연하는 행위를 줄인 것처럼 같은 상황에서 휴대 기기를 쓰는 행위를 용납되지 않는 일로 만들어 딴짓을 줄일 수 있다. "혹시 무슨 문제 있어?"처럼 모임에서 폰을 못 쓰게 하는 요령 있는 말을 몇 가지 준비해두자.

35장

초집중적 사랑

/

우리 부부의 밤은 매일 똑같은 패턴이었다. 아내가 아이를 재우고 양치질을 하고 씻고 침대로 들어온다. 그러면 은근한 눈빛을 교환하고 부부가 침대에서 마땅히 할 일을 시작했다. 아내는 폰을 주무르고 나는 아이패드를 쓰다듬는 것이었다. 아, 바로 이 느낌이야!

우리는 휴대 기기와 바람을 피우고 있었다. 그런데 우리 부부만 페이스북으로 전희를 대체한 건 아닌 것 같다. "미국인 중 약 3분의 1이 1년 동안 폰과 헤어지느니 차라리 1년 동안 섹스를 포기하겠다고 답했다"는 설문 조사 결과를 보면 말이다.[1]

초집중법을 배우기 전에는 우리도 스마트폰 알림의 마력에서 벗어나기가 힘들었다. 저녁을 먹은 뒤 이메일에 답장 한 통만 더 쓰겠다고 했는데 어느새 부부로서 친밀함을 나눌 시간이 45분이나 날아가 있었다. 자정까지 각자 휴대 기기를 만지작거리는 게 우리 부부의 저녁 의례가 돼버렸다. 침대에 누우면 너무 피곤해서 말할 기운이 없었다. 그러다 보니 성생활뿐 아니라 관계 그 자체에 타격을 입었다.

퓨리서치센터에 따르면 우리는 머리맡에 폰을 두고 자는 65퍼센트의 미국인에 속했다.[2] 습관은 행동을 촉발하는 신호 때문에 생긴다. 따라서 습관을 고치려면 주변에서 신호를 보내는 요인을 없애야 한다. 우리는 폰을 침실 말고 거실에 두기로 했다. 그렇게 외부 계기가 사라지자 우리의 테크노 불륜이 어느 정도 해소되는 것 같았다.

하지만 폰 없이 며칠 밤을 보냈더니 슬슬 불안해지면서 스트레스를 받았다. 머릿속에서 지금 내 관심을 필요로 할 만한 것들이 자꾸 맴돌았다. 혹시 누가 긴급한 메일을 보내진 않았을까? 블로그에 어떤 댓글이 달렸을까? 중요한 트윗을 놓치는 거 아냐? 스트레스가 너무 심하고 답답한 나머지 나는 나쁜 습관을 없애겠노라 굳게 다짐한 사람이 흔히 할 법한 행동을 했다. 꼼수를 쓴 것이다.

휴대폰이 곁에 없으니 새로운 파트너를 찾아야 했다. 노트북을 꺼내서 키보드를 두드리자 불안감이 스르르 녹아내렸다. 아내도 나를 보고는 이때다 했고 그렇게 우리는 원점으로 돌아갔다.

그렇게 밤늦게까지 기계와 뒹군 지 며칠이 지났을 때 우리는 멋쩍게 실패를 인정했다. 민망함과 별개로 어디서부터 잘못됐는지 집요하게 추적했더니 중요한 단계를 건너뛰었다는 사실을 알 수 있었다. 우리가 느끼던 불편을 다스리는 방법을 습득하지 않았기 때문에 다시 이전으로 돌아간 것이었다. 우리는 자책하지 않고 이번에는 원치 않는 행동을 유발하는 내부 계기를 처리할 방법부터 찾아보기로 했다.

그래서 저녁에 정말로 휴대 기기를 쓰고 싶으면 일단 10분을 기다린다는 10분 원칙을 세웠다. 그러자 '충동 타기'를 할 시간이 생겨 무심코 시간을 낭비하는 습관에 곧장 빠져들지 않았다. 그리고 근처 가게에서 산 7달러짜리 타이머 콘센트에 공유기와 모니터를 연결해 밤 10시 정각에 꺼지게 만들었다. '꼼수'를 쓰려면 책상 뒤로 수그리고 들어가 리셋 스위치를 누르게 하는 노력 계약이었다.

요컨대 우리는 4대 초집중 기법을 총동원해 상황을 개선해나갔다. 저녁에 휴대 기기를 쓰고 싶은 충동을 억제할 때 생기는 스트레스의 처리법을 터득하자 점차 충동에 저항하기가 쉬워졌다. 일정표에 취침 시간을 정해놓고 엄격히 준수하고 침실을 성역이라 부르며 폰과 텔레비전 같은 외부 계기를 축출했다. 원치 않는 딴짓의 전원을 내려버리는 타이머 콘센트는 우리가 언제부턴가 매일 밤 당연시하던 행위에 대한 사전 조치였다. 습관에 대한 지배력이 커지면서 다시 찾은 시간을 우리는 더 '생산적인' 행위에 쓰기 시작했다.

우리가 발명한 디지털 기기 차단법도 자랑할 만하지만 사실 요즘은 찾아보면 에로Eero처럼 인터넷 차단 기능이 탑재된 공유기도 많다.[3] 만일 내가 시간을 깜빡하고 10시 이후에 메일을 확인하려 하면 공유기가 컴퓨터를 끄고 아내를 끌어안으라는 메시지를 보낸다.

**딴짓은 가장 친밀한 관계에도 타격을 입힐 수 있고
우리는 세상의 모든 사람과 연결되는 대가로
바로 옆에 있는 사람과 단절될 수 있다.**

　우리 부부는 여전히 디지털 기기를 좋아하고 우리 삶을 개선하는 혁신의 잠재력을 믿는다. 하지만 기술의 이점만 취하고 싶지, 그로 인해 부부 관계가 파괴되는 건 원치 않는다. 내부 계기를 다스리고 정말로 하고 싶은 일을 위한 시간을 확보하고 해로운 외부 계기를 제거하고 사전 조치를 이용하는 법을 배운 덕에 우리는 마침내 부부 관계에 잠복한 딴짓을 정복할 수 있었다.

2장에서 말했듯이 "초집중은 하기로 한 일을 하기 위해 분투하는 것"이다. 분투는 '힘써 노력하거나 싸우는 것'을 뜻한다.[4] 완벽하거나 절대 실패하지 않는다는 뜻이 아니다. 누구나 그렇듯이 나도 여전히 딴짓과 씨름할 때가 있다. 스트레스가 심하거나 예상치 못하게 일정이 변경되면 나도 탈선할 수 있다.
　다행히도 지난 5년간 자료를 조사하고 책을 쓰는 과정에서 딴짓과 싸워 승리하는 법을 터득했다. 딴짓이 여전히 발생하긴 해도 이제는 딴짓이 '지속'되지 않도록 손쓸 방법을 안다. 그래서 예전과 비교도 되지 않을 만큼 강력하게 내 삶을 장악하고 있다. 요즘 나는 나 자신과 타인 앞에서 솔직하게, 가치관에 따라 살고 있으며 소중한 사람들에 대한 책임을 충실히 이행하고 직업적으로 어느 때보다 큰 생산성을 발휘하고 있다.

최근에 딸에게 어떤 초능력을 갖고 싶은지 다시 물어봤다. 지난번에 집중해서 듣지 않은 걸 사과하고 다시 말해달라고 했다. 아이의 답을 듣고 가슴이 뭉클했다. 언제나 사람들을 친절히 대할 수 있는 능력을 갖고 싶다는 것이었다.

눈물을 훔치고 아이를 꼭 안아준 뒤 그 말을 잠시 곱씹었다. 생각해보니 친절함은 신비한 용액을 주사해야 얻을 수 있는 초능력이 아니었다. 우리는 마음만 먹으면 언제든 친절해질 수 있는 능력을 갖고 있다. 이미 우리 안에 있는 능력을 발현하기만 하면 된다.

초집중력도 마찬가지다. 초집중자가 됨으로써 우리는 타인에게 좋은 본보기가 될 수 있다. 회사에서는 초집중 기법으로 조직을 변화시키고 업계 전체로 그리고 업계 너머로 파급 효과를 일으킬 수 있다. 가정에서는 다른 가족들이 직접 초집중 기법을 쓰면서 자신이 꿈꾸는 삶을 살도록 하는 자극제가 될 수 있다.

하기로 한 일을 하기 위해 분투하는 건 누구나 가능하다. 우리는 누구나 초집중자가 될 능력을 이미 갖고 있다.

- **딴짓은 가장 친밀한 관계에서도 장애물이 될 수 있다.** 디지털 세계의 즉시 연결성으로 인해 바로 옆에 있는 사람과 단절될 수 있다.

- **초집중은 사랑하는 사이에서 함께하는 시간을 회복시킨다.** 초집중의 4단계를 통해 파트너를 위한 시간을 확보할 수 있다.

- **이제 초집중자가 될 시간이다.**

들어가며

1장 원하는 삶을 살려면 바른 행동만 하면 되는 게 아니라 나쁜 행동을 피해야 한다.

2장 '본짓'은 진정으로 원하는 것에 가까워지게 하고 '딴짓'은 멀어지게 한다. 초집중은 하기로 한 일을 하기 위해 분투하는 것이다.

1부. 내부 계기를 정복한다

3장 동기는 불편에서 도피하려는 욕구다. 딴짓의 근접 원인이 아닌 근본 원인을 찾자.

4장 딴짓으로 불편에서 도피하려 하지 말고 불편을 처리하는 법을 배우자.

5장 충동은 억누르려고 해봤자 더 강해질 뿐이다. 충동을 관찰함으로써 저절로 사라지게 하자.

6장 내부 계기를 재해석하자. 딴짓에 앞서 발생하는 부정적 감정을 찾아서 기록하고 그것을 혐오감이 아니라 호기심을 갖고 탐색하자.

7장 과업을 재해석하자. "이렇게까지 할 필요가 있을까 싶고 왠지 바보짓처럼 느껴질 정도"로 관심을 기울임으로써 과업을 놀이로 만들자. 의도적으로 새로운 면을 찾아보자.

8장 기질을 재해석하자. 자기 자신에게 하는 말이 중요하다. 의지력은 고갈된다고 믿을 때만 고갈된다. 자신을 '딴짓을 잘하는 사람'이나

'중독이 잘되는 사람'이라고 말하지 말자.

2부. 본짓을 위한 시간을 확보한다

9장 가치관을 시간으로 전환하자. 타임박스형 일정표로 하루를 계획하자.

10장 나를 위한 일정을 세우자. 투입물을 계획하면 산출물이 따라 나올 것이다.

11장 소중한 관계를 위한 일정을 세우자. 사랑하는 사람들을 위한 시간과 집안일을 위한 시간을 배정하자. 정기적으로 친구들과 만나는 일정을 만들자.

12장 중요한 사람과 일정을 공유하고 조율하자.

3부. 외부 계기를 역해킹한다

13장 각각의 외부 계기에 대해 "이 계기가 나를 지원하는가, 지배하는가?"라고 물어보자. 그것이 본짓으로 이어지는가, 딴짓으로 이어지는가?

14장 집중력을 사수하자. 방해받고 싶지 않을 때 의사를 분명히 표현하자.

15장 이메일을 적게 받으려면 이메일을 적게 보내자. 이메일을 확인할 때 답장해야 하는 시점을 태그로 달고 일정표에 정해진 시간에 답장하자.

16장 그룹 채팅은 일정표에 정해진 시간에 들어갔다 나오자. 꼭 필요한 사람만 참여시키고 생각나는 대로 아무 말이나 하지 말자.

17장 회의를 소집하기 어렵게 만들자. 안건이 없으면 회의도 못 열게 하자. 회의의 목적은 문제 해결이 아니라 합의 도출이다. 디지털 기기는 노트북 한 대를 제외하고는 지참할 수 없게 하자.

18장 딴짓을 유발하는 앱은 폰 말고 컴퓨터에서 이용하자. 앱을 정리하고 알림을 관리하자. 방해 금지 모드를 켜자.

19장 컴퓨터의 알림을 끄자. 작업 공간에서 잠재적 딴짓 유발원을 제거
하자.

20장 온라인 글은 포켓에 저장해 일정표에 정해진 시간에 읽거나 듣자.
'다중 경로 작업'을 이용하자.

21장 딴짓하지 않고 SNS를 활용하게 해주는 브라우저 확장 기능을 이용
하자. NirAndFar.com/Indistractable에 여러 도구가 링크돼 있다.

4부. 계약으로 딴짓을 방지한다

22장 충동의 해법은 미리 생각하는 것이다. 딴짓을 하게 될 것 같은 때에
대비해 미리 계획을 세우자.

23장 노력 계약으로 원치 않는 행동을 하기가 어렵게 만들자.

24장 가격 계약으로 딴짓을 하면 비싼 대가를 치르게 하자.

25장 정체성 계약으로 자기 인식에 사전 조치를 취하자. 자신을 '초집중
자'라 부르자.

5부. 초집중 직장을 만드는 법

26장 '항시 대기' 문화는 사람들을 미치게 한다.

27장 직장에서의 기술 남용은 불량한 조직 문화의 증상이다. 근본 원인은
'심리적 안정감'이 부족한 문화다.

28장 집중해서 일하는 게 중시되는 문화를 만들고 싶다면 우선 동료 간에
문제에 관해 솔직히 이야기할 수 있는 분위기를 조성하는 작은 일부
터 시작하자.

6부. 아이를 초집중자로 키우는 법

29장 아이가 딴짓을 하는 근본 원인을 찾자. 초집중의 4단계를 가르쳐주자.

30장 아이의 심리적 욕구가 충족되게 하자. 사람은 누구나 자율성, 유능성, 관계성을 느끼고 싶어 한다. 현실에서 욕구를 충족하지 못하는 아이는 온라인에서 충족하려 든다.

31장 아이에게 타임박스형 일정표 작성법을 가르쳐주자. 온라인에서 보내는 시간을 포함해 좋아하는 활동을 위한 일정을 스스로 짜게 하자.

32장 아이가 불건전한 외부 계기를 제거할 수 있게 도와주자. 딴짓을 유발하는 계기를 끄는 방법을 알려주고 부모가 딴짓을 유발하는 외부 계기가 되지 않게 주의하자.

33장 아이가 계약을 맺을 수 있게 도와주고 딴짓을 다스리는 것이 자신의 책임이라는 것을 알게 하자. 딴짓이 해결 가능한 문제이고 초집중력을 발휘하는 것이 평생 가는 능력임을 가르쳐주자.

7부. 초집중 관계를 형성하는 법

34장 모임에서 휴대 기기를 쓰는 사람이 있으면 "폰 보고 있네. 무슨 문제 있어?"라고 묻자.

35장 침실에서 휴대 기기를 치우고 지정된 시간에 인터넷이 자동으로 차단되게 하자.

NirAndFar.com/Indistractable에서 일정 관리 도구를 무료로 받을 수 있습니다.

	월요일	화요일	수요일
7:00 AM			
8:00 AM			
9:00 AM			
10:00 AM			
11:00 AM			
12:00 PM			
1:00 PM			
2:00 PM			
3:00 PM			
4:00 PM			
5:00 PM			
6:00 PM			
7:00 PM			
8:00 PM			
9:00 PM			
10:00 PM			
11:00 PM			

목요일	금요일	토요일	일요일

부록 1. 타임박스형 일정표

부록 2. 딴짓 추적표

9장 설명(83쪽)을 참고하세요.

시간	딴짓	기분	내부
8:15	뉴스를 봤다	불안	O
9:32	글을 안 쓰고 구글 검색을 했다	답답함	O

외부	계획 문제	아이디어
		충동 타기를 하자
		시간 목표를 정하고 달성할 수 있는지 보자

부록 2. 딴짓 추적표

이제 이 책에서 배운 내용을 바탕으로 친구들과 훈훈한 대화를 나눌 차례다. 이 책의 주제를 하나씩 짚어보며 흥미롭게 토론하기 위한 질문을 준비했다. 친구들과 모여 생산성, 습관, 가치관, 기술, 계기에 관해 허심탄회하게 이야기해보자.

1. 저자는 줄곧 인생의 세 영역, 즉 나, 관계, 일의 중요성을 말한다. 우리는 자기도 모르게 어떤 한 영역에 치중해 나머지 두 영역에는 소홀해질 때가 많다. 지금 가장 많은 개선이 필요한 영역은 무엇이고 그 이유는 무엇인가?

2. 이 책에는 통념을 깨뜨리는 메시지가 많이 나온다. 그중에서 기존의 생각을 바꾸게 한 것이 있는가? 무엇이 가장 놀라웠는가?

3. 본짓을 하지 못하게 만드는 딴짓 중에서 제일 자주 하는 것이 무엇인지 생각해보자. 제일 많이 생기는 내부 계기 세 가지는 무엇인가? 제일 많이 접하는 외부 계기 세 가지는 또 무엇인가? 참고로 내부 계기는 내면에서 비롯되는 신호, 외부 계기는 주변 환경에서 비롯되는 신호다.

4. 언뜻 따분하거나 반복적으로 느껴지는 과업을 재미와 놀이를 통해 재해석함으로써 불편을 해소할 수 있다. 매일 생활이나 업무에서 하는 일 중에서 별로 마음이 동하지 않는 일을 떠올려보자. 그 일을 어떻게 재해석하면(혹은 제약을 가하면) 더 재밌어질까?

5. 저자는 통념과 달리 할 일 목록에 "심각한 결점"이 있다고 지적한다. 이 말에 동의하는가, 동의하지 않는가? 그 이유는 무엇인가?

6. 저자는 어린 딸에게 더 집중하는 아빠가 되기 위해 놀이뽑기함을 만들었다. 나의 놀이뽑기함에 '반드시' 들어가야 할 활동을 5~10개 꼽자면 무엇인가?

7. 본짓을 하려면 가치관에 부합하는 일정을 짜야 한다. 이상적인 하루의 타임박스형 일정표를 만들어보자. 어떤 식으로 시간을 쓰겠는가? 어떻게 나, 관계, 일을 위해 "가치관을 시간으로 전환"하겠는가?

8. 가치관은 성취 대상이 아니라 행동 길잡이다. 내 가치관에서 가장 중요한 덕목 다섯 가지는 무엇인가?

9. 연구 결과에 따르면 현대의 직장 환경, 특히 칸막이가 없는 사무실은 끊임없이 딴짓을 유발

한다. 이 말에 동의하는가, 동의하지 않는가?

10. 일을 하다 보면 딴짓을 완전히 피할 수는 없다. 집에서 일한다고 해도 마찬가지다. 그룹 채팅, 이메일, 폰이 주의를 분산시킨다. 반복되는 하루 일과에서 어떻게 하면 방해받지 않고 집중해서 일하는 것을 가장 우선시할 수 있을까?

11. 이 책에서 정체성은 고정된 게 아니라고 배웠다. 습관처럼 정체성도 마음먹기에 따라 바뀌고 더 긍정적인 자기 인식을 만들 수 있다. 예전부터 바꾸고 싶었던 습관은 무엇인가? 그리고 성공을 위해 만들 수 있는 새로운 정체성은 무엇인가?

12. 저자는 제약으로 인해 체계가 잡히고 반대로 아무 제약이 없으면 선택의 폭넓게로 고통이 유발된다고 했다. 제약이 체계를 만들어 긍정적으로 작용하는 예를 들어보자.

13. 행동을 변화시키기는 어렵기 때문에 실패를 피할 수 없다. 관건은 실패를 딛고 일어서는 방법을 아는 것이다. 과거에 어떻게 실패를 딛고 일어섰는가?

14. 인터넷(SNS 포함)은 콘텐츠의 소용돌이를 만든다. 현재의 온라인 콘텐츠 소비 패턴을 개선하기 위해 어떤 습관을 기르고 싶은가?

15. 저자는 온라인 딴짓을 방지하기 위해 애용하는 방법을 폭넓게 소개했다(예: 페이스북 뉴스피드 제거, 포레스트 같은 생산성 향상 앱 이용). 집중력과 능률을 높이는 데 도움이 됐던 방법을 이야기해보자.

16. 연구에 따르면 우리가 건강하게 살기 위해서는 자율성, 유능성, 관계성이라는 세 가지 심리적 영양소가 필요다. 이 중에서 자신에게 가장 중요한 영양소는 무엇이고 그 이유는 무엇인가? 지금 무엇이 부족한가?

17. 일반적으로 기술 발전은 공포를 초래한다(자율주행 자동차, AI, 가상현실은 물론이고 SNS도 마찬가지다). 왜 그렇다고 생각하는가?

18. 해야 하는데 자꾸만 안 하게 되는 일을 이야기해보자(예: 헬스장에 가는 것). 어떤 변화를 주면 초집중 모델의 4단계를 따라 자신이 하기로 한 일을 할 수 있겠는가?

19. 설문 조사에서 미국인 중 3분의 1이 1년간 폰과 이별하느니 1년간 섹스를 포기하겠다고 했다. 둘 중 하나를 1년간 포기해야 한다면 무엇을 포기할 것이고 그 이유는 무엇인가?

20. 내가 생각하는 초집중자의 삶이란 무엇인가?

/

이 책이 완성되기까지 장장 5년 동안 많은 분이 도움을 주셨다.

먼저 사업과 인생의 동반자인 줄리 리에게 깊은 감사의 마음을 전하고 싶다. 줄리는 이 책에 이루 말할 수 없이 큰 기여를 했다. 우리 부부의 사적인 이야기를 공개하는 것을 허락했고 아이디어와 기법 테스트를 옆에서 도와줬으며 더 좋은 책을 만들기 위해 수많은 시간을 쏟아부었다. 우리는 이 책의 집필 과정에서 모든 걸음을 함께했고 줄리는 날마다 내가 더 나은 사람이 되도록 노력하게 만드는 원동력이다.

다음으로 내가 초집중자가 돼야겠다고 결심하게 만든 주인공이자 이 책의 제목 선정, 표지 디자인, 마케팅에 열렬한 도움을 아끼지 않은(열 살다운 방식으로) 우리 딸 재스민에게 감사한다.

양가 부모님의 응원에도 물론 감사드린다. 내가 아무리 황당한 일을 벌여도 항상 지원을 아끼지 않는 그분들이 얼마나 큰 힘이 되는지 모른다.

그야말로 졸고라고 해도 과언이 아니었던 이 책의 초기 원고를 용감히 읽어준 에릭 바커, 케이틀린 바우어, 가이아 번스타인, 조너선 볼든, 카라 카넬라, 린다 시어, 제럴딘 드루이터, 카일 에셴로더,

모니크 이얄, 오메르 이얄, 랜드 피시킨, 조스 해밀턴, 웨스 카오, 조시 코프먼, 캐리 콜라자, 칼 마시, 제이슨 오글, 로스 오버린, 테일러 피어슨, 질리언 리처드슨, 알렉산드라 새뮤얼, 오렌 샤피라, 비카스 싱할, 셰인 스노우, 찰스 왕, 앤드루 지머먼에게 감사한다. 초고를 읽는 고역을 참아내고 사려 깊은 지적과 통찰력 있는 의견을 건넨 그들에게 어떻게 다 감사할 수 있을지 모르겠다.

대리인으로서 최고의 기량을 발휘한 크리스티 플레처와 그 팀원들에게 감사드린다. 탁월한 에이전트인 크리스티의 조언과 우정에 큰 빚을 졌다. 팀원인 멀리사 친칠로, 그레인 폭스, 새라 푸엔테스, 베로니카 골드스타인, 엘리자베스 레스닉, 알리사 테일러에게도 감사하다는 말씀을 드린다.

이 책의 출간을 위해 노고를 아끼지 않은 오더블의 스테이시 크리머와 벤벨라 출판사의 새라 애빙어, 헤더 버터필드, 제니퍼 칸초네리, 리즈 엥겔, 스테파니 고턴, 아이다 에레라, 얼리샤 카니아, 에이드리엔 랭, 모니카 로리, 바이 트랜, 수전 웰티, 레아 윌슨, 글렌 예페스에게도 감사드린다.

블룸즈버리의 알렉시스 커시바움은 작가가 편집자에게 바랄 수

　　　　　　　　　　　　　　　感사의 글

있는 것 이상의 공을 들여 비평가의 눈으로 이 책의 원고를 개선했다. 알렉시스와 그 동료 허마이어니 데이비스, 티 딘, 제너비브 넬슨, 앤디 파머, 제니스타 테이트-알렉산더, 앤젤리크 트랜 밴생에게 진심 어린 감사를 드린다.

자료를 조사, 정리, 편집하는 데 도움을 준 캐런 비티, 매슈 가틀런드, 조나 레러, 재나 말리스 마런, 미케일라 마주티넥, 폴레트 퍼하크, 첼시 로버트슨, 레이 실베스터, 앤마리 워드에게 감사드린다.

NirAndFar.com의 운영을 도와주는 토머스 키엠페루와 앤드리아 슈만에게 특히 감사하다. 이 책의 시각 자료를 담당한 카를라 크루텐든, 데이먼 노파, 브렛 레드와 셀 수 없이 많은 프로젝트에 도움을 준 라파엘 아리자가 바카에게 감사드린다. 내가 감사한 마음을 다 표현할 수 없을 만큼 멋진 사람들이다!

또 감사드리고 싶은 정신적 지지자들이 있다. 이 프로젝트를 열렬히 응원해준 아리아나 허핑턴, 이 책을 쓰는 동안 꾸준히 함께 일하며 내가 집중력을 유지할 수 있게 도와준 마크 맨슨, 테일러 피어슨, 스티브 캠, 넓은 마음으로 Indistractable.com 도메인을 제공한 애덤 개젤리, 탁월한 견해와 조언을 제공한 제임스 클리어, 라이언

홀리데이, 데이비드 카다비, 페르난다 누트, 셰인 패리시, 킴 레이시스, 그레첸 루빈, 팀 어번, 바네사 밴 에드워즈, 알렉산드라 와킨스, 라이언 윌리엄스에게 감사드린다.

여기서 미처 언급하지 못한 분들도 있을 줄 안다. 죄송하다는 말씀과 함께 핸런의 면도날을 생각해주시길 부탁드린다. "어리석음으로 설명될 수 있는 일을 악의의 탓으로 돌리지 말라." 그분들에게도 감사한 마음은 동일하다.

끝으로 그 누구보다 독자에게 감사드린다. 이 책에 귀한 시간과 집중력을 할애해준 게 내게는 큰 영광이다. 내가 도움이 될 일이 있다면 언제든 NirAndFar.com/Contact를 통해 연락 주기 바란다.

니르 이얄

이 책에 도움을 주신 분들

《초집중》의 크라우드편집에 참여해주신 의리 있는 블로그 구독자 여러분에게 감사드린다. 그들의 아이디어, 제안, 응원이 없었다면 지금과 같은 책이 나올 수 없었을 것이다.

Reed Abbott	Matteus Åkesson	Antonowicz
Shira Abel	Stephen Akomolafe	Kavita Appachu
Zalman Abraham	Alessandra Albano	Yasmin Aristizabal
Eveline van Acquoij	Chrissy Allan	Lara Ashmore
Daniel Adeyemi	Patricia De Almeida	Aby Atilola
Patrick Adiaheno	Hagit Alon	Jeanne Audino
Sachin Agarwal	Bos Alvertos	Jennifer Ayers
Avneep Aggarwal	Erica Amalfitano	Marcelo Schenk de
Vineet Aggarwal	Mateus Gundlach	Azambuja
Abhishek Kumar	Ambros	Xavier Baars
Agrahari	Iuliia Ankudynova	Deepinder Singh
Neetu Agrawal	Tarkan Anlar	Babbar
Sonali Agrawal	Lauren Antonoff	Rupert Bacon
Syed Ahmed	Jeremi Walewicz	Shampa Bagchi

Warren Baker

Tamar Balkin

Giacomo Barbieri

Surendra Bashani

Asya Bashina

Omri Baumer

Jeff Beckmen

Walid Belballi

Jonathan Bennun

Muna Benthami

Gael Bergeron

Abhishek Bhardwaj

Kunal Bhatia

Marc Biemer

Olia Birulia

Nancy Black

Eden Blackwell

Charlotte Blank

Kelli Blum

Rachel Bodnar

Stephan Borg

Mia Bourgeois

Charles Brewer

Sam Brinson

Michele Brown

Ryan Brown

Jesse Brown

Sarah E. Brown

Michelle E.
Brownstein

John Bryan

Renée Buchanan

Scott Bundgaard

Steve Burnel

Michael Burroughs

Tamar Burton

Jessica Cameron

Jerome Cance

Jim Canterucci

Ryan Capple

Savannah Carlin

James Carman

Karla H. Carpenter

Margarida Carvalho

Anthony Catanese

Shubha Chakravarthy

Karthy Chandra

Joseph Chang

Jay Chaplin

David Chau

Janet Y. Chen

Ari Cheskes

Dennis Chirwa

Kristina Yuh-Wen
Chou

Ingrid Choy-Harris

William Chu

Michelle M. Chu

Jay Chung

Matthew Cinelli

Sergiu Vlad Ciurescu

Trevor Claiborne

Kay Krystal Clopton

Heather Cloward

Lilia M. Coburn

Pip Cody

Michele Helene
Cohen

Luis Colin

Abi Collins

Kerry Cooper

Dave Cooper

Simon Coxon	Ingrid Elise	Hannah Farrow
Carla Cruttenden	Dorai-Rekaa	Michael Ferguson
Dmitrii Cucleschin	Tom Droste	Nissanka Fernando
Patrick Cullen	Nan Duangnapa	Margaret Fero
Leo Cunningham	Scott Dunlap	Kyra Fillmore
Gennaro Cuofano	Akhilesh Reddy	Yegor Filonov
Ed Cutshaw	Dwarampudi	Fabian Fischer
Larry Czerwonka	Swapnil Dwivedi	Jai Flicker
Lloyd D'Silva	Daniel Edman	Collin Flotta
Jonathan Dadone	Anders Eidergard	Michael Flynn
Sharon F. Danzger	Dudi Einey	Kaleigh Flynn
Kyle Huff David	Max Elander	Gio Focaraccio
Lulu Davies	Ori Elisar	Ivan Foong
James Davis Jr.	Katie Elliott	Michael A. Foster II
Joel Davis	Gary Engel	Martin Foster
Cameron Deemer	David Ensor	Jonathan Freedman
Stephen Delaney	Eszter Erdelyi	Heather Friedland
Keval D. Desai	Ozge Ergen	Janine Fusco
Ankit S. Dhingra	Bec Evans	Pooja V. Gaikwad
Manuel Dianese	David Evans	Mario Alberto
Jorge Dieguez	Shirley Evans	Galindo
Lisa Hendry Dillon	Jeff Evernham	Mary Gallotta
Sam Dix	Kimberly Fandino	Zander Galloway
Lindsay Donaire	Kathlyn Farrell	Sandra Gannon

Angelica Garcia

Anyssa Sebia Garza

Allegra Gee

Tom Gilheany

Raji Gill

Scott Gillespie

Scott Gilly

Wendell Gingerich

Kevin Glynn

Paula Godar

Jeroen Goddijn

Anthony Gold

Dan Goldman

Miguel H. Gonzalez

Sandra Catalina

González

Vijay Gopalakrishnan

Herve Le Gouguec

Nicholas Gracilla

Charlie Graham

Timothy L. Graham

Shawn Green

Chris Greene

Jennifer Griffin

Dani Grodsky

Rebecca Groner

Saksham Grover

Alcide Guillory III

Roberta Guise

Anjana Gummadivalli

Matt Gummow

Amit Gupta

John Haggerty

Martin Haiek

Lance Haley

Thomas Hallgren

Eric Hamilton

Caroline Hane-

Weijman

Nickie Harber-

Frankart

Julie Harris

Sophie Hart

Daniel Hegman

Christopher Heiser

Lisa Helminiak

Alecia Helton

Mauricio Hess-Flores

Holly Hester-Reilly

Andrea Hill

Neeraj Hirani

Isabella Catarina Hirt

Charlotte Jane Ho

Ian Hoch

Travis Hodges

Jason Hoenich

Alex J. Holte

Abi Hough

Mary Howland

Evan Huggins

Nathan Hull

Novianta L. T.

Hutagalung

Marc Inzelstein

Varun Iyer

Britni Jackson

Mahaveer Jain

Abdellah Janid

Anne Janzer

Emilio Jéldrez

Debbie Jenkins

Alexandre Jeong

Amy M. Jones	Kirk Ketefian	Craig Lancaster
Daniela Jones	Nathan Khakshouri	Niklas Laninge
Peter Jotanovic	Sarah Khalid	Simon Lapscher
Cindy Joung	Sam Kirk	Angelo Larocca
Sarah Jukes	Rachel Kirton	Norman Law
Steve Jungmann	Vinod Kizhakke	Olga Lefter
Rocel Ann Junio	Samuel Koch	Tory Leggat
Kevin Just	Alaina Koerber	Ieva Lekaviciute
Ahsan Kabir	Sai Prabhu Konchada	Audrey Leung
Ariel Kahan	Jason Koprowski	Viviana Leveghi
Sina Kahen	Basavaraj Koti	Isaac E. H. Lewis
Sarah Kajani	Yannis Koutavas	Belly Li
Angela Kapdan	David Kozisek	Sammy Chen Li
Shaheen Karodia	Aditya Kshirsagar	Philip Li
Irene Jena Karthik	Ezekiel Kuang	Robert Liebert
Melissa Kaufmann	Craig Kulyk	Brendan Lim
Gagandeep Kaur	Ram Kunda	Carissa Lintao
Megan Keane	Ravi Kurani	Ross Lloyd Lipschitz
J. Bavani Kehoe	Chris Kurdziel	Mitchell Lisle
Karen Kelvie	Dimitry Kushelevsky	Mike Sho Liu
Erik Kemper	John Kvasnic	Shelly Eisen Livneh
Raye Keslensky	Jonathan Lai	John Loftus
Jenny Shaw Kessler	Michael J. Lally	Philip K. Lohr
Jeremy C. Kester	Roy Lamphier	Sune Lomholt

Sean Long	Mark Mavroudis	Ahmed A. Mirza
Alexis Longinotti	Ronny Max	Peter Mitchell
Glen Lubbert	Eva A. May	Mika Mitoko
Ana Lugard	Lisa McCormack	Meliza Mitra
Kenda Macdonald	Gary McCue	Subarna Mitra
Boykie Mackay	Michael McGee	Aditya Morarka
Andy Maes	Robert McGovern	Amina Moreau
Kristof Maeyens	Lyle McKeany	David Morgan
Lisa Maldonado	Sarah McKee	Renee F. Morris
Amin Malik	Marisa McKently	Matthew Morrisson
Danielle Manello	Erik van Mechelen	Alexandra Moxin
Frank Manue Jr.	Hoda Mehr	Alex Moy
Dan Mark	Jonathan Melhuish	Brian Muldowney
Kendra Markle	Sheetal G. Melwani	Namrata Mundhra
Ben Marland	Ketriel J. Mendy	Jake Munsey
Rob Marois	Valerae Mercury	Mihnea Munteanu
Judy Marshall	Andreia Mesquita	Kevin C. Murray
Levi Mârten	Johan Meyer	Serdar Muslu
Denise J. Martin	Kaustubh S. Mhatre	Karan Naik
Megan Martin	Stéphanie Michaux	Isabelle Di Nallo
Kristina Corzine	Ivory Miller	Jeroen Nas
Martinez	Jason Ming	Vaishakhi Nayar
Saji Maruthurkkara	Al Ming	Jordan Naylor
Laurent Mascherpa	Jan Miofsky	Christine Neff

이 책에 도움을 주신 분들

Jamie Nelson	Roland Osvath	Christina Diem Pham
Kemar Newell	Renz Pacheco	Hung Phan
Lewis Kang'ethe	Nina Pacifico	Ana Pischl
Ngugi	Sumit Pahwa	Keshav Pitani
Chi Gia Nguyen	Girri M. Palaniyapan	Rose La Prairie
Christopher Nheu	Vishal Kumar Pallerla	Indira Pranabudi
Gerard Nielsen	Rohit Pant	Anne Curi Preisig
Adam Noall	Chris V.	Julie Price
Tim Noetzel	Papadimitriou	Martin Pritchard
Jason Nokes	Nick Pape	Rungsun Promprasith
Craig Norman	Divya Parekh	Krzysztof Przybylski
Chris Novell	Rich Paret	Edmundas Pučkorius
Thomas O'Duffy	Alicia Park	Călin Pupăză
Scott Oakes	Aaron Parker	Daisy Qin
Cheily Ochoa	Steve Parkinson	Lien Quach
Leon Odey-Knight	Mizue Parrott	Colin Raab
Kelechi Okorie	Lomit Patel	Kelly Ragle
Oluwatobi Oladiran	Manish Patel	Ruta Raju
Valary Oleinik	Swati Patil	Lalit Raju
Sue Olsen	Jon Pederson	Kim Ramirez
Alan Olson	Alon Peled	Prashanthi
Gwendolyn Olton	Rodaan	Ravanavarapu
Maaike Ono-Boots	Peralta-Rabang	Gustavo Razzetti
Brian Ostergaard	Marco Perlman	Omar Regalado

Scott W. Rencher

Brian Rensing

Joel Rigler

Michelle Riley

Gina Riley

Ioana Rill

Mark Rimkus

Cinzia Rinelli

Chelsea Lyn
Robertson

Bridgitt Ann
Robertson

Reigh Robitaille

Cynthia Rodriguez

Annette Rodriguez

Charles François
Roels

Linda Rolf

Edgar Roman

Mathieu Romary

Jamie Rosen

Al Rosenberg

Joy Rosenstein

Christian Röß

Megan Rounds

Ruzanna Rozman

Isabel Russ

Mark Ruthman

Samantha Ryan

Alex Ryan

Kimberly Ryan

Jan Saarmann

Guy Saban

Victoria Sakal

Luis Saldana

Daniel Tarrago
Salengue

Gabriel Michael Salim

Jessica Salisbury

Rick Salsa

Francesco Sanavio

Antonio J. Martinez
Sanchez

Moses Sangobiyi

Julia Saxena

Stephanie Schiller

Lynnsey Schneider

Kirk Schueler

Katherine Schuetzner

Jon Seaton

Addy Suhairi Selamat

Vishal Shah

Shashi Sharma

Keshav Sharma

Ruchil Sharma

Ashley Sheinwald

Stephanie Sher

Jing Han Shiau

Claire Shields

Greg Shove

Karen Shue

Kome Sideso

David Marc Siegel

Dan Silberberg

Bianca Silva

Mindy Silva

Brian L. Silva

Zach Simon

Raymond Sims

Shiv Sivaguru

Malin Sjöstrand

Antoine Smets

Sarah Soha	Bryan Sykes	Kacy Turelli
Steven Sohcot	Eric Szulc	Kunal Haresh Udani
Kaisa Soininen	Lilla Tagai	Christian von Uffel
David Spencer	Michel Tagami	Jason Ugie
James Taylor Stables	J. P. Tanner	Matt Ulrich
Kurt Stangl	Shantanu Tarey	Branislav Vajagić
Laurel Stanley	Claire Tatro	Lionel Zivan
John A. Starmer	Harry E. Tawil	Valdellon
Juliano Statdlober	Noreen Teoh	Steve Valiquette
Christin Staubo	C. J. Terral	Jared Vallejo
Ihor Stecko	Amanda Tersigni	René Van der Veer
Nick Di Stefano	Matt Tharp	Anulekha Venkatram
Murray Steinman	Nay Thein	Poornima
Alexander Stempel	Brenton Thornicroft	Vijayashanker
Seth Sternberg	Julianne Tillmann	Claire Viskovic
Anthony Sterns	Edwin Tin	Brigit Vucic
Shelby Stewart	Avegail Tizon	Thuy Vuong
Adam Stoltz	Zak Tomich	Sean Wachsman
Alan Stout	Roger Toor	Maurizio Wagenhaus
Carmela Stricklett	Anders Toxboe	Amelia Bland Waller
Scott Stroud	Jimmy Tran	Shelley Walsh
Swetha Suresh	Tom Trebes	Trish Ward
Sarah Surrette	Artem Troinoi	Levi Warvel
Cathleen Swallow	Justin Trugman	Kafi Waters

Adam Waxman

Jennifer Wei

Robin Tim Weis

Patrick Wells

Gabriel Werlich

Scott Wheelwright

Ed Wieczorek

Ward van de Wiel

Hannah Mary
Williams

Robert Williger

Jean Gaddy Wilson

Rob Wilson

Claire Winter

Trevor Witt

Fanny Wu

Alex Wykoff

Maria Xenidou

Raj Yadav

Josephine Yap

Arsalan Yarveisi

Yoav Yechiam

Andrew Yee

Paul Anthony Yu

Mohamad Izwan
Zakaria

Jeannie Zapanta

Anna Zaremba

Renee Zau

Ari Zelmanow

Linda Zespy

Fei Zheng

Rona Zhou

Lotte Zwijnenburg

이 책에 도움을 주신 분들

/

들어가며

1 "Amazon Best Sellers: Best Sellers in Industrial Product Design," accessed October 29, 2017, www.amazon.com/gp/bestsellers/books/7921653011/ref=pd_zg_hrsr_b_1_6_last.

2 Paul Virilio, Politics of the Very Worst(New York: Semiotext(e), 1999), 89.

1장

1 A play on a Marthe Troly-Curtin quote, "Time You Enjoy Wasting Is Not Wasted Time," Quote Investigator, accessed August 19, 2018, https://quoteinvestigator.com/2010/06/11/time-you-enjoy/.

2장

1 에우리피데스, 《오레스테스》.

2 아우구스트 테오도어 케젤로브스키August Theodor Keselowski, 〈하데스의 탄탈로스와 시시포스〉, 유화, 1850년경, 본래 독일 베를린 신박물관에 소장 중이었으나 현재는 소실됨. https://commons.wikimedia.org/wiki/File:Tantalus-andsisyphus-in-hades-august-theodor-kaselowsky.jpg.

3   Online Etymology Dictionary, s.v. "distraction," accessed January 15, 2018, www.etymonline.com/word/distraction.

4   Louis Anslow, "What Technology Are We Addicted to This Time?" Timeline, May 27, 2016, https://timeline.com/what-technology-are-we-addicted-to-this-time-f0f7860f2fab#.rfzxtvj1l.

5   Plato, Phaedrus, trans. enjamin Jowett, 277a3–4, http://classics.mit.edu/Plato/phaedrus.html.

6   H. A. Simon, "Designing Organizations for an Information-Rich World" in Computers, Communication, and the Public Interest, ed. Martin Greenberger (Baltimore: Johns Hopkins Press, 1971), 40–41.

7   Hikaru Takeuchi et al., "Failing to Deactivate: The Association between Brain Activity During a Working Memory Task and Creativity," NeuroImage 55, no. 2(March 15, 2011): 681–87, https://doi.org/10.1016/j.neuroimage.2010.11.052; Nelson Cowan, "The Focus of Attention As Observed in Visual Working Memory Tasks: Making Sense of Competing Claims," Neuropsychologia 49, no. 6 (May 2011): 1401–6, https://doi.org/10.1016/j.neuropsychologia.2011.01.035; P. A. Howard-Jones and S. Murray, "Ideational Productivity, Focus Of Attention, and Context," Creativity Research Journal 15, no. 2–3(2003): 153–66, doi.org/10.1080/10400419.2003.9651409; Nilli Lavie, "Distracted and Confused? Selective Attention under Load," Trends in Cognitive Sciences 9, no. 2(February 1, 2005): 75–82, https://doi.org/10.1016/j.tics.2004.12.004; Barbara J. Grosz and Peter C. Gordon, "Conceptions of Limited Attention and Discourse Focus," Computational Linguistics 25, no. 4(1999): 617–24, http://aclweb.org/anthology/J/J99/J99-4006; Amanda L. Gilchrist and Nelson Cowan, "Can the Focus of Attention Accommodate Multiple, Separate Items?" Journal of Experimental Psychology, Learning, Memory, and Cognition 37, no. 6(November 2011): 1484–1502, https://doi.org/10.1037/a0024352.

8   Julianne Holt-Lunstad, Timothy B. Smith, and J. Bradley Layton, "Social

Relationships and Mortality Risk: A Meta-analytic Review," PLOS Medicine 7, no. 7(July 27, 2010), https://doi.org/10.1371/journal.pmed.1000316.

3장

1   Zoë Chance, "How to Make a Behavior Addictive," TEDx talk at TEDxMillRiver, May 14, 2013, 16:57, www.youtube.com/watch?v=AHfiKav9fcQ.

2   조이 챈스와 저자의 인터뷰, 2014년 5월 16일.

3   Jeremy Bentham, An Introduction to the Principles of Morals and Legislation, new edition, 저자가 수정함(1823; repr., Oxford: Clarendon Press, 1907), www.econlib.org/library/Bentham/bnthPML1.html. 한국어판: 강준호 역, 《도덕과 입법의 원칙에 대한 서론》(아카넷, 2013).

4   Epicurus, "Letter to Menoeceus," contained in Diogenes Laertius, Lives of Eminent Philosophers, Book X, 131, https://en.wikisource.org/wiki/Lives_of_the_Eminent_Philosophers/Book_X.

5   Paul F. Wilson, Larry D. Dell, and Gaylord F. Anderson, Root Cause Analysis: A Tool for Total Quality Management(Milwaukee: American Society for Quality, 1993).

6   조이 챈스와 저자의 이메일 대화, 2014년 7월 11일.

4장

1   Max Roser, "The Short History of Global Living Conditions and Why It Matters That We Know It," Our World in Data, accessed December 30, 2017, https://ourworldindata.org/a-history-of-global-living-conditions-in-5-charts.

2   Adam Gopnik, "Man of Fetters," New Yorker, December 1, 2008, www.

newyorker.com/magazine/2008/12/08/man-of-fetters.

3   R. F. Baumeister et al., "Bad Is Stronger than Good," Review of General Psychology 5, no. 4 (December 2001): 323–70, https://doi.org/10.1037//1089-2680.5.4.323.

4   Timothy D. Wilson et al., "Just Think: The Challenges of the Disengaged Mind," Science 345, no.6192(July 4, 2014): 75–77, https://doi.org/10.1126/science.1250830.

5   "Top Sites in United States," Alexa, accessed December 30, 2017, www.alexa.com/topsites/countries/US.

6   Jing Chai et al., "Negativity Bias in Dangerous Drivers," PLOS ONE 11, no. 1 (January 14, 2016), https://doi.org/10.1371/journal.pone.0147083.

7   Baumeister et al., "Bad Is Stronger than Good."

8   A. Vaish, T. Grossmann, and A. Woodward, "Not All Emotions Are Created Equal: The Negativity Bias in Social-Emotional Development," Psychological Bulletin 134, no. 3(2008): 383–403, https://doi.org/10.1037/0033-2909.134.3.383.

9   Baumeister et al., "Bad Is Stronger than Good."

10 Wendy Treynor, Richard Gonzalez, and Susan Nolen-Hoeksema, "Rumination Reconsidered: A Psychometric Analysis," Cognitive Therapy and Research 27, no. 3(June 1, 2003): 247–59, https://doi.org/10.1023/A:1023910315561.

11 N. J. Ciarocco, K. D. Vohs, and R. F. Baumeister, "Some Good News About Rumination: Task-Focused Thinking After Failure Facilitates Performance Improvement," Journal of Social and Clinical Psychology 29, no.10 (2010): 1057–73, http://assets.csom.umn.edu/assets/166704.pdf.

12 K. M. Sheldon and S. Lyubomirsky, "The Challenge of Staying Happier: Testing the Hedonic Adaptation Prevention Model," Personality and Social Psychology Bulletin, 38(February 23, 2012): 670, http://sonjalyubomirsky.com/wp-content/themes/sonjalyubomirsky/papers/SL2012.pdf.

13 David Myers, The Pursuit of Happiness(New York: William Morrow & Co., 1992), 53. 한국어판: 김영곤 등역, 《마이어스의 주머니 속의 행복》(시그마북스, 2008).

14 Richard E. Lucas et al., "Reexamining Adaptation and the Set Point Model of Happiness: Reactions to Changes in Marital Status," Journal of Personality and Social Psychology 84, no. 3(2003): 527–39, www.apa.org/pubs/journals/releases/psp-843527.pdf.

5장

1 "Jonathan Bricker, Psychologist and Smoking Cessation Researcher," Featured Researchers, Fred Hutch, accessed February 4, 2018, www.fredhutch.org/en/diseases/featured-researchers/bricker-jonathan.html.

2 Fyodor Dostoevsky, Winter Notes on Summer Impressions, trans. David Patterson(1988; repr., Evanston, Ill: Northwestern University Press, 1997).

3 Lea Winerman, "Suppressing the 'White Bears,'" Monitor on Psychology 42, no. 9(October, 2011), https://www.apa.org/monitor/2011/10/unwanted-thoughts.

4 Nicky Blackburn, "Smoking—a Habit Not an Addiction," ISRAEL21c(July 18, 2010), www.israel21c.org/smoking-a-habit-not-an-addiction/.

5 Reuven Dar et al., "The Craving to Smoke in Flight Attendants: Relations with Smoking Deprivation, Anticipation of Smoking, and Actual Smoking," Journal of Abnormal Psychology 119, no. 1(February 2010): 248–53, https://doi.org/10.1037/a0017778.

6 Cecilia Cheng and Angel Yee-lam Li, "Internet Addiction Prevalence and Quality of (Real) Life: A Metaanalysis of 31 Nations Across Seven World Regions," Cyberpsychology, Behavior, and Social Networking 17, no. 12 (December 1, 2014): 755–60, https://doi.org/10.1089/cyber.2014.0317.

초집중

302

6장

1 조녀선 브리커와 저자의 대화, 2017년 8월.

2 Judson A. Brewer et al., "Mindfulness Training for Smoking Cessation: Results from a Randomized Controlled Trial," Drug and Alcohol Dependence 119, no. 1–2(December 2011): 72–80, https://doi.org/10.1016/j.drugalcdep.2011.05.027.

3 Kelly McGonigal, The Willpower Instinct: How Self-Control Works, Why It Matters, and What You Can Do to Get More of It(New York: Avery Publishing, 2011). 한국어판: 신예경 역, 《왜 나는 항상 결심만 할까?》(알키, 2012).

4 "Riding the Wave: Using Mindfulness to Help Cope with Urge," Portland Psychotherapy(blog), November 18, 2011, https://portlandpsychotherapyclinic.com/2011/11/ridingwave-using-mindfulness-help-cope-urges/.

5 Sarah Bowen and Alan Marlatt, "Surfing the Urge: Brief Mindfulness-Based Intervention for College Student Smokers," Psychology of Addictive Behaviors 23, no. 4(December 2009): 666–71, https://doi.org/10.1037/a0017127.

6 Oliver Burkeman, "If You Want to Have a Good Time, Ask a Buddhist," Guardian, August 17, 2018, www.theguardian.com/lifeandstyle/2018/aug/17/want-have-good-time-ask-abuddhis.

7장

1 Ian Bogost, Play Anything: The Pleasure of Limits, the Uses of Boredom, and the Secret of Games(New York: Basic Books, 2016), 19.

2 "The Cure for Boredom Is Curiosity. There Is No Cure for Curiosity," Quote Investigator, accessed March 4, 2019, https://quoteinvestigator.com/2015/11/01/cure/.

8장

1　Oxford Dictionaries, s.v. "temperament," accessed August 17, 2018, https://en.oxforddictionaries.com/definition/temperament.

2　Roy F. Baumeister and John Tierney, Willpower: Rediscovering the Greatest Human Strength, 2nd ed.(New York: Penguin, 2012). 한국어판: 이덕임 역, 《의지력의 재발견》(에코리브르, 2012).

3　M. T. Gailliot et al., "Self-Control Relies on Glucose as a Limited Energy Source: Willpower Is More than a Metaphor," Journal of Personality and Social Psychology 92, no. 2(February 2007): 325–36, www.ncbi.nlm.nih.gov/pubmed/17279852.

4　Evan C. Carter and Michael E. McCullough, "Publication Bias and the Limited Strength Model of Self-Control: Has the Evidence for Ego Depletion Been Overestimated?" Frontiers in Psychology 5(July 2014), https://doi.org/10.3389/fpsyg.2014.00823.

5　Evan C. Carter et al., "A Series of Meta-analytic Tests of the Depletion Effect: Self-Control Does Not Seem to Rely on a Limited Resource," Journal of Experimental Psychology, General 144, no. 4(August 2015): 796–815, https://doi.org/10.1037/xge0000083.

6　Rob Kurzban, "Glucose Is Not Willpower Fuel," Evolutionary Psychology blog archive, accessed February 4, 2018, http://web.sas.upenn.edu/kurzbanepblog/2011/08/29/glucose-is-not-willpower-fuel/; Miguel A. Vadillo, Natalie Gold, and Magda Osman, "The Bitter Truth About Sugar and Willpower: The Limited Evidential Value of the Glucose Model of Ego Depletion," Psychological Science 27, no. 9(September 1, 2016): 1207–14, https://doi.org/10.1177/0956797616654911.

7　Veronika Job et al., "Beliefs About Willpower Determine the Impact of Glucose on Self-Control," Proceedings of the National Academy of Sciences 110, no. 37(September 10, 2013): 14837–42, https://doi.org/10.1073/pnas.1313475110.

8 "Research," on Michael Inzlicht's official website, accessed February 4, 2018, http://michaelinzlicht.com/research/.

9 "Craving Beliefs Questionnaire," accessed August 17, 2018, https://drive. google.com/a/nireyal.com/file/d/0B0Q6Jkc_9z2DaHJaTndPMVVkY1E/ view?usp=drive_open&usp=embed_facebook.

10 Nicole K. Lee et al., "It's the Thought That Counts: Craving Metacognitions and Their Role in Abstinence from Methamphetamine Use," Journal of Substance Abuse Treatment 38, no. 3(April 2010): 245–50, https://doi. org/10.1016/j.jsat.2009.12.006.

11 Elizabeth Nosen and Sheila R. Woody, "Acceptance of Cravings: How Smoking Cessation Experiences Affect Craving Belief," Behaviour Research and Therapy 59(August 2014): 71–81, https://doi.org/10.1016/ j.brat.2014.05.003.

12 Hakan Turkcapar et al., "Beliefs as a Predictor of Relapse in Alcohol-Dependent Turkish Men," Journal of Studies on Alcohol 66, no. 6 (November 1, 2005): 848–51, https://doi.org/10.15288/jsa.2005.66.848.

13 Steve Matthews, Robyn Dwyer, and Anke Snoek, "Stigma and Self-Stigma in Addiction," Journal of Bioethical Inquiry 14, no. 2(2017): 275–86, https://doi. org/10.1007/s11673-017-9784-y.

14 Ulli Zessin, Oliver Dickhäuser, and Sven Garbade, "The Relationship Between Self-Compassion and Well-Being: A Meta-analysis," Applied Psychology, Health and Well-Being 7, no. 3(November 2015): 340–64, https:// doi.org/10.1111/aphw.12051.

15 Denise Winterman, "Rumination: The Danger of Dwelling," BBC News, October 17, 2013, www.bbc.com/news/magazine-24444431.

9장

1 Johann Wolfgang von Goethe, Maxims and Reflections, ed. Peter Hutchinson, trans. Elisabeth Stopp(New York: Penguin, 1999).

2 Lucius Annaeus Seneca, On the Shortness of Life, trans. C. D. N. Costa (New York: Penguin, 2005). 한국어판: 천병희 역, 《인생이 왜 짧은가》(숲, 2005).

3 Saritha Kuruvilla, A Study of Calendar Usage in the Workplace, Promotional Products Association International, 2011, retrieved January 31, 2018, http://static.ppai.org/documents/business%20study%20final%20report%20version%204.pdf.

4 "내가 시간을 계획하지 않으면 다른 사람이 내가 시간을 낭비하도록 도와줄 것이다"라는 지그 지글러의 말에 영감을 받았음. Zig Ziglar and Tom Ziglar, Born to Win: Find Your Success Code(Seattle: Made for Success Publishing, 2012), 52.

5 Russ Harris and Steven Hayes, The Happiness Trap: How to Stop Struggling and Start Living(Boston: Trumpeter Books, 2008), 167. 한국어판: 김미옥 역, 《행복의 함정》(시그마북스, 2008).

6 Massimo Pigliucci, "When I Help You, I Also Help Myself: On Being a Cosmopolitan," Aeon, November 17, 2017, https://aeon.co/ideas/when-i-help-you-i-also-help-myself-on-being-a-cosmopolitan.

7 Scott Barry Kaufman, "Does Creativity Require Constraints?" Psychology Today, August 30, 2011, www.psychologytoday.com/blog/beautiful-minds/201108/does-creativity-require-constraints.

8 P. M. Gollwitzer, "Implementation Intentions: Strong Effects of Simple Plans," American Psychologist 54, no. 7(July 1999): 493–503, https://dx.doi.org/10.1037/0003-066X.54.7.493.

10장

1   Lynne Lamberg, "Adults Need 7 or More Hours of Sleep Every Night,"
    Psychiatric News, September 17, 2015, https://psychnews.psychiatryonline.
    org/doi/10.1176/appi.pn.2015.9b12.

2   "What Causes Insomnia?" National Sleep Foundation, accessed September
    11, 2018, https://sleepfoundation.org/insomnia/content/what-causes-
    insomnia.

11장

1   David S. Pedulla and Sarah Thébaud, "Can We Finish the Revolution?
    Gender, Work-Family Ideals, and Institutional Constraint," American
    Sociological Review 80, no. 1(February 1, 2015): 116–39, https://doi.
    org/10.1177/0003122414564008.

2   Lockman, Darcy. "Analysis: Where Do Kids Learn to Undervalue Women?
    From Their Parents." Washington Post, November 10, 2017, sec. Outlook
    https://www.washingtonpost.com/outlook/where-do-kids-learn-to-
    undervalue-women-from-their-parents/2017/11/10/724518b2-c439-11e7-
    afe9-4f60b5a6c4a0_story.html.

3   George E. Vaillant, Xing-jia Cui, and Stephen Soldz, "The Study of Adult
    Development," Harvard Department of Psychiatry, accessed November 9,
    2017, www.adultdevelopmentstudy.org.

4   Robert Waldinger, "The Good Life," TEDx talk at TEDxBeaconStreet,
    November 30, 2015, 15:03, www.youtube.com/watch?v=q-7zAkwAOYg.

5   Julie Beck, "How Friendships Change in Adulthood," Atlantic, October 22,
    2015, www.theatlantic.com/health/archive/2015/10/how-friendships-change-
    over-time-in-adulthood/411466/.

12장

1 "Neverfail Mobile Messaging Trends Study Finds 83 Percent of Users Admit to Using a Smartphone to Check Work Email After Hours," Neverfail via PRNewswire, November 22, 2011, www.prnewswire.com/news-releases/neverfail-mobile-messaging-trends-study-finds-83-percent-of-users-admit-to-using-a-smartphone-to-check-work-email-after-hours-134314168.html.

2 Marianna Virtanen et al., "Long Working Hours and Cognitive Function: The Whitehall II Study," American Journal of Epidemiology 169, no. 5(March 2009): 596–605, http://dx.doi.org/10.1093/aje/kwn382.

13장

1 웬디와 저자의 인터뷰, 2018년 1월.

2 Oxford Dictionaries, s.v. "hack," accessed September 11, 2018, https://en.oxforddictionaries.com/definition/hack.

3 Mike Allen, "Sean Parker Unloads on Facebook: 'God Only Knows What It's Doing to Our Children's Brains,'" Axios, November 9, 2017, www.axios.com/sean-parker-unloads-on-facebook-2508036343.html.

4 Edward L. Deci and Richard M. Ryan, "Self-Determination Theory: A Macrotheory of Human Motivation, Development, and Health," Canadian Psychology/Psychologie Canadienne 49, no. 3(2008): 182–85, https://doi.org/10.1037/a0012801.

5 David Pierce, "Turn Off Your Push Notifications. All of Them," Wired, July 23, 2017, www.wired.com/story/turn-off-your-push-notifications/.

6 Gloria Mark, Daniela Gudith, and Ulrich Klocke, "The Cost of Interrupted Work: More Speed and Stress," UC Donald Bren School of Information & Computer Sciences, accessed February 20, 2018, www.ics.uci.edu/~gmark/

chi08-mark.pdf.

7 C. Stothart, A. Mitchum, and C. Yehnert, "The Attentional Cost of Receiving a Cell Phone Notification," Journal of Experimental Psychology: Human Perception and Performance 41, no. 4(August 2015): 893–97, http://dx.doi.org/10.1037/xhp0000100.

8 Lori A. J. Scott-Sheldon et al., "Text Messaging-Based Interventions for Smoking Cessation: A Systematic Review and Meta-analysis," JMIR mHealth and uHealth 4, no. 2(May 20, 2016): e49, https://doi.org/10.2196/mhealth.5436.

9 "Study Reveals Success of Text Messaging in Helping Smokers Quit: Text Messaging Interventions to Help Smokers Quit Should Be a Public Health Priority, Study Says," ScienceDaily, accessed November 27, 2017, www.sciencedaily.com/releases/2016/05/160523141214.htm.

14장

1 Institute of Medicine, Preventing Medication Errors: Consensus Study Report, ed. Philip Aspden et al.(Washington, DC: National Academies Press, 2007), https://doi.org/10.17226/11623.

2 Maggie Fox and Lauren Dunn, "Could Medical Errors Be the No. 3 Cause of Death?" NBC News, May 4, 2016, www.nbcnews.com/health/health-care/could-medical-errors-be-no-3-cause-death-america-n568031.

3 Victoria Colliver, "Prescription for Success: Don't Bother Nurses," SFGate, October 28, 2009, www.sfgate.com/health/article/Prescription-for-success-Don-t-bother-nurses-3282968.php.

4 Debra Wood, "Decreasing Disruptions Reduces Medication Errors," RN.com, accessed December 8, 2017, www.rn.com/Pages/ResourceDetails.aspx?id=3369.

5 Innovation Consultancy, "Sanctifying Medication Administration," KP MedRite,

accessed October 10, 2018, https://xnet.kp.org/innovationconsultancy/kpmedrite.html.

6 Colliver, "Prescription for Success."

7 "Code of Federal Regulations: Part 121 Operating Requirements: Domestic, Flag, and Supplemental Operations," Federal Aviation Administration, accessed December 8, 2017, http://rgl.faa.gov/Regulatory_and_Guidance_Library/rgFAR.nsf/0/7027DA4135C34E2086257CBA004BF853?OpenDocument&Highlight=121.542.

8 Debra Wood, "Decreasing Disruptions Reduces Medication Errors," rn.com, 2009, https://www.rn.com/Pages/ResourceDetails.aspx?id=3369.

9 Nick Fountain and Stacy Vanek Smith, "Episode 704: Open Office," in Planet Money, August 8, 2018, www.npr.org/sections/money/2018/08/08/636668862/episode-704-open-office.

10 Yousef Alhorr et al., "Occupant Productivity and Office Indoor Environment Quality: A Review of the Literature," Building and Environment 105(August 15, 2016): 369–89, https://doi.org/10.1016/j.buildenv.2016.06.001.

11 Jeffrey Joseph, "Do Open/Collaborative Work Environments Increase, Decrease or Tend to Keep Employee Satisfaction Neutral?" Cornell University ILR School Digital Commons(Spring 2016), https://digitalcommons.ilr.cornell.edu/cgi/viewcontent.cgi?referer=https://www.google.ca/&httpsredir=1&article=1098&context=student.

15장

1 Sara Radicati ed., Email Statistics Report 2014–2018 (Palo Alto: Radicati Group, 2014), www.radicati.com/wp/wp-content/uploads/2014/01/Email-Statistics-Report-2014-2018-Executive-Summary.pdf.

2 Thomas Jackson, Ray Dawson, and Darren Wilson, "Reducing the Effect of Email Interruptions on Employees," International Journal of Information Management 23, no. 1(February 2003): 55–65, https://doi.org/10.1016/S0268-4012(02)00068-3.

3   Michael Mankins, "Why the French Email Law Won't Restore Work-Life Balance," Harvard Business Review, January 6, 2017, https://hbr.org/2017/01/why-the-french-email-law-wont-restore-work-life-balance.

4   Sam McLeod, "Skinner—Operant Conditioning," Simply Psychology, January 21, 2018, www.simplypsychology.org/operant-conditioning.html.

5   "Delay or Schedule Sending Email Messages," Microsoft Office Support, https://support.office.com/en-us/article/delay-or-schedule-sending-email-messages-026af69f-c287-490a-a72f-6c65793744ba. 한국어 링크: https://support.office.com/ko-kr/article/전자-메일-메시지-배달-지연-또는-예약-026af69f-c287-490a-a72f-6c65793744ba

6   https://mixmax.com/.

7   www.sanebox.com/.

8   Kostadin Kushlev and Elizabeth W. Dunn, "Checking Email Less Frequently Reduces Stress," Computers in Human Behavior 43(February 1, 2015): 220–28, https://doi.org/10.1016/j.chb.2014.11.005.

16장

1   Jason Fried, "Is Group Chat Making You Sweat?" Signal v. Noise, March 7, 2016, https://m.signalvnoise.com/is-group-chat-making-you-sweat.

2   Jason Fried, "Is Group Chat Making You Sweat," Signal v. Noise, March 16, 2016, https://m.signalvnoise.com/is-group-chat-making-you-sweat.

17장

1   The Year Without Pants: Wordpress.com and the Future of Work (San Francisco: Jossey-Bass, 2013), 42.

2   Catherine D. Middlebrooks, Tyson Kerr, and Alan D. Castel, "Selectively Distracted: Divided Attention and Memory for Important Information," Psychological Science 28, no. 8(August 2017): 1103–15, https://doi. org/10.1177/0956797617702502; Larry Rosen and Alexandra Samuel, "Conquering Digital Distraction," Harvard Business Review, June 1, 2015, https://hbr.org/2015/06/conquering-digital-distraction.

18장

1   "Principles of Drug Addiction Treatment: A Research-Based Guide (Third Edition)," National Institute on Drug Abuse, January 17, 2018, https://www. drugabuse.gov/publications/principles-drug-addiction-treatment-research-based-guide-third-edition.

2   Tony Stubblebine, "How to Configure Your Cell Phone for Productivity and Focus," Better Humans, August 24, 2017, https://betterhumans.coach.me/how-to-configure-your-cell-phone-for-productivity-and-focus-1e8bd8fc9e8d.

3   David Pierce, "Turn Off Your Push Notifications. All of Them," Wired, July 23, 2017, www.wired.com/story/turn-off-your-push-notifications/.

4   Adam Marchick in conversation with author, January 2016.

5   "How to Use Do Not Disturb While Driving," Apple Support, accessed December 5, 2017, https://support.apple.com/en-us/HT208090.

19장

1   Stephanie McMains and Sabine Kastner, "Interactions of Top-Down and Bottom-Up Mechanisms in Human Visual Cortex," Journal of Neuroscience 31, no. 2(January 12, 2011): 587–97, https://doi.org/10.1523/JNEUROSCI.3766-10.2011.

2   Marketta Niemelä and Pertti Saariluoma, "Layout Attributes and Recall," Behaviour & Information Technology 22, no. 5 (September 1, 2003): 353–63, https://doi.org/10.1080/0144929031000156924.

3   Sophie Leroy, "Why Is It So Hard to Do My Work? The Challenge of Attention Residue When Switching Between Work Tasks," Organizational Behavior and Human Decision Processes 109, no. 2 (July 1, 2009): 168–81, https://doi.org/10.1016/j.obhdp.2009.04.002.

20장

1   https://getpocket.com/.

2   Claudia Wallis, "GenM: The Multitasking Generation," Time, March 27, 2006, http://content.time.com/time/magazine/article/0,9171,1174696,00.html.

3   B. Rapp and S. K. Hendel, "Principles of Cross-Modal Competition: Evidence from Deficits of Attention," Psychonomic Bulletin & Review 10, no. 1(2003): 210–19.

4   May Wong, "Stanford Study Finds Walking Improves Creativity," Stanford News, April 24, 2014, https://news.stanford.edu/2014/04/24/walking-vs-sitting-042414/.

5   Katherine L. Milkman, Julia A. Minson, and Kevin G. M. Volpp, "Holding the Hunger Games Hostage at the Gym: An Evaluation of Temptation Bundling," Management Science 60, no. 2(February 2014): 283–99, https://doi.

org/10.1287/mnsc.2013.1784.

6   Brett Tomlinson, "Behave!," Princeton Alumni Weekly, October 26, 2016, https://paw.princeton.edu/article/behave-katherine-milkman-04-studies-why-we-do-what-we-do-and-how-change-it.

21장

1   T. C. Sottek, "Kill the Facebook News Feed," The Verge, May 23, 2014, www.theverge.com/2014/5/23/5744518/kill-the-facebook-news-feed.

2   Freia Lobo, "This Chrome Extension Makes Your Facebook Addiction Productive," Mashable, January 10, 2017, http://mashable.com/2017/01/10/todobook-chrome-extension/.

3   https://chrome.google.com/webstore/detail/newsfeed-burner/gdjcjcbjnaelafcijbnceapahcgkpjkl.

4   https://chrome.google.com/webstore/detail/open-multiple-websites/chebdlgebkhbmkeanhkgfojjaofeihgm.

5   Nir Eyal, Hooked: How to Build Habit-Forming Products (New York: Portfolio, 2014). 한국어판: 조자현 역, 《훅hooked》(리더스북, 2014).

6   https://chrome.google.com/webstore/detail/df-tube-distraction-free/mjdepdfccjgcndkmemponafgioodelna?hl=en.

22장

1   Lev Grossman, "Jonathan Franzen: Great American Novelist," Time, August 12, 2010, http://content.time.com/time/magazine/article/0,9171,2010185-1,00.html.

2　Iain Blair, "Tarantino Says Horror Movies Are Fun," Reuters, April 5, 2007, www.reuters.com/article/us-tarantino/tarantino-says-horror-movies-are-fun-idUSN2638212720070405.

3　Harper's Bazaar UK, "Booker Prize Nominated Jhumpa Lahiri on India, Being a Mother and Being Inspired by the Ocean," Harper's Bazaar, October 4, 2013, www.harpersbazaar.com/uk/culture/staying-in/news/a20300/booker-prize-nominated-jhumpa-lahiri-on-india-being-a-mother-and-being-inspired-by-the-ocean.

4　Zeb Kurth-Nelson and A. David Redish, "Don't Let Me Do That!—Models of Precommitment," Frontiers in Neuroscience 6, no. 138(2012), https://doi.org/10.3389/fnins.2012.00138.

5　Adolf Furtwängler, Odysseus and the Sirens, n.d., drawing based on detail from an Attic redfigured stamnos from ca. 480–470 bc, height 35.3cm(13¾²), British Museum, https://commons.wikimedia.org/wiki/File:Furtwaengler1924009.jpg.

6　Wikipedia, s.v. "Ulysses pact," accessed February 11, 2017, https://en.wikipedia.org/w/index.php?title=Ulysses_pact&oldid=764886941.

23장

1　www.amazon.com/Kitchen-Safe-Locking-Container-Height/dp/B00JGFQTD2.

2　https://selfcontrolapp.com/.

3　https://freedom.to/.

4　www.forestapp.cc/.

5　"IOS 12 introduces new features to reduce interruptions and manage Screen Time," Apple Newsroom, June 4, 2018, www.apple.com/newsroom/2018/06/ios-12-introduces-new-features-to-reduce-interruptions-and-manage-screen-time/.

24장

1   Scott D. Halpern et al., "Randomized Trial of Four Financial-Incentive Programs for Smoking Cessation," New England Journal of Medicine 372, no. 22(2015): 2108–17, https://doi.org/10.1056/NEJMoa1414293.

25장

1   Christopher J. Bryan et al., "Motivating Voter Turnout by Invoking the Self," Proceedings of the National Academy of Sciences 108, no. 31(2011): 12653–56, http://dx.doi.org/10.1073/pnas.1103343108.

2   Adam Gorlick, "Stanford Researchers Find That a Simple Change in Phrasing Can Increase Voter Turnout," Stanford News, July 19, 2011, http://news.stanford.edu/news/2011/july/increasing-voter-turnout-071911.html.

3   Bryan et al., "Motivating Voter Turnout."

4   Vanessa M. Patrick and Henrik Hagtvedt, "'I Don't' Versus 'I Can't': When Empowered Refusal Motivates Goal-Directed Behavior," Journal of Consumer Research 39, no. 2(2012): 371–81, https://doi.org/10.1086/663212.

5   Leah Fessler, "Psychologists Have Surprising Advice for People Who Feel Unmotivated," Quartz at Work, August 22, 2018, https://qz.com/work/1363911/two-psychologists-have-a-surprising-theory-on-how-to-get-motivated/.

6   "Targeting Hypocrisy Promotes Safer Sex," Stanford SPARQ, accessed September 28, 2018, https://sparq.stanford.edu/solutions/targeting-hypocrisy-promotes-safer-sex.

7   Lauren Eskreis-Winkler and Ayelet Fishbach, "Need Motivation at Work? Try Giving Advice," MIT Sloan Management Review (blog), August 13, 2018, https://sloanreview.mit.edu/article/need-motivation-at-work-try-giving-

advice/.

8 Allen Ding Tian et al., "Enacting Rituals to Improve Self-Control," Journal of Personality and Social Psychology 114, no. 6(2018): 851–76, https://doi.org/10.1037/pspa0000113.

9 Daryl J. Bem, "Self-Perception Theory," in Advances in Experimental Social Psychology, ed. Leonard Berkowitz, vol. 6(New York: Academic Press, 1972).

10 The Principles of Psychology, vol. 2(New York: Henry Holt and Company, 1918) 370.

26장

1 Stephen Stansfeld and Bridget Candy, "Psychosocial Work Environment and Mental Health—a Meta-analytic Review," Scandinavian Journal of Work, Environment & Health 32, no. 6(2006): 443–62.

2 스티븐 스탠스펠드와 저자의 전화 인터뷰, 2018년 2월 13일.

3 "Depression in The Workplace," Mental Health America, November 1, 2013, www.mentalhealthamerica.net/conditions/depression-workplace.

4 Leslie A. Perlow, Sleeping with Your Smartphone: How to Break the 24/7 Habit and Change the Way You Work(Boston: Harvard Business Review Press, 2012).

5 Sleeping with Your Smartphone, brackets in the original.

27장

1 Leslie A. Perlow, Sleeping with Your Smartphone: How to Break the 24/7 Habit and Change the Way You Work (Boston: Harvard Business Review Press,

2012).

2   Julia Rozovsky, "The Five Keys to a Successful Google Team," Re:Work(blog),
     November 17, 2015, https://rework.withgoogle.com/blog/five-keys-to-a-
     successful-google-team/.

3   Amy Edmondson, "Building a Psychologically Safe Workplace," TEDx
     talk at TEDxHGSE, May 4, 2014, www.youtube.com/watch?time_
     continue=231&v=LhoLuui9gX8.

4   Edmondson, "Building a Psychologically Safe Workplace."

28장

1   Slack Team, "With 10+ Million Daily Active Users, Slack Is Where More Work
     Happens Every Day, All over the World," Slack(blog), accessed March 22,
     2019, https://slackhq.com/slack-has-10-million-daily-active-users.

2   Jeff Bercovici, "Slack Is Our Company of the Year. Here's Why Everybody's
     Talking About It," Inc., November 23, 2015, www.inc.com/magazine/201512/
     jeff-bercovici/slack-company-of-the-year-2015.html.

3   Casey Renner, "Former Slack CMO, Bill Macaitis, on How Slack Uses Slack,"
     OpenView Labs, May 19, 2017, https://labs.openviewpartners.com/how-
     slack-uses-slack/.

4   Graeme Codrington, "Good to Great . . . to Gone!," Tomorrow Today,
     December 9, 2011, www.tomorrowtodayglobal.com/2011/12/09/good-to-
     great-to-gone-2/.

5   Boston Consulting Group Overview on Glassdoor, accessed February 12,
     2018, www.glassdoor.com/Overview/Working-at-Boston-Consulting-Group-
     EI_IE3879.11,34.htm.

6   Slack Reviews on Glassdoor, accessed February 12, 2018, www.glassdoor.
     com/Reviews/slack-reviews-SRCH_KE0,5.htm.

29장

1   Jean M. Twenge, "Have Smartphones Destroyed a Generation?" Atlantic, September 2017, www.theatlantic.com/magazine/archive/2017/09/has-the-smartphone-destroyed-a-generation/534198/.

2   Lulu Garcia-Navarro, "The Risk of Teen Depression and Suicide Is Linked to Smartphone Use, Study Says," NPR Mental Health, December 17, 2017, www.npr.org/2017/12/17/571443683/the-call-in-teens-and-depression.

3   Twenge, "Have Smartphones Destroyed a Generation?"

4   YouTube search, "dad destroys kids phone," accessed July 23, 2018, www.youtube.com/results?search_query=dad+destroys+kids+phone.

5   Mark L. Wolraich, David B. Wilson, and J. Wade White, "The Effect of Sugar on Behavior or Cognition in Children: A Meta-analysis," JAMA 274, no. 20(November 22, 1995): 1617–21, https://doi.org/10.1001/jama.1995.03530200053037.

6   Alice Schlegel and Herbert Barry III, Adolescence: An Anthropological Inquiry(New York: Free Press, 1991).

7   Robert Epstein, "The Myth of the Teen Brain," Scientific American, June 1, 2007, www.scientificamerican.com/article/the-myth-of-the-teen-brain-2007-06/.

8   Richard McSherry, "Suicide and Homicide Under Insidious Forms," Sanitarian, April 26, 1883.

9   W. W. J., review of Children and Radio Programs: A Study of More than Three Thousand Children in the New York Metropolitan Area, by Azriel L. Eisenberg, Gramophone, September 1936, https://reader.exacteditions.com/issues/32669/page/31?term=crime.

10 Abigail Wills, "Youth Culture and Crime: What Can We Learn from History?" History Extra, August 12, 2009, www.historyextra.com/period/20th-century/youth-culture-and-crime-what-can-we-learn-from-history/.

11 "No, Smartphones Are Not Destroying a Generation," Psychology

Today, August 6, 2017, www.psychologytoday.com/blog/once-more-feeling/201708/no-smartphones-are-not -destroying-generation.

12 "More Screen Time for Kids Isn't All That Bad: Researcher Says Children Should Be Allowed to Delve into Screen Technology, as It Is Becoming an Essential Part of Modern Life," ScienceDaily, February 7, 2017, www.sciencedaily.com/releases/2017/02/170207105326.htm.

13 Andrew K. Przybylski and Netta Weinstein, "A Large-Scale Test of the Goldilocks Hypothesis: Quantifying the Relations Between Digital-Screen Use and the Mental Well-Being of Adolescents," Psychological Science 28, no. 2(January 13, 2017): 204–15, https://journals.sagepub.com/doi/10.1177/0956797616678438.

14 Tom Chivers, "It Turns Out Staring at Screens Isn't Bad for Teens' Mental Wellbeing," Buzzfeed, January 14, 2017, www.buzzfeed.com/tomchivers/mario-kart-should-be-available-on-the-nhs.

30장

1 Richard M. Ryan and Edward L. Deci, "Self- Determination Theory and the Facilitation of Intrinsic Motivation, Social Development, and Well-Being," American Psychologist 55, no. 1(January 2000): 68–78, https://dx.doi.org/10.1037/0003-066X.55.1.68.

2 Maricela Correa-Chávez and Barbara Rogoff, "Children's Attention to Interactions Directed to Others: Guatemalan Mayan and European American Patterns," Developmental Psychology 45, no. 3(May 2009): 630–41, https://doi.org/10.1037/a0014144.

3 Michaeleen Doucleff, "A Lost Secret: How to Get Kids to Pay Attention," NPR, June 21, 2018, www.npr.org/sections/goatsandsoda/2018/06/21/621752789/a-lost-secret-how-to-get-kids-to-pay-attention.

4   Doucleff, "Lost Secret."

5   리처드 라이언과 보조 연구자의 인터뷰, 2017년 5월.

6   Robert Epstein, "The Myth of the Teen Brain," Scientific American, June 1, 2007, www.scientificamerican.com/article/the-myth-of-the-teen-brain-2007-06/.

7   리처드 라이언과 인터뷰, 2017년 5월.

8   Peter Gray, "The Decline of Play and the Rise of Psychopathy in Children and Adolescents," American Journal of Play 3, no. 4(Spring 2011): 443–63.

9   Esther Entin, "All Work and No Play: Why Your Kids Are More Anxious, Depressed," Atlantic, October 12, 2011, www.theatlantic.com/health/archive/2011/10/all-work-and-no-play-why-your-kids-are-more-anxious-depressed/246422/.

10 Christopher Ingraham, "There's Never Been a Safer Time to Be a Kid in America," Washington Post, April 14, 2015, www.washingtonpost.com/news/wonk/wp/2015/04/14/theres-never-been-a-safer-time-to-be-a-kid-in-america/.

11 리처드 라이언과 인터뷰, 2017년 5월.

12 Gray, "Decline of Play."

13 리처드 라이언과 인터뷰, 2017년 5월.

14 Richard M. Ryan and Edward L. Deci, Self-Determination Theory: Basic Psychological Needs in Motivation, Development, and Wellness (New York: Guilford Publications, 2017), 524.

31장

1   로리 게츠 및 그 가족과 보조 연구자의 인터뷰, 2017년 5월.

2   Alison Gopnik, "Playing Is More Than Fun—It's Smart," Atlantic, August 12, 2016, www.theatlantic.com/education/archive/2016/08/in-defense-of-

play/495545/. [3] Anne Fishel, "The Most Important Thing You Can Do with Your Kids? Eat Dinner with Them," Washington Post, January 12, 2015, www.washingtonpost.com/posteverything/wp/2015/01/12/the-most-important-thing-you-can-do-with-your-kids-eat-dinner-with-them/.

3   Anne Fishel, "The Most Important Thing You Can Do with Your Kids? Eat Dinner with Them," Washington Post, January 12, 2015, www.washingtonpost.com/posteverything/wp/2015/01/12

32장

1   Monica Anderson and Jingjing Jiang, "Teens, Social Media & Technology 2018," Pew Research Center, May 31, 2018, www.pewinternet.org/2018/05/31/teens-social-media-technology-2018/.

2   "Mobile Kids: The Parent, the Child and the Smartphone," Nielsen Newswire, February 28, 2017, www.nielsen.com/us/en/insights/news/2017/mobile-kids-the-parent-the-child-and-the-smartphone.html.

3   AIEK/AEKU X8 Ultra Thin Card Mobile Phone Mini Pocket Students Phone, Aliexpress, accessed January 12, 2019, www.aliexpress.com/item/New-AIEK-AEKU-X8-Ultra-Thin-Card-Mobile-Phone-Mini-Pocket-Students-Phone-Low-Radiation-Support/32799743043.html.

4   Joshua Goldman, "Verizon's $180 GizmoWatch Lets Parents Track Kids' Location and Activity," CNET, September 20, 2018, www.cnet.com/news/verizons-180-gizmowatch-lets-parents-track-kids-location-activity/.

5   Anya Kamenetz, The Art of Screen Time: How Your Family Can Balance Digital Media and Real Life (New York: PublicAffairs, 2018).

34장

1   Nicholas A. Christakis and James H. Fowler, "Social Contagion Theory: Examining Dynamic Social Networks and Human Behavior," Statistics in Medicine 32, no. 4(February 20, 2013): 556–77, https://doi.org/10.1002/sim.5408.

2   Kelly Servick, "Should We Treat Obesity like a Contagious Disease?" Science, February 19, 2017, www.sciencemag.org/news/2017/02/should-we-treat-obesity-contagious-disease.

3   Paul Graham, "The Acceleration of Addictiveness," July 2010, www.paulgraham.com/addiction.html.

4   "Trends in Current Cigarette Smoking Among High School Students and Adults, United States, 1965–2014," Centers for Disease Control and Prevention, accessed December 6, 2017, www.cdc.gov/tobacco/data_statistics/tables/trends/cig_smoking/.

5   McCann Paris, "Macquarie 'Phubbing: A Word Is Born' // McCann Melbourne," June 26, 2014, video, 2:27, www.youtube.com/watch?v=hLNhKUniaEw.

35장

1   Rich Miller, "Give Up Sex or Your Mobile Phone? Third of Americans Forgo Sex," Bloomberg, January 15, 2015, www.bloomberg.com/news/articles/2015-01-15/give-up-sex-or-your-mobile-phone-third-of-americans-forgo-sex.

2   Russell Heimlich, "Do You Sleep with Your Cell Phone?" Pew Research Center(blog), accessed January 15, 2019, www.pewresearch.org/fact-tank/2010/09/13/do-you-sleep-with-your-cell-phone/.

3   https://eero.com.

4   New Oxford American Dictionary, 2nd ed., s.v. "strive."